ELOGIOS A
Nueve gigantes

Nueve gigantes es un libro provocador y fácil de entender; además, uno se puede relacionar fácilmente con los temas que aborda. Amy Webb demuestra su amplio conocimiento de la ciencia que hay detrás de la inteligencia artificial y de las tensiones geopolíticas que podrían resultar entre los Estados Unidos y China, en particular. La autora ofrece una visión profunda de cómo la inteligencia artificial puede remodelar nuestras economías y el orden mundial actual, y detalla un plan para ayudar a la humanidad a trazar un mejor rumbo.

Anja Manuel,
Universidad de Stanford,
cofundadora y socia de RiceHadleyGates

Nueve gigantes es un trabajo importante e intelectualmente vigorizante que dilucida la promesa y el peligro de la inteligencia artificial. ¿Servirá la inteligencia artificial a sus tres maestros estadounidenses actuales en Washington, Silicon Valley y Wall Street, o servirá a los intereses del público en general? ¿Concentrará o dispersará el poder económico y geopolítico? Podemos agradecer a Amy Webb por ayudarnos a comprender las preguntas y la manera de llegar a unas respuestas que sean más útiles para la humanidad que nuestro camino actual. *Nueve gigantes* debería discutirse en las aulas y salas de juntas de todo el mundo.

Alec Ross,
autor de Las industrias del futuro

Nueve gigantes hace predicciones audaces sobre el futuro de la inteligencia artificial, pero, a diferencia de muchos otros pronosticadores, Webb deja a un lado el sensacionalismo y ofrece argumentos cuidadosos, un contexto histórico profundo y un grado aterrador de plausibilidad.

Jonathan Zittrain,
profesor 'George Bemis'
de derecho internacional
y de ciencia computacional,
Universidad de Harvard

Nueve gigantes es reflexivo y provocador. Tiene una visión a largo plazo y, sobre todo, plantea los problemas correctos en torno a la inteligencia artificial; proporciona, además, un mapa de ruta para un futuro optimista con la inteligencia artificial.

Peter Schwartz,
autor de *The Art of the Long View*

Nueve gigantes ofrece argumentos fundamentales que rompen con la mentalidad de 'vivir en el momento' para evitar asignarles intenciones humanas a las empresas que desarrollan la inteligencia artificial. Los escenarios potenciales de Webb para unos futuros específicos son espléndidos y proporcionan visiones detalladas para que la sociedad los evite y también para que los alcance.

John C. Havens,
director ejecutivo de Iniciativa Global sobre
Ética de los Sistemas Autónomos e Inteligentes
del IEEE y autor de *Heartificial Intelligence:
Embracing Our Humanity to Maximize Machines*

NUEVE
GIGANTES

NUEVE GIGANTES

Las máquinas inteligentes
y su impacto en el rumbo
de la humanidad

AMY WEBB

Traducción:
María Mercedes Correa

PAIDÓS EMPRESA

Obra editada en colaboración con Editorial Planeta - Colombia

Título original: *The Big Nine: How the Tech Titans and Their Thinking Machines Could Warp Humanity*

© 2019, Amy Webb
© 2019, Hachette Book Group, Inc.

Traducción: María Mercedes Correa

Diseño de portada: Departamento de Diseño Editorial
Editorial Planeta Colombiana

© 2020, Editorial Planeta Colombiana S. A. – Bogotá, Colombia

Derechos reservados

© 2021, Ediciones Culturales Paidós, S.A. de C.V.
Bajo el sello editorial PAIDÓS M.R.
Avenida Presidente Masarik núm. 111,
Piso 2, Polanco V Sección, Miguel Hidalgo
C.P. 11560, Ciudad de México
www.planetadelibros.com.mx
www.paidos.com.mx

Primera edición impresa en Colombia: agosto de 2020
ISBN: 978-958-42-8916-2

Primera edición impresa en México: abril de 2021
ISBN: 978-607-569-060-5

Impreso en los talleres de Impregráfica Digital, S.A. de C.V.
Av. Coyoacán 100-D, Valle Norte, Benito Juárez
Ciudad De Mexico, C.P. 03103
Impreso y hecho en México – *Printed and made in Mexico*

A mi padre, Don Webb,
la persona más auténticamente
inteligente que he conocido.

CONTENIDO

INTRODUCCIÓN
Antes de que sea demasiado tarde

La inteligencia artificial (IA) ya está aquí con nosotros, pero no como habíamos imaginado. Es la columna vertebral de nuestros sistemas financieros, del sistema eléctrico y de la cadena de suministros del comercio minorista. Es la infraestructura invisible que dirige el tráfico, que encuentra el sentido a las palabras que digitamos mal y que determina lo que debemos comprar, mirar, escuchar y leer. Es la tecnología sobre la cual se construye nuestro futuro, pues tiene que ver con todos los aspectos de nuestra vida: la salud y la medicina, la vivienda, la agricultura, el transporte, los deportes e, incluso, el amor, el sexo y la muerte.

La IA no es tan solo una tendencia tecnológica, una palabra de moda o una distracción temporal: es, más bien, la tercera era de la computación. Estamos pasando por una transformación significativa, muy similar a la que vivió la generación de la Revolución Industrial. En un comienzo, nadie reconocía la transición en curso, pues los cambios iban ocurriendo de manera gradual en la vida de las personas. Al final, el mundo era diferente: Gran Bretaña y Estados Unidos se habían convertido en las potencias dominantes del mundo, con el suficiente capital industrial, militar y político para cambiar el rumbo de la historia en el siguiente siglo.

Abundan los debates sobre la IA y su impacto en el futuro. Todos conocemos los argumentos tradicionales: que los robots nos van a robar los empleos, que los robots van a destruir la economía, que los robots van a terminar matando a los seres humanos. Si se sustituye la palabra *robots* por *máquinas*, vemos que se trata de los mismos debates de hace doscientos años. Es natural pensar en el impacto que tendrá la nueva tecnología en el empleo y en nuestra capacidad para obtener ingresos, pues, en efecto, muchas industrias se han visto afectadas. Es comprensible que al pensar en la IA evoquemos la imagen de HAL 9000 en la película *2001: Odisea del espacio*, de WOPR en *Juegos de guerra*, de Skynet en *The Terminator*, de Robotina en *Los supersónicos*, de Dolores en *Westworld* o la de cualquiera de los cientos de productos antropomorfizados de IA presentes en la cultura popular. Si usted no trabaja directamente dentro del ecosistema de la IA, es posible que el futuro le parezca fantástico o atemorizante, y todo ello por las razones equivocadas.

Las personas que no están inmersas en los asuntos cotidianos de la investigación y el desarrollo en IA no pueden ver las señales con claridad, lo cual explica por qué el debate público se centra en estos robots ultrapoderosos del cine reciente o refleja un tipo de optimismo desenfrenado y excesivo. La ausencia de matices es una parte de la génesis del problema: hay quienes sobrevaloran la aplicabilidad de la IA, en tanto que otros arguyen que se convertirá en un arma imparable.

Puedo hacer estas afirmaciones sobre la base de los conocimientos que he adquirido en investigaciones realizadas sobre la IA, con personas y organizaciones tanto dentro como fuera del ecosistema de la IA. Desde dentro, he asesorado a diversas compañías que se encuentran en el epicentro de la IA, entre ellas Microsoft e IBM. Desde fuera, he asesorado a responsables y partes interesadas, tales como inversionistas en capital de riesgo, líderes de los departamentos de Defensa y de Estado y a legisladores de los Estados Unidos, quienes consideran que la regulación es el único camino para avanzar. De manera similar, he asistido a cientos de reuniones con investigadores y tecnólogos académicos que trabajan directamente en la materia. Es muy poco común que las personas que trabajan de primera mano en IA compartan las visiones extremas del futuro, ya sean apocalípticas o utópicas, que suelen ventilarse en los medios de comunicación.

¿La razón? Al igual que los investigadores en otras áreas de la ciencia, las personas que están construyendo el futuro de la IA buscan moderar las expectativas. Para alcanzar resultados destacados se requiere mucha paciencia, tiempo, dinero y resiliencia, pero casi siempre lo olvidamos. Estos investigadores trabajan de manera constante, paso a paso, sobre problemas terriblemente complicados, y en ocasiones es muy poco lo que logran avanzar. Son personas inteligentes, experimentadas y, según mi experiencia, compasivas y consideradas.

En su gran mayoría, trabajan para nueve gigantes de la tecnología: Google, Amazon, Apple, IBM, Microsoft y Facebook —en los Estados Unidos— y Baidu, Alibaba y Tencent —en China—. Estas compañías están trabajando en la generación de IA con el fin de propiciar un futuro mejor para todos. Creo firmemente que los líderes de estos nueve conglomerados están motivados por un profundo sentido del altruismo y por un deseo de alcanzar un bien superior: son personas que ven con claridad el potencial que tiene la IA para mejorar la atención en salud y la longevidad, para resolver nuestros acuciantes asuntos climáticos y para sacar a millones de personas de la pobreza. Ya estamos presenciando los efectos positivos y tangibles de su trabajo, en todas las industrias y en la vida cotidiana.

El problema es que las fuerzas externas que ejercen presión sobre los nueve gigantes de la tecnología —y, por extensión, sobre aquellos que trabajan dentro del ecosistema— conspiran contra sus mejores intenciones en lo relacionado con nuestro futuro. Son muchos los actores que pueden ser culpados.

En los Estados Unidos, las exigencias incesantes del mercado y las expectativas poco realistas de los consumidores respecto a nuevos productos y servicios han hecho que la planificación a largo plazo resulte imposible. Estamos siempre a la espera de que Google, Amazon, Apple, Facebook, Microsoft e IBM hagan deslumbrantes anuncios en sus conferencias anuales, como si los descubrimientos de los departamentos de investigación y desarrollo pudieran programarse con calendario. Si estas compañías no nos presentan productos más fascinantes que en los años anteriores, las consideramos un fracaso. O nos preguntamos si ha llegado el fin de la IA. O cuestionamos su liderazgo. No les damos a estas compañías la oportunidad de tomarse unos años para acomodarse y trabajar sin que les exijamos que nos maravillen a intervalos regulares. Y ¡ay de la compañía que decida no hacer anuncios oficiales durante unos meses! En ese caso, asumimos que su silencio significa que se está desarrollando un proyecto con grupos de trabajo paralelos o secretos, lo que invariablemente nos dejará contrariados.

El gobierno de los Estados Unidos no cuenta con una estrategia de envergadura en materia de IA, ni tampoco para nuestro futuro a largo plazo. En lugar de contar con estrategias nacionales coordinadas para estructurar una capacidad organizacional dentro del gobierno, construir y fortalecer nuestras alianzas internacionales y preparar a nuestro ejército para el futuro en materia bélica, Estados Unidos ha sometido el avance de la IA a los vaivenes de la política. En lugar de financiar la investigación básica en IA, el gobierno federal, en la práctica, ha tercerizado la investigación y el desarrollo, dejándolo en manos del sector comercial, sometido a los caprichos de Wall Street. En lugar de ver en la IA una oportunidad para la creación de nuevos empleos y de crecimiento, los legisladores estadounidenses se han limitado a señalar la perspectiva de un desempleo generalizado por causa de la tecnología. Culpan a los gigantes tecnológicos, cuando podrían invitar a estas compañías a participar en los niveles más altos de la planificación estratégica (tal como existe) dentro del gobierno. Nuestros pioneros de la IA no tienen más remedio que competir de manera ininterrumpida entre sí para lograr una conexión confiable y directa con las personas, las escuelas, los hospitales, las ciudades y los negocios.

En los Estados Unidos padecemos de una trágica falta de previsión. Funcionamos con una mentalidad de corto alcance, y hacemos planes para pocos años hacia el futuro. Esta mentalidad produce logros tecnológicos de corto plazo, pero entorpece el camino para asumir la responsabilidad de pensar cómo puede evolucionar la tecnología y cuáles serán las implicaciones y resultados de nuestras acciones en el mañana. Olvidamos con mucha facilidad que nuestras acciones en el presente pueden tener graves consecuencias en el futuro. Dada esa perspectiva, no debe sorprendernos que, en la práctica, hayamos tercerizado el desarrollo de la IA, poniéndolo en las manos de seis compañías cotizadas en bolsa, cuyos logros son muy notables, pero cuyos intereses financieros no siempre son lo más indicado para nuestras libertades individuales, nuestras comunidades y nuestros ideales democráticos.

Mientras tanto, en China la trayectoria del desarrollo de la IA está atada a las ambiciones de gran envergadura del gobierno. China está sentando rápidamente las bases para establecer su hegemonía incuestionada en el ámbito de la IA en todo el mundo. En julio del 2017, el gobierno chino dio a conocer su Plan de Desarrollo de Inteligencia Artificial para la Próxima Generación, con miras a convertirse en el líder mundial en IA para el 2030, con una industria nacional cuyo valor está por los 150.000 millones de dólares[1]. Este plan incluye dedicar parte del fondo soberano de

---

[1] Paul Mozur, "Beijing Wants AI to Be Made in China by 2030", *New York Times*, julio 20, 2017, https://www.nytimes.com/2017/07/20/business/china-artificial-intelligence.html.

inversión de China a nuevos laboratorios y nuevas empresas, así como nuevas escuelas que se crean específicamente para capacitar a la siguiente generación de talentos en IA[2]. En octubre de ese mismo año, el presidente de China, Xi Jinping, explicó en un discurso detallado sus planes relacionados con la IA y el *big data*, ante miles de funcionarios del Partido. Según manifestó, la IA ayudaría a China a convertirse en una de las economías más avanzadas del mundo. Ya en este momento, la economía de China es treinta veces más grande que hace tres décadas. Aunque Baidu, Tencent y Alibaba sean gigantes que cotizan en bolsa, estas compañías, al igual que todas las grandes empresas chinas, deben plegarse a los designios de Beijing.

La gigantesca población de 1400 millones de habitantes le otorga a China el control del recurso natural más grande, y tal vez más importante, en la era de la IA: los datos humanos. Se requieren inmensas cantidades de datos para refinar los algoritmos de reconocimiento de patrones, razón por la cual los sistemas de reconocimiento facial chinos, como Megvii y SenseTime, son tan atractivos para los inversionistas. Todos los datos que los ciudadanos de China están generando al hacer llamadas telefónicas, comprar cosas en línea y publicar fotos en las redes sociales están ayudando a Baidu, Alibaba y Tencent a crear los mejores sistemas de IA. La gran ventaja de China es que no tiene las restricciones de privacidad y seguridad que podrían obstaculizar el progreso en los Estados Unidos.

Es necesario considerar el desarrollo de la IA en el contexto más amplio de los planes de gran envergadura de China para el futuro. En abril del 2018, Xi pronunció un importante discurso en el que describió su visión de China como superpotencia

---

2 Tom Simonite, "Ex-Google Executive Opens a School for AI, with China's Help", *Wired*, abril 5, 2018, https://www.wired.com/story/ex-google-executive-opens-a-school-for-ai-with-chinas-help/.

cibernética mundial. El servicio estatal chino de noticias Xinhua publicó apartes del discurso en los cuales el mandatario describía una nueva red de gobernanza del ciberespacio y un internet que "difundiría información positiva, defendería la dirección política correcta y guiaría a la opinión pública y los valores en la dirección correcta"[3]. Las reglas autoritarias según las cuales China pretende que vivamos son contrarias a la libertad de expresión, a la economía impulsada por el mercado y al control distribuido que tanto apreciamos en Occidente.

En China, la IA forma parte de una serie de decretos y leyes nacionales que buscan controlar toda la información generada dentro del país, así como monitorear la información de los residentes y la de los ciudadanos de sus diversos socios estratégicos. Uno de dichos decretos exige que toda compañía extranjera almacene los datos de los ciudadanos chinos en servidores localizados dentro de las fronteras chinas. Esto les permite a las agencias gubernamentales de seguridad tener acceso ilimitado a la información personal. Otra iniciativa (la Nube Policial de China) fue diseñada para monitorear y hacer seguimiento a las personas con problemas de salud mental, a aquellos que han criticado públicamente al gobierno y a la minoría étnica musulmana de los uigures. En agosto del 2018, Naciones Unidas afirmó tener en su poder informes sólidos que indican que China mantiene detenidos a millones de uigures en campos secretos, en una alejada región en el Occidente del país[4]. El Programa Integrado de Operaciones Conjuntas de China usa la IA para detectar desviaciones respecto al patrón, lo que permite determinar si una persona se ha retrasado en el pago de sus facturas. Según un eslogan que aparece en documentos de planeación oficial,

---

3 "Xinhua Headlines: Xi outlines blueprint to develop China's strength in cyberspace", *Xinhua*, abril 21, 2018. http://www.xinhuanet.com/english/2018-04/21/c_137127374_2.htm.
4 Stephanie Nebehay, "U.N. says it has credible reports that China holds million Uighurs in secret camps", *Reuters*, August 10, 2018. https://www.reuters.com/article/us-china-rights-un/u-n-says-it-has-credible-reports-that-china-holds-million-uighurs-in-secret-camps-idUSKBN1KV1SU.

se creó un sistema de crédito social basado en IA para diseñar una sociedad desprovista de problemas, "que les permite a las personas dignas de confianza moverse por donde quieran, y les dificulta a las personas desacreditadas dar un solo paso"[5]. Para promover el carácter de "persona digna de confianza", se califica a los ciudadanos según una tabla en la que, por ejemplo, los actos heroicos dan puntos y las multas de tránsito los quitan. Las personas que tienen calificaciones bajas deben hacer frente a obstáculos para encontrar empleo, comprar vivienda o matricular a sus hijos en el colegio. En algunas ciudades, se publican las fotos de los residentes que obtienen altos puntajes[6]. En otras, como Shandong, se comparten públicamente, en vallas digitales, las fotos de los ciudadanos que cometen infracciones en la vía. Estas imágenes se envían automáticamente a Weibo, una popular red social[7]. Si todo esto le parece demasiado fantástico para ser cierto, recuerde que China instituyó una política para controlar la natalidad que consistía en prohibir que se tuviera más de un hijo.

Las mencionadas políticas e iniciativas fueron ideadas por el círculo más cercano a Xi Jinping, que ha venido trabajando durante la última década con el objetivo de convertir a China en una superpotencia global. China es hoy un país más autoritario que bajo el mando de cualquiera de los líderes anteriores, desde Mao Zedong. El desarrollo y el apalancamiento de la IA son fundamentales para esta causa. La iniciativa Cinturón y Ruta de la Seda es una enorme estrategia geoeconómica que se presenta bajo la máscara de un plan de infraestructura basado en los caminos de la antigua Ruta de la Seda, que conectaba a China con Europa, a través del Medio Oriente y África. China no solo está construyendo puentes y

5 Simina Mistreanu, "Life Inside China's Social Credit Laboratory", *Foreign Policy,* abril 3, 2018. https://foreignpolicy.com/2018/04/03/life-inside-chinas-social-credit-laboratory/.
6 *Ibid.*
7 "China Shames Jaywalkers through Facial Recognition", *Phys.org,* junio 20, 2017, ttps://phys.org/news/2017-06-china-shames-jaywalkers-facial-recognition.html.

autopistas, sino que, además, está exportando tecnología de vigilancia y reuniendo información al mismo tiempo, a medida que hace aumentar la influencia del Partido Comunista Chino (PCC) en el mundo, en oposición a nuestro orden liberal democrático actual.

La Interconexión Energética Global es otra estrategia nacional liderada por Xi, cuyo objetivo es crear la primera red eléctrica global del mundo, manejada por China. Este país ya ha ideado la manera de escalar un nuevo tipo de tecnología de cables de ultraalto voltaje que puede suministrar energía desde las alejadas regiones occidentales hasta Shanghái, y tiene ofertas para proveer de energía a los países vecinos.

Estas iniciativas, junto con muchas otras, son astutas maneras de obtener poder blando en un período extenso. Es una brillante jugada de Xi, cuyo partido político votó en el 2018 para abolir los límites de los periodos presidenciales y le permitió, en la práctica, convertirse en presidente vitalicio. Su meta final es perfectamente clara: crear un nuevo orden mundial en el que China es el líder *de facto*. Sin embargo, durante esta época de expansión diplomática china, los Estados Unidos inexplicablemente dieron la espalda a sus aliados y a los acuerdos globales de larga data, con lo cual el presidente Trump erigió una nueva cortina de bambú.

En la actualidad, el futuro de la IA está avanzando por dos rutas de desarrollo que suelen ir en contravía de lo que más le conviene a la humanidad. El plan de China en materia de IA forma parte de un esfuerzo coordinado por crear un nuevo orden mundial, liderado por el presidente Xi, mientras que las fuerzas del mercado y el consumismo son los principales motores en los Estados Unidos. Esta dicotomía constituye un serio punto ciego para todos nosotros. Resolverla es el quid del inminente problema que se plantea en materia de IA, y es el propósito de este libro. Los nueve gigantes de la tecnología tal vez persigan el mismo objetivo noble (descifrar los códigos de la IA que nos permitan construir sistemas capaces de imitar el pensamiento humano), pero el resultado final de ese trabajo podría producirle un daño irreversible a la humanidad.

De un modo fundamental, creo que la IA es una fuerza positiva, una fuerza que será útil para las siguientes generaciones y que nos ayudará a alcanzar nuestras visiones más idealistas del futuro.

Por otra parte, también soy una persona pragmática. Todos sabemos que hasta el individuo mejor intencionado puede hacer mucho daño, sin proponérselo. En el campo de la tecnología, y sobre todo en lo relacionado con la IA, nunca debemos perder de vista que es necesario planificar tanto los usos debidos y esperados como los usos indebidos e inesperados. Esto es de particular importancia hoy en día y en el futuro predecible, pues la IA tiene que ver con todo: con la economía global, la fuerza de trabajo, la agricultura, el transporte, la banca, el monitoreo medioambiental, la educación, el ejército y la seguridad nacional. Por esta razón, si la IA continúa avanzando por las mismas rutas de desarrollo en los Estados Unidos y en China, el 2069 puede presentarnos un panorama radicalmente diferente del que vemos en el 2019. En la medida en que las estructuras y los sistemas que gobiernan a la sociedad dependan más de la IA, empezaremos a ver que las decisiones que se toman en nuestro nombre tienen perfecto sentido para las máquinas…, pero no para nosotros.

Los humanos estamos perdiendo rápidamente nuestra conciencia a medida que las máquinas están cobrando más vida. Hemos comenzado a superar algunos hitos enormes en el desarrollo técnico y geopolítico de la IA; sin embargo, con cada nuevo avance, la IA se vuelve más invisible para nosotros. Cada vez es menos obvio saber cómo se lleva a cabo la extracción y el refinamiento de nuestros datos, mientras que nuestra capacidad para entender de qué manera toman decisiones los sistemas autónomos se vuelve menos transparente. Estamos frente a un vacío en la comprensión de cómo la IA está impactando la vida cotidiana en el presente, y ese vacío crece exponencialmente conforme van pasando los años y las décadas. Reducir esa brecha en la mayor medida posible, mediante una crítica sobre las actuales rutas de desarrollo de la IA, es la misión que me he planteado con la escritura del presente libro. Mi objetivo es democratizar las conversaciones sobre la IA y hacer que el lector tenga una visión más inteligente sobre el panorama futuro. Me interesa hacer tangibles y relevantes las implicaciones que tendrá la IA en la vida real y en el futuro, antes de que sea demasiado tarde.

La humanidad está enfrentando una crisis existencial en un sentido muy literal, pues nadie está planteando una pregunta sencilla que ha sido fundamental para la IA desde sus inicios: ¿qué le ocurre a la sociedad cuando le transferimos el poder a un sistema creado por un pequeño grupo de personas, un sistema diseñado para tomar decisiones por todo el mundo?, ¿qué pasa cuando esas decisiones están sesgadas hacia las fuerzas del mercado o hacia un ambicioso partido político? Las respuestas se verán reflejadas en las oportunidades que tendremos en el futuro, en la forma como se nos negará el acceso, en las convenciones sociales dentro de nuestras sociedades, en las reglas según las cuales operan nuestras economías e, incluso, en la manera como nos relacionamos con otras personas.

Este libro no trata sobre los debates habituales en torno a la IA. Es, al mismo tiempo, una advertencia y un plano para un mejor futuro. Aquí se cuestiona nuestra aversión a la planificación a largo plazo en los Estados Unidos, y pone el énfasis en la falta de preparación en materia de IA patente en nuestros negocios, escuelas y gobierno. Además, hace una descarnada descripción de las estrategias interconectadas geopolíticas, económicas y diplomáticas de China, en su avance hacia la implementación de su visión de envergadura relacionada con un nuevo orden mundial. Por otra parte, este libro también reclama un liderazgo heroico, en unas circunstancias extremadamente complejas; en efecto, tal como lo verá el lector en estas páginas, nuestro futuro requiere de héroes.

Lo que viene es un llamado a la acción que consta de tres partes. En la primera, el lector verá en que consiste la IA y cuál ha sido el papel de los nueve gigantes en su desarrollo. También se hará un examen profundo de las situaciones inéditas que enfrentan las compañías estadounidenses que conforman el grupo de los nueve gigantes, así como Baidu, Alibaba y Tencent, en China.

En la segunda parte, se plantean con detalle posibles futuros para los próximos cincuenta años, conforme avance la IA; los tres escenarios planteados son: uno optimista, uno pragmático y uno catastrófico. Todos ellos revelan oportunidades y riesgos en nuestro avance desde la IA estrecha, pasando por la IA general, hasta la superinteligencia artificial. Se trata de escenarios intensos, pues son el resultado de modelos basados en datos, y le darán al lector una visión sin adornos sobre la manera como la IA puede evolucionar y cómo cambiará nuestra vida en consecuencia.

En la tercera parte, el libro plantea soluciones tácticas y estratégicas a todos los problemas identificados en los escenarios, además de un plan concreto para reiniciar el presente. El propósito de la tercera parte es estimular la acción, por lo cual se dan recomendaciones específicas para nuestros gobiernos, para los líderes de los nueve gigantes e, incluso, para usted.

* * *

Cualquier persona puede, hoy en día, desempeñar un papel crítico en el futuro de la IA. Las decisiones que tomemos ahora sobre este asunto, incluso aquellas que parecen pequeñas, cambiarán para siempre el curso de la historia humana. Cuando las máquinas se despierten, podríamos ver que, a pesar de nuestras esperanzas y nuestras ambiciones altruistas, los sistemas de IA resultaron ser catastróficamente malos para la humanidad.

Sin embargo, no es forzoso que lo sean.

Los nueve gigantes no son el villano de esta historia. De hecho, son nuestra mejor esperanza para el futuro.

Demos la vuelta a la página. No podemos sentarnos a esperar a ver qué va a ocurrir en el futuro. La inteligencia artificial ya está aquí.

PRIMERA PARTE

Espíritus en la máquina

CAPÍTULO 1
La mente y las máquinas: una breve historia de la inteligencia artificial

Los orígenes de la inteligencia artificial (IA) se remontan a cientos de años, mucho antes de que los nueve gigantes hubieran creado agentes de IA con nombres de personas, como Siri, Alexa y su colega china Tiān Māo. En este largo lapso, no se ha producido una definición singular de IA, como sí la hay para otras tecnologías. No es fácil definir de una manera concreta la IA, pues representa muchas cosas, y más si se tiene en cuenta su constante crecimiento. Aquello que en la década de 1950 se podía considerar como IA (una calculadora capaz de hacer divisiones muy complejas), hoy no parece una tecnología avanzada. A esta realidad se le ha dado el nombre de "extraña paradoja": cuando las nuevas técnicas inventadas pasan a ser de uso corriente, se vuelven invisibles para nosotros. Ya no consideramos que esa tecnología pueda ser IA.

En su forma más básica, la IA es un sistema que toma decisiones autónomas. Las tareas que lleva a cabo replican o imitan los actos de la inteligencia humana, tales como reconocer sonidos y objetos, resolver problemas, comprender el lenguaje y usar estrategias para alcanzar metas. Algunos sistemas de IA son enormes y llevan a cabo millones de cómputos en un tiempo muy breve, mientras que otros son limitados y hacen una tarea única, como identificar el lenguaje soez en los correos electrónicos.

Siempre estamos volviendo a las mismas preguntas: ¿pueden pensar las máquinas?, ¿qué significa que una máquina 'piense'?, ¿qué significa que los humanos pensemos?, ¿cómo podríamos saber (de manera definitiva y sin lugar a dudas) que estamos pensando pensamientos originales? Estas preguntas nos acompañan desde hace siglos, y son fundamentales en la historia y el futuro de la IA.

El problema que surge al investigar cómo piensan las máquinas y los humanos tiene que ver con el hecho de que la palabra *pensar* está estrechamente ligada a la palabra *mente*. En el diccionario *Merriam-Webster* se define *pensar* como "formar o tener en la mente", mientras que el diccionario *Oxford* explica que *pensar* significa "usar la mente de manera activa para formar ideas conectadas". Si buscamos tanto en el *Merriam-Webster* como en el *Oxford* vemos que *mente* se define dentro del contexto de la conciencia. Ahora bien, ¿qué es la conciencia? Según ambos diccionarios, es la capacidad para reconocer el entorno o la propia existencia. El concepto de pensamiento varía según el enfoque de cada grupo de especialistas: psicólogos, neurocientíficos, filósofos, teólogos o expertos en ética e informática.

Cuando usted usa a Alexa para encontrar una mesa en su restaurante favorito, tanto usted como ella son conscientes del intercambio sobre la comida, aunque Alexa jamás haya sentido la textura de una manzana crujiente en los dientes, ni la efervescencia de las burbujas de la soda en la lengua, ni la viscosidad de la mantequilla de maní pegada en el paladar. Si se le pide a Alexa que describa las cualidades de esos alimentos, ofrecerá detalles que se asemejan a las experiencias que usted ha tenido. Alexa no tiene boca, entonces ¿cómo podría percibir la comida como la percibe usted?

Usted es una persona biológicamente única, cuyas glándulas salivares y papilas gustativas no están distribuidas exactamente en el mismo orden que las mías. Sin embargo, tanto usted como yo hemos aprendido qué es una manzana y cuáles son sus características de sabor, textura y olor. A lo largo de nuestra vida, hemos aprendido a reconocer qué es una manzana mediante el aprendizaje por refuerzo: alguien nos enseñó cómo se ve una manzana, para qué la usamos y qué la diferencia de otras frutas. Luego, con el tiempo y sin la participación de la conciencia, nuestros sistemas biológicos autónomos de reconocimiento de patrones adquirieron una excelente habilidad para determinar si algo era una manzana, aunque solo tuviéramos algunos de los datos necesarios. Si usted ve una representación en blanco y negro y en dos dimensiones de una manzana, usted sabe lo que es, aunque falten el sabor, el olor, la textura y los demás datos que le indiquen a su cerebro "esto es una manzana". La manera como usted y Alexa aprendieron qué es una manzana se parece más de lo que usted se imaginaba.

Alexa es competente, pero ¿es *inteligente*? ¿Debe su percepción mecánica reunir todas las cualidades de la percepción humana para que aceptemos que su manera de 'pensar' es un reflejo de la nuestra? El psicólogo educativo Benjamin Bloom pasó la mayor parte de su vida académica investigando y clasificando los estados del pensamiento. En 1956, publicó una obra que pasó a ser conocida como la taxonomía de Bloom, en la que hace una clasificación de los objetivos de aprendizaje y de los niveles de logro observados en la educación. El fundamento de base consiste en recordar hechos y conceptos básicos, y está seguido, en su orden, por comprender ideas; aplicar el conocimiento en situaciones nuevas; analizar la información mediante la experimentación y hacer conexiones; evaluar, defender y juzgar la información; y, por último, producir un trabajo original. Los bebés se concentran inicialmente en recordar y comprender. Por ejemplo, primero debemos saber que el biberón tiene leche, antes de comprender que ese biberón tiene una parte delantera y una posterior, aunque no podamos verlas.

Esta jerarquía también está presente en la manera como aprenden los computadores. En el 2017, un sistema de IA llamado Amper compuso y produjo música original para un álbum llamado *I AM AI* (*Yo soy IA*). Las estructuras de los acordes, la instrumentación y la percusión fueron desarrolladas por Amper, que usó parámetros iniciales tales como el género, el modo y la longitud para generar canciones completas en tan solo unos minutos. Taryn Southern, un artista humano, colaboró con Amper en la creación del álbum, cuyo resultado incluye una balada muy expresiva llamada *Break Free* (*Libérate*), que tuvo más de 1,6 millones de visitas en YouTube y fue un éxito en la radio tradicional. Antes de que Amper pudiera crear esa canción, primero tuvo que aprender los elementos cualitativos de la balada, además de datos cuantitativos tales como el valor de las notas y los ritmos, así como la manera de reconocer miles de patrones en la música (por ejemplo, las progresiones de acordes, las secuencias armónicas y los acentos rítmicos).

La creatividad, esa que ilustra el ejemplo de Amper, se encuentra en el pináculo de la taxonomía de Bloom, pero cabe preguntarse si se trata tan solo un proceso mecánico aprendido. ¿Es un ejemplo de creatividad humana? ¿Es, acaso, un tipo de creatividad totalmente diferente? ¿Pensó Amper en la música de la misma manera como podría pensar un compositor humano? Podría argüirse que el 'cerebro' de Amper (una red neuronal que usa algoritmos y datos dentro de un contenedor) tal vez no sea tan diferente del cerebro de Beethoven, hecho de neuronas orgánicas, que usan datos y reconocen patrones dentro de un contenedor al que llamamos "cabeza". ¿Fue el proceso creativo de Amper verdaderamente distinto del de Beethoven cuando compuso la famosa *Quinta sinfonía*, esa que comienza con la secuencia *ta TAA, ta TAA*, antes de pasar de una clave mayor a una menor? Beethoven no se inventó la totalidad de la sinfonía: esta no es completamente original. Las primeras cuatro notas van seguidas de una secuencia armónica, partes de escalas, arpegios y otros ingredientes comunes que conforman cualquier composición. Si se escucha con atención el *scherzo*, antes del final, se identificarán patrones obvios tomados de la *Sinfonía n.° 40* de Mozart, compuesta veinte años antes, en 1788. Mozart fue influenciado por su rival Antonio Salieri y por su amigo Franz Joseph Hayden, quienes, a su vez, fueron influenciados por el trabajo de compositores que los precedieron, tales como Johann Sebastian Bach, Antonio Vivaldi y Henry Purcell, compositores de los siglos XVI y XVII. Es posible detectar temas de compositores aún más antiguos, de años que van entre 1400 y 1600, como Jacques Arcadelt, Jean Mouton y Johannes Ockeghem, en su música. A su vez, ellos recibieron la influencia de los compositores medievales, y así podemos seguir buscando el patrón de influencia hasta las primeras composiciones escritas, como la del "epitafio de Sícilo", grabada en una columna de mármol para una tumba turca del siglo I. Podríamos, incluso, retroceder más en el tiempo, hasta la elaboración de las primeras flautas hechas con huesos y marfil, hace 43.000 años. Y antes de eso, los investigadores creen que nuestros primeros ancestros cantaban antes de hablar[1].

Nuestro cableado humano es el resultado de millones de años de evolución. De manera similar, el cableado de la IA moderna se basa en un largo recorrido evolutivo que se remonta a los antiguos matemáticos, filósofos y científicos. Aunque parezca que las máquinas y los humanos hemos recorrido caminos diferentes, nuestra evolución siempre ha estado interrelacionada. El *Homo sapiens* aprendió de entorno, transmitió sus características a las siguientes generaciones, se diversificó y se multiplicó gracias a la invención de tecnologías avanzadas, como la agricultura, los utensilios para la cacería y la penicilina. Se necesitaron 11.000 años para que los

---

1 "The Seikilos Epitaph: The Oldest Song in the World", *Wired*, octubre 29, 2009, https://www.wired.com/2009/10/the-seikilos-epitaph.

seis millones de habitantes de la Tierra durante el Neolítico se propagaran y se convirtieran en una población de 7.000 millones de seres humanos hoy en día[2].

El ecosistema donde viven los sistemas de IA (los insumos para el aprendizaje, los datos, los algoritmos, los procesadores, las máquinas y las redes neurales) se está mejorando e iterando a velocidades exponenciales. A los sistemas de IA les tomará tan solo algunas décadas propagarse e integrarse en todas las facetas de la vida cotidiana.

Preguntarse si Alexa percibe una manzana de la misma manera como lo hacen los humanos, o preguntarse si la música original de Amper es verdaderamente 'original' equivale, en realidad, a preguntarse sobre la manera como los humanos pensamos sobre el pensamiento. La IA de nuestros días es una amalgama de miles de años de filósofos, matemáticos, científicos, expertos en robótica, artistas y teólogos. Su búsqueda (y la nuestra, en el presente capítulo) apunta a la comprensión del lazo que une al pensamiento con los contenedores del pensamiento. ¿Cuál es la conexión entre la mente humana y las máquinas producidas por los nueve gigantes en China y en los Estados Unidos?

¿Está la mente dentro de una máquina?

El fundamento de la IA se remonta a la antigua Grecia y a los orígenes de la filosofía, la lógica y la matemática. En muchos de los escritos de Platón, Sócrates exhorta: "Conócete a ti mismo", con lo cual quería expresar que, para mejorar y tomar las decisiones correctas, es necesario conocer, en primer lugar, el carácter de uno mismo. Por otra parte, Aristóteles creó la lógica de los silogismos y nuestro primer sistema formal de razonamiento deductivo. Más o menos hacia la misma época, el matemático griego Euclides concibió una forma

---

2 "Population Clock: World", *Census.gov*, 2018, https://www.census.gov/popclock/world.

de encontrar el máximo común divisor de dos números y, de esta manera, creó el primer algoritmo.

El trabajo de estos griegos dio pie a la concepción de dos importantes ideas nuevas: que ciertos sistemas físicos pueden operar como un conjunto de reglas lógicas y que el pensamiento humano mismo podría ser un sistema simbólico. Este fue el punto de partida para cientos de años de investigaciones adelantadas por filósofos, teólogos y científicos. ¿Era el cuerpo una máquina compleja? ¿Era, acaso, un todo unificado hecho de cientos de sistemas que trabajaban juntos, igual que un reloj de pie? ¿Qué decir de la mente? ¿Era, también, una máquina compleja, o era algo totalmente diferente? No había manera de probar la existencia o no de un algoritmo divino ni la conexión entre la mente y lo físico.

En 1560, un relojero español llamado Juanelo Turriano creó un monje mecánico diminuto, como ofrenda para la Iglesia, a nombre del rey Felipe II de España, cuyo hijo se había recuperado milagrosamente de una herida en la cabeza[3]. Esta creación tenía unos poderes sorprendentes: caminaba por las mesas, levantaba un crucifijo y un rosario, se daba golpes de pecho a modo de contrición y movía los labios como si estuviera orando. Fue el primer *autómata*, es decir, una representación mecánica de un ser viviente. Aunque la palabra *robot* todavía no existía, la invención del monje era maravillosa, y debía sorprender y confundir a quienes la observaban. Es probable que a nadie en aquella época se le hubiera ocurrido que un diminuto autómata pudiera algún día, en el futuro lejano, no solamente imitar unos movimientos básicos, sino que pudiera reemplazar a los humanos en las plantas de producción, en laboratorios de investigación y en conversaciones culinarias.

---

3 Elizabeth King, "Clockwork Prayer: A Sixteenth-Century Mechanical Monk", *Blackbird* 1, n.º 1 (primavera 2002), https://blackbird.vcu.edu/v1n1/nonfiction/king_e/prayer_introduction.htm.

El pequeño monje mecánico inspiró a la primera generación de expertos en robótica, cuyo objetivo era crear máquinas cada vez más complejas que fueran un reflejo de los humanos: los autómatas podían escribir, bailar y pintar. Esto condujo a un grupo de filósofos a preguntarse qué significa ser humano. Si era posible construir autómatas que pudieran imitar el comportamiento humano, ¿somos los humanos unos autómatas producto de una construcción divina? ¿O somos, acaso, sistemas complejos capaces de razonar y producir pensamiento original?

En *De Corpore* —una parte de la gran trilogía de Thomas Hobbes sobre las ciencias naturales, la psicología y la política—, este filósofo político inglés describió el razonamiento humano como "computación". En 1655 escribió: "Cuando hablo de razonar me refiero a computar. Y computar es hacer la suma de muchas cosas puestas juntas al mismo tiempo, o saber qué queda cuando una cosa se le sustrae a otra. Razonar, por lo tanto, es lo mismo que sumar o restar"[4]. Ahora bien, ¿cómo podemos saber que tuvimos libre albedrío durante el proceso?

Mientras Hobbes escribía la primera parte de su trilogía, el filósofo francés René Descartes publicaba *Meditaciones de filosofía primera*, libro en el cual se preguntaba si podemos saber con certeza que lo percibido es real. ¿Cómo podemos verificar nuestra propia conciencia? ¿Qué prueba necesitaríamos para concluir que nuestros pensamientos son nuestros, y que el mundo que nos rodea es real? Descartes era un racionalista que creía que podíamos aprehender los hechos por medio de la deducción. Recordemos su famoso experimento de pensamiento: Descartes les pedía a los lectores imaginar que un demonio había creado, a propósito, una ilusión del mundo. Si la experiencia física, sensorial del lector de estar nadando en un lago no era más que la construcción de un demonio,

---

4 Thomas Hobbes, *De Corpore Politico, or The Elements of Law Moral and Politick.*

entonces el lector no podía *saber* realmente que estaba nadando. Sin embargo, en opinión de Descartes, si el lector tenía una conciencia personal de su propia existencia, cumplía el criterio que se aplica para el conocimiento. Descartes escribió: "La proposición *yo soy, yo existo* es necesariamente verdadera cada vez que la pronuncio o la concibo en mi mente"[5]. En otras palabras, el hecho de nuestra existencia está más allá de toda duda, aun si hay de por medio un demonio que nos engaña. O sea, *pienso, luego existo*.

Más adelante, en su *Tratado del hombre*, Descartes arguye que los humanos podrían crear un autómata (en este caso, un pequeño animal) que no sería posible distinguir del ser real. Sin embargo, continúa diciendo Descartes, si algún día creáramos un humano mecanizado, este nunca podría pasar por un humano real, porque carecería de mente y, por lo tanto, de alma. A diferencia de los humanos, una máquina nunca pasaría los criterios del conocimiento: nunca podría tener conciencia de sí misma, como la tenemos nosotros. Para Descartes, la conciencia era algo que ocurría internamente: el alma era el espíritu en la máquina que es nuestro cuerpo[6].

Algunas décadas más adelante, el matemático y filósofo alemán Gottfried Wilhelm von Leibniz examinó la idea de que el alma humana estaba programada, y argüía que la mente misma era un contenedor. Dios creó el alma y el cuerpo para que se armonizaran naturalmente. Puede que el cuerpo sea una máquina compleja, pero es una máquina que viene con un conjunto de instrucciones divinas. Nuestras manos se mueven cuando decidimos moverlas, pero nosotros no creamos ni inventamos los mecanismos que permiten el movimiento. Si somos conscientes del dolor o del placer, esas sensaciones son el resultado de un sistema preprogramado, una línea continua de comunicación entre la mente y el cuerpo.

---

5 René Descartes, *Meditations on First Philosophy*, Second Meditation §25, 1641, University of Connecticut, http://selfpace.uconn.edu/class/percep/DescartesMeditations.pdf.
6 René Descartes, *Treatise of Man*, trad. T. S. Hall (Cambridge, MA: Harvard University Press, 1972).

Leibniz concibió su propio experimento para ilustrar el concepto de que el pensamiento y la percepción están íntimamente ligados al ser humano. Imagine el lector que entra a un molino. El edificio es un contendedor donde hay máquinas, materias primas y trabajadores. Es un complejo sistema de partes que funcionan armoniosamente para alcanzar un objetivo en particular, pero nunca podría tener una mente. "Todo lo que podríamos encontrar allí son ruedas dentadas y palancas moviéndose unas a otras, sin nada que pueda llamarse percepción", escribió Leibniz. "Así, la percepción puede encontrarse en sustancias simples, pero no en compuestos como las máquinas". Su argumento apuntaba a que, sin importar cuán avanzado fuera el molino, la maquinaria o el autómata, los humanos no podrían construir una máquina capaz de pensar o de percibir[7].

Con todo, Leibniz sentía fascinación por la noción de la replicación de ciertas facetas del pensamiento. Algunas décadas antes, un escritor inglés poco conocido, llamado Richard Braithwaite, quien escribió sobre la conducta social, se refirió a los "computadores" humanos como personas altamente entrenadas, que podían hacer cálculos de manera muy rápida y precisa[8]. Entre tanto, el matemático francés Blaise Pascal, quien sentó las bases para lo que hoy conocemos como probabilidad, reflexionaba sobre la automatización de ciertas tareas computacionales. Pascal observaba cómo su padre calculaba los impuestos a mano, con gran monotonía, y quería facilitarle la tarea. Pascal comenzó a trabajar en una calculadora automática, con ruedas mecánicas y discos móviles[9]. La calculadora funcionaba, e inspiró a Leibniz

---

7 Gottfried Wilhelm Leibniz, *The Monadology*, trad. Robert Latta, (1898), https://www.plato-philosophy.org/wp-content/uploads/2016/07/The-Monadology-1714-by-Gottfried-Wilhelm-LEIBNIZ-1646-1716.pdf.
8 Se cree que el primer uso conocido de la palabra *computador* aparece en un libro llamado *The Yong Mans Gleanings*, escrito por Richard Braithwaite en 1613. En esa época, los computadores eran personas que hacían cálculos.
9 "Blaise Pascal", Biography.com, https://www.biography.com/people/blaise-pascal-9434176.

para refinar su pensamiento: las máquinas nunca tendrían alma, pero algún día sería posible crear una máquina capaz de tener pensamiento lógico de nivel humano. En 1673, Leibniz describió su "contador de pasos", un nuevo tipo de máquina calculadora que tomaba decisiones usando un sistema binario[10]. La máquina se parecía en cierto sentido a una mesa de billar, con bolas, agujeros, palos y canales. Esta máquina abría los agujeros usando una serie de ceros (cerrado) y de unos (abierto).

El contador de pasos teórico de Leibniz sentó las bases para nuevas teorías, que comprendían la siguiente noción: si el pensamiento lógico podía reducirse a símbolos y, en consecuencia, podía analizarse como un sistema computacional, y si los problemas geométricos podían resolverse usando símbolos y números, entonces todo podría reducirse a bits, incluyendo el comportamiento humano. Era un distanciamiento significativo de los anteriores filósofos: las máquinas del futuro podrían replicar los procesos del pensamiento humano sin tener que ver con la divina providencia. El pensamiento no requería necesariamente de percepción, sentidos o alma. Leibniz imaginó un computador capaz de resolver problemas generales, incluso de carácter no matemático. Lanzó la hipótesis de que el lenguaje podía reducirse a los conceptos atómicos de las matemáticas y las ciencias, como parte de un traductor de lenguaje universal[11].

---

10 Leibniz escribió en *De progressione dyadica*: "Este cálculo binario podría ser implementado por una máquina [...] provista de agujeros, que puedan abrirse y cerrarse. Deben estar abiertos en los lugares que corresponden a 1 y permanecer cerrados en los que corresponden a 0. Por los agujeros abiertos entran unas canicas, que ruedan por unos canales; por los cerrados, nada. La disposición de los agujeros debe cambiarse de columna en columna, según se requiera".
11 Leibniz escribió: "Pensé nuevamente en mi plan para un nuevo lenguaje o sistema de razonamiento mediante la escritura, que podría servir como herramienta de comunicación entre todas las diferentes naciones [...]. Si tuviéramos esa herramienta universal, podríamos discutir problemas de metafísica o cuestiones éticas de la misma manera como lo hacemos con los problemas o las cuestiones de matemáticas o geometría. Ese era mi propósito: cualquier malentendido no sería más que un error de cálculo [...], fácilmente corregible mediante las leyes gramaticales de ese nuevo lenguaje. Así, en el caso de una discusión controversial, dos filósofos podrían sentarse en una mesa y calculando, como dos matemáticos, simplemente dirían: 'revisemos'".

¿La mente y las máquinas simplemente siguen un algoritmo?

Si Leibniz estaba en lo cierto (los humanos eran máquinas con alma, que algún día inventarían máquinas sin alma, capacitadas para tener un inimaginable pensamiento sofisticado), entonces habría sobre la Tierra una clase binaria de máquina: ellas y nosotros. Pero este era tan solo el comienzo del debate.

En 1738, Jacques de Vaucanson, artista e inventor, construyó una serie de autómatas para la Academia Francesa de la Ciencia, entre los cuales se hallaba un complejo pato que parecía natural. No solo imitaba los movimientos de un pato real, como mover las alas y comer granos, sino que también podía imitar la digestión. Esta creación puso a los filósofos a pensar: si se veía como un pato y graznaba como un pato, ¿era realmente un pato? Si percibimos que el pato tiene un alma de un tipo diferente, ¿bastaría eso para probar que el pato era consciente de sí mismo, con todo lo que eso implicaba?

El filósofo escocés David Hume rechazó la idea de que el reconocimiento de la existencia era en sí mismo una prueba de conciencia. A diferencia de Descartes, Hume era empirista y desarrolló un nuevo marco científico basado en hechos observables y en argumentos lógicos. Mientras Vaucanson exhibía con orgullo su pato mecánico capaz de digerir (mucho antes de que empezara a hablarse de IA), Hume escribía, en su *Tratado sobre la naturaleza humana*, lo siguiente: "La razón es, y solo debe ser, esclava de las pasiones". En este caso, al hablar de "pasiones", Hume se refiere a "motivaciones no racionales", y apunta a que son los incentivos, y no la lógica abstracta, los que mueven nuestro comportamiento. Si las impresiones son simplemente nuestra percepción de algo que podemos ver, tocar, sentir, gustar y oler, y si las ideas son percepciones de cosas con las cuales no entramos en contacto directo, Hume creía que nuestra existencia y nuestra comprensión del mundo circundante se basaba en un constructo de percepción humana.

A la luz de trabajos más avanzados sobre los autómatas, que se iban volviendo cada vez más realistas, y de reflexiones más profundas sobre los computadores y las máquinas pensantes, el físico y filósofo francés Julien Offray de La Mettrie emprendió un radical —y escandaloso— estudio sobre los humanos, los animales y los autómatas. En un documento escrito en 1747, que publicó inicialmente de manera anónima, La Mettrie sostenía que los humanos son sorprendentemente similares a los animales, y que un simio podría aprender el lenguaje humano, si "se lo entrena adecuadamente". La Mettrie también concluyó que los humanos y los animales son meras máquinas, movidas por el instinto y la experiencia. "El cuerpo humano es una máquina que le da cuerda a su propio mecanismo; [...] el alma no es más que un principio de movimiento, o una parte material y sensible del cerebro"[12].

La idea de que los humanos son, simplemente, máquinas movidas por la materia (tuercas y engranajes que llevan a cabo una serie de funciones) implicaba que no somos especiales o únicos. También implicaba que tal vez somos programables. Si esto era cierto, y si hasta ese momento habíamos sido capaces de crear patos que parecían reales y monjes miniatura, de ahí se desprendía que, algún día, los humanos podrían crear réplicas de sí mismos y construir una variedad de máquinas pensantes e inteligentes.

¿Era posible crear una máquina pensante?

En la década de 1830, matemáticos, ingenieros y científicos empezaron a experimentar, con la esperanza de construir máquinas capaces de hacer los mismos cálculos que los "computadores" humanos. La matemática inglesa Ada Lovelace y el científico Charles Babbage inventaron una máquina llamada Máquina Diferencial y luego postularon una más avanzada, la Máquina Analítica, que usaba una serie de

---

12 "Apes to Androids: Is Man a Machine as La Mettrie Suggests?", http://www.charliemccarron. com/man_a_machine/.

pasos predeterminados para resolver problemas matemáticos. Babbage no había concebido que la máquina pudiera hacer nada más allá de calcular números. Fue Lovelace quien, en las notas a pie de página de un documento científico que estaba traduciendo, especuló de manera brillante sobre la posibilidad de hacer una versión más poderosa de la máquina, que podría usarse de otras maneras[13]. Si la máquina podía manipular símbolos, a los cuales se les podían asignar diferentes cosas (como notas musicales, por ejemplo), entonces la máquina podría ser usada para 'pensar' por fuera de las matemáticas. Aunque Lovelace no creía que un computador pudiera jamás crear pensamiento original, sí contemplaba la posibilidad de crear un sistema complejo que pudiera seguir instrucciones y, por lo tanto, imitar muchas de las acciones cotidianas de la gente. En aquella época, algunos no le dieron importancia, pero Lovelace había escrito el primer programa computacional completo para una futura máquina muy poderosa, décadas antes de que se inventara la bombilla eléctrica.

Algunos kilómetros más al norte de donde trabajaban Lovelace y Babbage en la Universidad de Cambridge, un joven matemático autodidacta llamado George Boole tuvo una inspiración repentina cuando iba caminando por el campo en Doncaster. Esta idea lo llevó a dedicar su vida a la explicación de la lógica del pensamiento humano[14]. Su caminata fue el origen de lo que hoy conocemos como "álgebra booleana", que es una manera de simplificar expresiones lógicas (por ejemplo, *y*, *o* y *no*) usando símbolos y números. Así, al computar "verdad *y* verdad" obtenemos "verdad", lo que correspondería a interruptores y compuertas físicos en un computador. Boole tardó dos décadas formalizando sus ideas. Tuvieron que pasar otros cien años para que alguien comprendiera que la lógica y la probabilidad

13 Luigi Manabrea, *Sketch of the Analytical Engine Invented by Charles Babbage* (London: Richard and John E. Taylor, 1843).
14 Desmond MacHale, *The Life and Work of George Boole: A Prelude to the Digital Age*, New ed. (Cork University Press, 2014).

booleanas podrían ayudar a los computadores a evolucionar y pasar de automatizar las matemáticas básicas a producir máquinas pensantes más complejas. En aquella época no había manera de crear una máquina pensante (pues los procesos, los materiales y la energía todavía no estaban a nuestra disposición), y por eso no fue posible probar la teoría.

El salto de las máquinas pensantes teóricas a los computadores que comenzaron a imitar el pensamiento humano se dio en la década de 1930, con la publicación de dos ensayos pioneros: "A Symbolic Analysis of Switching and Relay Circuits", de Claude Shannon, y "On Computable Numbers, with an Application to the *Entscheidungsproblem*", de Alan Turing.

Shannon, que era estudiante de ingeniería eléctrica en MIT, tomó una materia electiva en filosofía, lo cual constituía una opción peculiar. La obra *Una investigación sobre las leyes del pensamiento*, de Boole, fue la referencia primaria de la tesis de Shannon. Su director de investigación, Vannevar Bush, instó a Shannon a mapear la lógica booleana en circuitos físicos. Bush había construido una versión avanzada de la máquina analítica de Lovelace y Babbage (su prototipo se llamaba Analizador Diferencial), con un diseño peculiar: en esa época no había una teoría sistemática que indicara cómo hacer el diseño de los circuitos eléctricos.

El descubrimiento de Shannon consistió en mapear los circuitos eléctricos de la lógica simbólica booleana y, luego, explicar cómo podía usarse la lógica booleana para crear un circuito funcional que permitiera añadir unos y ceros. Shannon había descubierto que los computadores tenían dos niveles: el físico (el contenedor) y el lógico (el código).

Mientras Shannon trabajaba para llevar la lógica booleana a circuitos físicos, Turing ensayaba el traductor del lenguaje universal de Leibniz que pudiera representar todo el conocimiento matemático y científico. Turing se proponía probar lo que llamaban el *Entscheidungsproblem*, o 'el problema de las decisiones'. El problema, *grosso modo*, podría describirse así: no puede existir un algoritmo que determine si una afirmación matemática arbitraria es verdadera o falsa. La respuesta sería negativa. Turing logró probar que no existe ese algoritmo, pero, paralelamente descubrió un modelo matemático para una máquina computadora de múltiples usos[15].

Eso lo cambió todo. Turing descubrió que un programa y los datos que este usa podían ser almacenados dentro de un computador: de nuevo, esta era una proposición radical en la década de 1930. Hasta ese momento, todo el mundo estaba de acuerdo en afirmar que la máquina, el programa y los datos eran independientes cada uno. Por primera vez, la máquina universal de Turing explicaba por qué los tres estaban unidos entre sí. Desde un punto de vista mecánico, la lógica según la cual operaban los circuitos y los interruptores podía también ser codificada dentro del programa y los datos. Pensemos por un instante en la significación de esta afirmación. El contenedor, el programa y los datos formaban parte de una entidad singular, no muy diferente de los humanos. Nosotros también tenemos un contenedor (nuestro cuerpo), unos programas (las funciones celulares autónomas) y unos datos (el ADN combinado con información sensorial directa e indirecta).

Entre tanto, la larga tradición de los autómatas, que había comenzado 400 años atrás con el monje diminuto que caminaba y oraba, por fin se cruzó en el camino con el trabajo de Turing y Shannon. La compañía estadounidense Westinghouse creó un robot basado en relés y llamado Elektro, para la Feria Mundial de 1939. Era un gigante burdo, dorado, con ruedas debajo de los pies. Contaba con 48 relés eléctricos que funcionaban con un

---

15 El experto en lógica Martin Davis lo explica mejor en *The Universal Computer: The Road from Leibniz to Turing*: "Turing sabía que un algoritmo se especifica, en general, mediante una lista de reglas que una persona puede seguir de una manera mecánica precisa, como una receta en un libro de cocina. Turing pudo demostrar que esa persona podría estar limitada a unas pocas acciones básicas extremadamente simples, sin cambiar el resultado final de la computación. Luego, al demostrar que ninguna máquina que realice solo esas acciones básicas podría determinar si una conclusión propuesta se deriva o no de unas premisas dadas [...] pudo concluir que no existe ningún algoritmo para el *Entscheidungsproblem*".

sistema de relés telefónicos. Elektro respondía, mediante mensajes pregrabados, a comandos de voz que se enviaban por una bocina de teléfono. Era un computador antropomorfizado capaz de tomar decisiones rudimentarias (tales como qué decir) en tiempo real y sin participación directa de un humano.

A juzgar por los titulares de los periódicos, los relatos cortos de ciencia ficción y los noticieros cinematográficos de la época, salta a la vista que la gente fue tomada por sorpresa: quedó impresionada y desconcertada con estos desarrollos. El público sentía como si las "máquinas pensantes" ya hubieran llegado, completamente formadas, de la noche a la mañana. En el número de mayo de 1941 de la revista *Astounding Science Fiction*, el escritor de ciencia ficción Isaac Asimov publicó "Liar!" ("¡Mentiroso!"), un relato corto profético. Era una reacción a la investigación que veía desarrollarse en la periferia. En el relato hacía una presentación y una defensa de sus "tres leyes de la robótica":

1. Un robot no puede hacerle daño a un ser humano ni, a través de la inacción, permitir que un humano reciba daño.
2. Un robot debe obedecer las órdenes dadas a él por los seres humanos, salvo en los casos en que dichas órdenes entren en conflicto con la Primera Ley.
3. Un robot debe proteger su propia existencia siempre y cuando dicha protección no entre en conflicto con la Primera o la Segunda leyes.

Más adelante, Asimov añadió la que él llamo la ley Zeroth, que regía las demás: "Un robot no puede hacerle daño a la humanidad ni, a través de la inacción, permitir que la humanidad reciba daño".

¿En realidad *piensa* una máquina pensante?

En 1943, Warren McCulloch y Walter Pitts, investigadores en psiquiatría de la Universidad de Chicago, publicaron un importante documento titulado "A Logical Calculus of the Ideas Immanent in Nervous Activity", en el que se describe un nuevo tipo de sistema que hace una modelización de las neuronas biológicas como una simple arquitectura neural de redes para la inteligencia. Si los contenedores, los programas y los datos estaban interrelacionados, como sostenía Turing, y si los humanos eran contenedores diseñados con una elegancia similar, capaces de procesar datos, de ahí se desprendía que crear una máquina pensante era posible si se la modelizaba usando la parte humana encargada de pensar: el cerebro. Estos autores postularon una teoría computacional moderna de la mente y el cerebro, una "red neural". En lugar de ver la máquina como el *hardware* y el programa como el *software*, imaginaron un nuevo tipo de sistema simbiótico capaz de ingerir enormes cantidades de datos, tal como lo hacemos los humanos. Los computadores no eran, por entonces, lo suficientemente poderosos para poder probar esta teoría, pero el artículo sí inspiró a otros a trabajar en la producción de un nuevo tipo de sistema de computación inteligente.

El lazo entre los sistemas de computación inteligentes y la toma autónoma de decisiones se hizo más claro una vez que John von Neumann, el polímata húngaro-estadounidense con especializaciones en ciencias de la computación, física y matemáticas, publicó un voluminoso tratado de matemáticas aplicadas. Escrito de manera conjunta con el economista de Princeton Oskar Morgenstern en 1944, el libro de 641 páginas explica, con lujo de detalles, cómo la ciencia de la teoría de juegos es el fundamento de todas las decisiones económicas. Este trabajo propició la colaboración de von Neumann con el Ejército de los Estados Unidos, que venía trabajando en un nuevo tipo de computador eléctrico llamado Electronic Numerical Integrator and Computer (ENIAC). Originalmente, las instrucciones con las que funcionaba el ENIAC estaban integradas en el sistema, lo que significaba que, con cada nuevo programa, era necesario reconfigurar la totalidad del sistema. Inspirado por Turing, McCulloch y Pitts, von Neumann desarrolló una forma de almacenar programas en el computador mismo. Esto marcó la transición de la primera era de la computación (la tabulación) a una nueva era de sistemas programables.

El propio Turing ahora estaba trabajando en un concepto para una red neural, hecho con computadores con una arquitectura en la que los programas estaban almacenados. En 1949, el periódico *The London Times* citó así a Turing: "No veo por qué [la máquina] no pueda entrar en cualquiera de los campos que normalmente cubre el intelecto humano y, en un momento dado, competir en pie de igualdad. Ni siquiera creo que pueda marcarse la línea con los sonetos, aunque tal vez la comparación sea un poco injusta, pues un soneto escrito por una máquina será mejor apreciado por otra máquina".

Un año después, en un artículo publicado en la revista de filosofía *Mind*, Turing trataba las cuestiones evocadas por Hobbes, Descartes, Hume y Leibniz. Allí, Turing proponía una teoría y una prueba o test: si algún día un computador podía responder preguntas de una manera que no pudiera distinguirse de la respuesta de los seres humanos, podríamos hablar de "pensamiento". Es probable que los lectores conozcan el artículo con otro nombre: la prueba de Turing.

El artículo comenzaba con una pregunta, ya hoy famosa, formulada y respondida por diversos filósofos, teólogos, matemáticos y científicos desde antes que él: "¿Pueden pensar las máquinas?". Sin embargo, Turing, que era sensible al antiguo debate sobre la mente y las máquinas, descartaba la pregunta por considerarla demasiado amplia, razón por la cual no permitía hacer un aporte significativo. Las palabras *máquina* y *pensar* eran ambiguas y daban demasiado espacio para la interpretación subjetiva (al fin y al cabo, durante 400 años se habían escrito artículos y libros sobre el significado de esas palabras).

El juego propuesto en el artículo se basaba en el engaño y se "ganaba" cuando el computador pudiera hacerse pasar, con todo éxito, por un humano. Esta es la prueba: en una habitación hay una persona y una máquina; en otra, hay un interrogador. El objeto del juego consiste en que el interrogador descubra cuáles respuestas provienen de la persona y cuáles de la máquina. Al comienzo del juego, el interrogador recibe unas etiquetas, XY, pero no sabe cuál de las dos corresponde al computador y solo puede hacer preguntas como: "¿Quiere X decirme si X juega ajedrez?". Al final del juego, el interrogador debe determinar quién era X y quién era Y. La meta de la otra persona es ayudarle al interrogador a identificar la máquina, y la meta de la máquina es engañar al interrogador para hacerle creer que la máquina es la persona. Esto decía Turing sobre el juego: "Creo que en unos cincuenta años será posible programar computadores con una capacidad de 109, que podrán jugar el juego de la imitación con tal destreza que un interrogador promedio no tendrá más del 70 % de chance de hacer la identificación correcta al cabo de cinco minutos de formular preguntas"[16].

Con todo, Turing era un científico y sabía que su teoría no podía ser probada mientras él viviera. De hecho, el problema no radicaba en la falta de evidencia empírica que demostrara que las máquinas podrían pensar algún día (Turing afirmó que tal vez se necesitaría llegar a finales del siglo XX para poder llevar a cabo su prueba). "Podemos esperar que las máquinas lleguen, en un momento dado, a competir con los humanos en campos puramente intelectuales", escribió Turing. El verdadero problema radicaba en dar el salto necesario para creer que las máquinas podrían, algún

---

16 Alan Turing, "Computing Machinery and Intelligence", *Mind* 59, n.° 236 (1950): 433-60.

día, hacer cosas como ver, razonar y recordar, y saber que los humanos podrían interferir con este progreso. Para lograr el objetivo se requería que sus colegas científicos observaran la cognición desprovista de espiritualismo y creyeran en la posibilidad de máquinas inteligentes que, a diferencia de los humanos, tomarían decisiones de una manera no consciente.

El verano y el invierno de la IA

En 1955, los profesores Marvin Minsky (matemático y neurólogo) y John McCarthy (matemático), junto con Claude Shannon (matemático y criptógrafo de Bell Labs) y Nathaniel Rochester (científico informático de IBM) propusieron la realización de un taller de dos meses para explorar el trabajo de Turing y la promesa del aprendizaje automático. Su teoría apuntaba a lo siguiente: si era posible describir cada una de las características de la inteligencia humana, entonces se le podría enseñar a una máquina a simularlas[17]. Sin embargo, esta tarea requeriría la participación de un grupo amplio y diverso de expertos en muchos campos diferentes. Estos científicos creían que era posible lograr un avance significativo al reunir un grupo interdisciplinario de investigadores, para trabajar intensamente, sin interrupciones, durante el verano.

La conformación del grupo era una labor crucial. Así, crearían una red de excelsos ingenieros, científicos sociales, científicos informáticos, psicólogos, matemáticos, físicos y especialistas en cognición, que formularían y responderían preguntas fundamentales sobre lo que significa *pensar*, sobre cómo funcionan nuestras *mentes* y cómo enseñar a las máquinas a aprender de la misma manera que los humanos. La intención era que esta red diversa

---

17 "A Proposal for the Dartmouth Summer Research Project on Artificial Intelligence", Stanford Computer Science Department's Formal Reasoning Group, página de inicio de John McCarthy, con enlaces a artículos de interés histórico; modificada por última vez en abril 3, 1996, http://www-formal.stanford.edu/jmc/history/dartmouth/dartmouth.html.

continuara colaborando en la investigación y haciendo aportes a este nuevo campo en el futuro.

Debido a que este sería un nuevo tipo de enfoque interdisciplinario para construir máquinas pensantes, se necesitaba un nuevo nombre para describir las actividades. Los participantes dieron con una denominación ambigua pero elegante: la *inteligencia artificial*.

McCarthy creó una lista preliminar de 47 expertos que creía necesitar para conformar la red de participantes y sentó las bases para toda la investigación y la elaboración de prototipos que vendrían a continuación. Fue un proceso lleno de tensiones, en el que se determinaría cuáles serían las voces que debían estar necesariamente presentes cuando se empezara a trabajar en serio en la conceptualización y la creación de la IA. A Minsky, en particular, le preocupaba que al grupo le faltaran dos voces fundamentales: la de Turing, que había muerto dos años atrás, y la de von Neumann, quien se encontraba en las últimas fases de un cáncer terminal[18].

A pesar de los esfuerzos realizados para conformar un grupo diverso, con la mejor mezcla posible de habilidades complementarias, no se dieron cuenta de un importante punto ciego: todos los miembros de la lista eran blancos, aunque había muchas personas brillantes de raza negra trabajando en los mismos campos que McCarthy y Minky. Las personas que habían sido incluidas en la lista provenían de gigantes de la tecnología de la época (IBM, Bell Labs) y de un pequeño grupo de universidades. Aunque ya había muchas mujeres brillantes haciendo contribuciones significativas en las áreas de la ingeniería, la ciencia informática, las matemáticas y la física, las mujeres también fueron excluidas[19]. Todos los

---

18 En su propuesta, McCarthy, Minsky, Rochester y Shannon invitaron a varias personas para adelantar una investigación sobre la IA. La lista original de convocados, tal como fue publicada en 1955 y que incluye nombres y direcciones de las compañías, aparece en la página 369.

19 Compilé una corta lista de mujeres y de personas de color muy talentosas que habrían podido aportar un inmenso valor al taller de Dartmouth, pero que no fueron tenidas en cuenta. La lista no es exhaustiva. Habría podido rellenar docenas de páginas. Tan solo es una muestra de las personas inteligentes, capaces y creativas que quedaron por fuera del proceso:

invitados eran hombres, exceptuando a la esposa de Marvin Minsky, Gloria. Sin tener conciencia de sus propios sesgos, estos científicos (que esperaban comprender cómo funciona la mente humana, cómo pensamos y cómo las máquinas podrían aprender de toda la humanidad) limitaron drásticamente su conjunto de datos a las personas que tenían un aspecto similar a ellos.

Al año siguiente, el grupo se reunió en el último piso del Departamento de Matemáticas de la Universidad de Dartmouth, para investigar sobre la teoría de la complejidad, la simulación de los lenguajes naturales, las redes neuronales, la relación entre la creatividad y la aleatoriedad y las máquinas que aprenden. Durante la semana, los científicos se reunían en el salón principal de matemáticas, donde

- James Andrews, matemático y profesor de Florida State University, especializado en teoría de grupos y teoría de nudos.
- Jean Bartik, matemático y uno de los programadores originales del computador ENIAC.
- Albert Turner Bharucha-Reid, matemático y teórico; hizo contribuciones significativas a las cadenas de Markov, la teoría de la probabilidad y la estadística.
- David Blackwell, estadístico y matemático; hizo contribuciones significativas a la teoría de juegos, la teoría de la información, la teoría de la probabilidad y la estadística bayesiana.
- Mamie Phipps Clark, PhD y psicóloga social, cuya investigación se centró en la conciencia propia.
- Thelma Estrin, pionera de la aplicación de los sistemas de computadores en la investigación neurofisiológica y cerebral. Trabajaba como investigadora en el Electroencephalography Department of the Neurological Institute of Columbia Presbyterian en el momento del proyecto de investigación del verano de Dartmouth.
- Evelyn Boyd Granville, doctora en matemáticas que desarrolló los programas de computador usados para el análisis de trayectoria en las primeras misiones tripuladas por el ser humano al espacio y la Luna.
- Betty Holberton, matemática y una de las programadoras originales del computador ENIAC. Inventó los *breakpoints* (puntos de interrupción) en la depuración de los computadores.
- Grace Hopper, científica informática y posteriormente creadora de COBOL, un lenguaje de programación que todavía hoy se usa.
- Mary Jackson, ingeniera y matemática que llegó a ser la primera ingeniera de raza negra de la NASA.
- Kathleen McNulty, matemática; una de las programadoras originales del computador ENIAC.
- Marlyn Meltzer, matemática; una de las programadoras originales del computador ENIAC, que fue el primer computador programable totalmente electrónico.
- Rózsa Péter, matemática y creadora de la teoría de las funciones recursivas.
- Frances Spence, matemática; una de las programadoras originales del computador ENIAC.
- Ruth Teitelbaum, matemática; una de las programadoras originales del computador ENIAC. Ella, junto con la programadora Marlyn Meltzer, calculó ecuaciones de trayectoria balística.
- Dorothy Vaughan, matemática y computadora humana que, en 1949, era la supervisora encargada de West Area Computers.
- Jesse Ernest Wilkins Jr., científico nuclear, ingeniero mecánico y matemático; se convirtió en el estudiante más joven de la Universidad de Chicago, a los trece años de edad.

se llevaba a cabo una discusión general, y luego se dispersaban para abordar asuntos más puntuales. En una de las sesiones generales, los profesores Allen Newell, Herbert Simon y Cliff Shaw se inventaron una manera de descubrir pruebas de teoremas lógicos y simularon el proceso a mano (un programa al que llamaron Logic Theorist). Fue el primer programa en imitar las habilidades de resolución de problemas de un humano. Más adelante, probarían 38 de los primeros 52 teoremas de *Principia Mathematica*, de Alfred North Whitehead y Bertrand Russell, un texto estándar sobre los fundamentos de las matemáticas. Claude Shannon, quien había propuesto, varios años atrás, enseñar a los computadores a jugar ajedrez contra los humanos, tuvo la oportunidad de mostrar un prototipo de su programa, que todavía estaba en proceso de construcción[20].

Las expectativas de McCarthy y Minsky respecto a hacer avances innovadores en materia de IA no se materializaron ese verano en Dartmouth. El tiempo fue insuficiente, así como era insuficiente el poder de cómputo, para lograr que la IA pasara de la teoría a la práctica[21]. Sin embargo, en aquel verano se instauraron tres prácticas clave que se convirtieron en el fundamento de base de la IA tal como la conocemos hoy:

1. La teorización, la construcción, el testeo y el avance de la IA estarían a cargo de las grandes compañías de tecnología y de los investigadores académicos, en trabajo conjunto.
2. El avance de la IA requería mucho dinero, razón por la cual se necesitaba comercializar el trabajo de alguna manera, ya fuera cooperando en asociaciones con

---

20 "The Dartmouth Workshop—as Planned and as It Happened", Stanford Computer Science Department's Formal Reasoning Group, John McCarthy's home page, lecture "AI: Past and Future", modificado por última vez el 30 de octubre de 2006, http://www-formal.stanford.edu/jmc/slides/dartmouth/dartmouth/node1.html.
21 "The Dartmouth AI Archives", RaySolomonoff.com, http://raysolomonoff.com/dartmouth/.

agencias gubernamentales o con el ejército o creando productos y sistemas que pudieran venderse.

3. La investigación y la construcción de la IA se basaba en una red de investigadores interdisciplinarios, lo que implicaba establecer un nuevo campo académico desde cero. También significaba que los investigadores tendían a reclutar a sus conocidos, lo que hacía que la red fuera relativamente homogénea y que tuviera una visión limitada del mundo.

Durante ese verano se produjo otro desarrollo interesante. Aunque el grupo estaba cohesionado en torno a la pregunta planteada por Turing, *"¿pueden pensar las máquinas?"*, no había un acuerdo respecto a cuál era el mejor enfoque para demostrar la respuesta, que era construir una máquina que aprende. Algunos de los miembros del grupo estaban a favor de un enfoque biológico. Es decir, creían que se podían usar las redes neuronales para proporcionar a la IA un sentido común y un razonamiento lógico, es decir, que era posible que las máquinas en general fueran inteligentes. Otros miembros argumentaban que nunca sería posible crear una réplica tan completa de las estructuras del pensamiento humano. Estaban a favor de un enfoque basado en la ingeniería. En lugar de escribir comandos para resolver problemas, un programa podría ayudarle al sistema a "aprender" a partir de un conjunto de datos. Haría predicciones usando datos; luego, un supervisor humano verificaría las respuestas y haría los ajustes necesarios. De esta manera, el "aprendizaje automático" significaba aprender una tarea específica, como jugar a las damas.

El psicólogo Frank Rosenblatt, miembro del taller de Dartmouth, quería hacer una modelización que indicara de qué manera el cerebro humano procesa los datos visuales y, en consecuencia, aprende a reconocer los objetos. A partir de la investigación de ese verano, Rosenblatt creó un sistema llamado Perceptron. Su propósito era construir un programa simple que pudiera responder al *feedback*. Fue la primera red neuronal artificial (o ANN, por las iniciales en inglés de *artificial neural network*) y funcionaba creando conexiones entre múltiples elementos de procesamiento en una disposición en capas. Cada neurona mecánica recibiría montones de señales de *input* y luego usaría un sistema de ponderación matemática para decidir cuál señal de *output* generar. En esta estructura paralela, sería posible acceder a múltiples procesadores al mismo tiempo, lo que significa que no solo sería un sistema rápido, sino que, además, podría procesar una gran cantidad de datos de manera continua.

¿Por qué era tan importante este descubrimiento? Aunque esto no significaba necesariamente que un computador pudiera "pensar", sí mostraba cómo enseñarle a un computador a aprender. Los humanos aprendemos por medio del ensayo y el error. Para tocar en el piano una escala de do, se requiere hundir las teclas apropiadas en la secuencia correcta. En un comienzo, nuestros dedos, oídos y ojos no han memorizado el patrón correcto, pero si practicamos (repitiendo la escala una y otra vez, haciendo las correcciones pertinentes) al fin lograremos hacerlo bien.

Cuando yo tomaba clases de piano y tocaba mal las escalas, la profesora me corregía, pero si las tocaba bien, me ganaba una calcomanía. La calcomanía reforzaba el concepto de que yo había tomado las decisiones correctas al tocar. Lo mismo ocurre con la red neuronal de Rosenblatt. El sistema aprendería a optimizar su respuesta llevando a cabo las mismas funciones miles de veces, recordaría lo aprendido y aplicaría ese conocimiento a futuros problemas. El científico entrenaría el sistema usando una técnica llamada "propagación inversa".

Durante la fase inicial de entrenamiento, un humano evalúa si la ANN tomó la decisión correcta. Si lo hizo, el proceso es reforzado. En caso negativo, se hacen ajustes a los sistemas de ponderación y se administra otro test.

En los años posteriores al taller, hubo un notable progreso en problemas complicados para los seres humanos, como el uso de la IA para resolver teoremas matemáticos. En cambio, entrenar a la IA para hacer algo simple (como reconocer el lenguaje hablado), siguió siendo un desafío mayúsculo, sin solución inmediata.

Antes de estos trabajos con la IA, la mente siempre había sido comparada con una caja negra. Se realizaba la entrada de datos y se obtenía una respuesta, pero no había manera de observar el proceso. Los primeros filósofos, matemáticos y científicos afirmaban que esto era el resultado de un diseño divino. Los científicos modernos sabían que esto era el resultado de cientos de miles de años de evolución. Solo hasta la década de 1950, en aquel verano en Dartmouth, los investigadores empezaron a creer que podían abrir la caja negra (por lo menos en teoría) y observar la cognición. Luego podrían enseñarles a los computadores a imitar nuestro comportamiento de estímulo-respuesta.

Hasta ese momento, los computadores habían sido herramientas utilizadas para automatizar la tabulación. La primera era de la computación, caracterizada por las máquinas que podían calcular números, daba paso a la segunda era, la de los computadores programables. Estos eran unos sistemas más rápidos y más ligeros con la memoria suficiente para almacenar conjuntos de instrucciones en los computadores. Ahora los programas podían almacenarse localmente y, sobre todo, se podían escribir en inglés y no en esos complicados códigos. Cada vez resultaba más claro que no necesitábamos autómatas o contenedores humanos para que las aplicaciones de IA fueran útiles. La IA podía estar alojada en una simple caja, sin ninguna característica humana y, aun así, ser extremadamente útil.

El taller de Dartmouth llevó al matemático británico I. J. Good a escribir sobre "una máquina ultrainteligente" que podía diseñar máquinas más inteligentes de las que podríamos crear nosotros. Esto generaría en el futuro una "explosión de inteligencia, y la inteligencia del hombre quedaría muy rezagada. De este modo, la primera máquina ultrainteligente es la última invención que necesita hacer el hombre"[22].

Finalmente, una mujer entró a formar parte del grupo o, por lo menos, el nombre de una mujer. En el MIT, el científico informático Joseph Weizenbaum escribió un primer sistema de IA, llamado ELIZA, un programa conversacional bautizado con el nombre del personaje ingenuo de *Pigmalión*, de George Bernard Shaw[23]. Este desarrollo fue importante para las redes neuronales y la IA, porque era uno de los primeros intentos por crear un procesamiento a base de lenguaje natural. El programa usaba guiones preescritos, con el fin de adelantar conversaciones con personas reales. El guion más famoso se llamaba DOCTOR[24], e imitaba a un psicólogo empático que se basaba en el reconocimiento de patrones para dar respuestas sorprendentemente humanas.

Para ese momento, el taller de Dartmouth ya era famoso internacionalmente, lo mismo que sus investigadores, quienes de la noche a la mañana pasaron a convertirse en el centro de atracción. Era un grupo de *nerds* célebres que le daban a la gente común y corriente una visión fantástica del futuro. ¿Recuerda el lector a Rosenblatt, el psicólogo que había creado la primera red neuronal? Este le dijo al *Chicago Tribune* que muy pronto las máquinas no solo tendrían programas ELIZA capaces de dar algunos cientos de respuestas, sino que, además, los computadores podrían asistir a reuniones y tomar dictados, "como una secretaria". No solo profetizó la llegada del "aparato pensante" más grande que se hubiera

22 Irving John Good, "Speculations Concerning the First Ultraintelligent Machine", *Advances in Computers*, Volumen 6 (1966): 31-88, https://www.sciencedirect.com/science/article/pii/S0065245808604180?via%3Dihub.
23 Joseph Weizenbaum, "ELIZA—A Computer Program for the Study of Natural Language Communication Between Man and Machine", *Communications of the ACM 9*, n.° 1 (enero 1966): 36-45, http://web.stanford.edu/class/cs124/p36-weizenabaum.pdf.
24 El guion completo está en GitHub: https://github.com/codeanticode/eliza.

construido jamás, sino que anunció la creación de un sistema que podría funcionar al cabo de unos cuantos meses[25].

Ente tanto, ¿qué había de Simon y Newell, quienes habían creado el Logic Theorist? Estos científicos comenzaron a hacer predicciones salvajes y audaces sobre la IA, diciendo que, en diez años, es decir, *en 1967*, las computadoras podrían hacer lo siguiente:

- Vencer a todos los grandes maestros de ajedrez y convertirse en las campeonas mundiales.
- Descubrir y probar un nuevo e importante teorema matemático.
- Escribir un tipo de música que incluso los críticos más severos valorarían[26].

Por su parte, Minsky hacía predicciones sobre una máquina generalmente inteligente, que podría hacer mucho más que tomar dictados, jugar ajedrez o componer música. Sostenía que, en el transcurso de su vida, las máquinas llegarían a tener una inteligencia general artificial, es decir, que los computadores podrían tener pensamiento complejo y expresión lingüística, y tendrían la capacidad para tomar decisiones[27].

Los investigadores del taller de Dartmouth escribían artículos y libros. Daban entrevistas en televisión, radio, periódicos y revistas. Sin embargo, el aspecto científico era difícil de exponer, muchas veces las explicaciones eran confusas y se citaba a los investigadores fuera de contexto. Dejando aparte las predicciones estrafalarias, hay que decir

---

25 Ronald Kotulak, "New Machine Will Type Out What It 'Hears'", *Chicago Tribune*, 18 de junio de 1963, consultado a través de los archivos del *Chicago Tribune*.
26 Herbert A. Simon and Allen Newell, "Heuristic Problem Solving: The Next Advance in Operations Research", *Operations Research 6* (1958): 1-10.
27 El propio McCarthy quería trabajar con el grupo sobre sus ideas para representar el conocimiento y el razonamiento de sentido común; sin embargo, una vez se reunió el grupo, se dio cuenta de que a la matriz de participantes le faltaban algunos pensadores clave (en este caso, esperaba tener expertos en lógica).

que las expectativas del público respecto a la IA eran cada vez más fantásticas, en parte porque se hizo una mala presentación de la historia. Por ejemplo, en la revista *Life* aparece una cita de Minsky: "En un plazo de tres a ocho años tendremos una máquina con la inteligencia general de un ser humano promedio. Es decir, será una máquina que podrá leer a Shakespeare, engrasar un automóvil, participar en los juegos políticos de las oficinas, contar un chiste, discutir"[28]. En ese mismo artículo, el periodista se refiere a Alan Turing como "Ronald Turing". Minsky, quien obviamente era un entusiasta del tema, estaba exagerando y no podía afirmar, sin faltar a la verdad, que los robots que caminaban y hablaban ya estaban a la vuelta de la esquina. En ausencia de un contexto y una explicación adecuados, la percepción del público respecto a la IA comenzó a deformarse.

A esta confusión contribuyó el hecho de que, en 1968, Arthur Clarke y Stanley Kubrick decidieron hacer una película sobre el futuro de las máquinas con la inteligencia general de una persona promedio. Estos cineastas querían narrar la historia del origen de los humanos y de las máquinas pensantes, y acudieron a Minsky como asesor. Como ya lo habrá imaginado el lector, se trata de la película *2001: Odisea del espacio*, centrada en una IA llamada HAL 9000. Esta máquina inteligente aprendió de sus creadores la creatividad y sentido del humor, y amenazaba con matar a cualquiera que quisiera desenchufarla. El nombre de uno de los personajes de la película, Victor Kaminski, está inspirado en Minsky.

Podemos decir que, a mediados de la década de 1960, la IA formaba parte del *zeitgeist*, del espíritu de ese tiempo, y que todo el mundo estaba fetichizando el futuro. Cada vez eran mayores las expectativas sobre el éxito comercial de la IA, debido a un artículo que salió en una oscura publicación comercial que trataba sobre

---

28 Brad Darrach, "Meet Shaky, the First Electronic Person", *Life Magazine*, 20 de noviembre de 1970, volumen 69, 58B-58C.

la industria de la radio. El artículo, titulado simplemente "Cramming More Components onto Integrated Circuits" ("Meter más componentes en los circuitos integrados"), había sido escrito por el cofundador de Intel, Gordon Moore, y en él exponía la teoría de que la cantidad de transistores que se podían poner en una placa de circuitos integrados, por el mismo precio, se duplicaría cada 24 meses o menos. Esta atrevida idea se conoció como la ley de Moore, y en poco tiempo se vio que su tesis era acertada. Los computadores eran cada vez más poderosos y podían ejecutar innumerables tareas, más allá de resolver problemas de matemáticas. Esto significó un enorme impulso para la comunidad de la IA, porque sus teorías podrían ser sometidas a pruebas sólidas en muy poco tiempo. También planteaba la fascinante posibilidad de que los procesadores de IA pudieran superar los poderes de la mente humana, que tiene una capacidad de almacenamiento biológicamente limitada.

Todo ese frenesí, sumado al mencionado artículo, condujo a que se hiciera una gran inversión en la IA, aun si las personas que estaban fuera de la red de Dartmouth no entendían muy bien de qué se trataba realmente la IA. Todavía no había ningún producto que mostrar, ni había formas prácticas de escalar las redes neuronales y de producir toda la tecnología necesaria. El hecho de que la gente ahora creyera en la *posibilidad* de crear máquinas pensantes era suficiente para obtener una importante financiación corporativa y gubernamental. Por ejemplo, el gobierno de los Estados Unidos financió un ambicioso programa de IA para la traducción de idiomas. Era un momento álgido de la Guerra Fría, y el gobierno quería tener un sistema de traducción instantánea del ruso que les permitiera ser más eficientes, ahorrar costos y ser más precisos. Parecía que pudiera encontrarse una solución a este reto de traducción gracias a los avances en el aprendizaje automático. Una colaboración entre el Instituto de Lenguas y Lingüística de la Universidad de Georgetown e IBM produjo un prototipo de sistema de traducción automática ruso-inglés que tenía un vocabulario limitado de 250 palabras y se especializaba solo en química orgánica. La exitosa demostración pública hizo que muchas personas sacaran conclusiones precipitadas, y la traducción automática ocupó la primera plana del *New York Times* y de otros seis periódicos.

El dinero fluía entre las agencias gubernamentales, las universidades y las grandes empresas de tecnología, y, durante un tiempo, a nadie parecía preocuparle el gasto. Sin embargo, más allá de esos artículos y prototipos, no se estaban cumpliendo ni las promesas ni las predicciones relacionadas con la IA. Los avances serios e importantes eran un desafío mucho mayor de lo que habían previsto los pioneros modernos.

Pronto, empezó a ponerse el énfasis de la investigación en los usos reales y la implementación práctica de la IA. La National Academy of Sciences (Academia Nacional de Ciencias) de los Estados Unidos había conformado un comité asesor, a petición de la National Science Foundation (Fundación Nacional de Ciencias), el Department of Defense (Departamento de Defensa) y la Central Intelligence Agency (CIA) (Agencia Central de Inteligencia). En él se encontraron puntos de vista divergentes sobre la viabilidad de la traducción de idiomas extranjeros mediante IA, y se concluyó que "no se ha producido una traducción automática de un texto científico general, y no se ve que pueda haberla en el futuro inmediato"[29]. Un informe posterior presentado para el British Science Research Council (Consejo Británico para la Investigación en Ciencia) afirmó que los investigadores principales habían exagerado su progreso en materia de IA, y planteaba un pronóstico pesimista para todas las áreas de investigación principales en dicho campo. James Lighthill, especialista británico en matemáticas aplicadas

---

29 National Research Council, *Language and Machines: Computers in Translation and Linguistics* (Washington, DC: The National Academies Press, 1966), 19. https://www.nap.edu/read/9547/chapter/1.

de Cambridge, fue el autor principal del informe; su crítica más severa apuntaba a que esas técnicas tempranas de IA (enseñarle a un computador a jugar damas, por ejemplo) nunca podría escalarse para resolver problemas más grandes de la vida real[30].

Tras la publicación de estos informes, los gobernantes elegidos a cargos públicos en los Estados Unidos y el Reino Unido exigían respuestas a una nueva pregunta: ¿por qué estamos financiando unas ideas descabelladas lanzadas por unos científicos teóricos? El gobierno de los Estados Unidos, incluyendo a la agencia DARPA, eliminó la financiación para los proyectos de traducción automática. Las empresas cambiaron sus prioridades y se alejaron de la investigación básica —que consume mucho tiempo— en la IA general, para dedicarse a programas más inmediatos que podrían resolver problemas concretos. Los años inmediatamente posteriores al taller de Dartmouth se caracterizaron por la generación de grandes expectativas y optimismo, pero las décadas que vinieron después de aquellos informes críticos se conocieron como "el invierno de la IA". La financiación se agotó, los estudiantes se dedicaron a otros campos de estudio y el progreso se detuvo.

Incluso McCarthy se volvió mucho más conservador en sus proyecciones: "Los seres humanos podemos hacer este tipo de cosas muy fácilmente porque tenemos incorporados los sistemas en nuestro ser", afirmó[31]. Pero tenemos una dificultad mucho mayor para desentrañar cómo entendemos el habla, es decir, los procesos físicos y cognitivos que hacen posible el reconocimiento del lenguaje. Para explicar el desafío del avance de la IA, a McCarthy le gustaba usar el ejemplo de una jaula para aves. Si le pido al lector que me haga una jaula para aves y no le doy ningún otro parámetro,

30 James Lighthill, "Artificial Intelligence: A General Survey", Chilton Computing, julio 1972, http://www.chilton-computing.org.uk/inf/literature/reports/lighthill_report/p001.htm.
31 "Mind as Society with Marvin Minsky, PhD", transcript from "Thinking Allowed, Conversations on the Leading Edge of Knowledge and Discovery, with Dr. Jeffrey Mishlove", The Intuition Network, 1998, http://www.intuition.org/txt/minsky.htm.

lo más probable es que construya un recinto donde estén cubiertas la parte superior, la parte inferior y los laterales. Si le diera una información adicional —el ave es un pingüino—, entonces no sería necesario cubrir la parte superior. Por lo tanto, el requerimiento de una cubierta para la parte superior de la jaula depende de algunas cosas: la información que yo he proporcionado y todas las asociaciones que el lector hace con la palabra *ave*, tales como el hecho de que la mayoría de aves vuelan. Tenemos unas suposiciones de base y un contexto. Lograr que la IA responda como lo hacemos los humanos exige de mucha más información y de unas instrucciones explícitas[32]. El invierno de la IA duraría tres décadas[33].

Lo que vino después: aprender a jugar

Aunque la financiación ya no fluía como antes, muchos de los investigadores de Dartmouth continuaban adelantando su trabajo relacionado con la IA y seguían dando clases a nuevos estudiantes. Entretanto, la ley de Moore demostraba su precisión y los computadores eran cada vez más poderosos.

En la década de 1980, algunos de esos investigadores descubrieron la manera de comercializar ciertos aspectos de la IA. Además, el poder de computación era mucho mayor y eran más numerosos los investigadores que descubrían que su trabajo tenía viabilidad comercial. Así, se reavivó el interés y, lo que es más importante, el flujo de dinero hacia la IA. En 1981, Japón anunció un plan decenal

---

32 *Ibid.*
33 El invierno de la IA incluía nuevas predicciones (esta vez bajo la forma de advertencias). En su libro *Computer Power and Human Reason* (*Poder computacional y razón humana*), Weizenbaum argüía que, aunque la IA era posible, nunca deberíamos permitir que los computadores tomaran decisiones importantes, porque estos siempre carecerían de cualidades humanas como la compasión y la sabiduría. Weizenbaum hizo una distinción crucial entre *decidir* y *escoger*: *decidir* es una actividad computacional, algo que se puede programar; *escoger* es producto del juicio, no del cálculo. La capacidad para escoger es lo que, en último término, nos hace humanos. John Searle, filósofo de la Universidad de California en Berkeley, en su artículo "Minds, Brains, and Programs" ("Mentes, cerebros y programas"), hizo una exposición contra la conveniencia de la IA general, que él llama "fuerte". Searle afirmó que un programa no puede darle a un computador una "mente", ni "comprensión", ni "conciencia", sin importar qué tan humano sea el comportamiento de dicho programa.

para desarrollar una IA llamada Quinta Generación. Esta acción llevó al gobierno de los Estados Unidos a formar la Microelectronics and Computer Technology Corporation, un consorcio de investigación cuyo objetivo era asegurar la competitividad nacional. En el Reino Unido, se restableció la financiación que se había recortado a raíz del informe crítico sobre el progreso de la IA escrito por James Lighthill. Entre 1980 y 1988, la industria de la IA tuvo un impresionante crecimiento, pues pasó de unos cuantos millones de dólares a varios miles de millones.

Los computadores, ahora más rápidos y con memoria, podían procesar datos de manera más efectiva. El énfasis estaba puesto en la tarea de replicar los procesos de toma de decisiones de los expertos humanos, en lugar de construir máquinas de uso múltiple como la famosa HAL 9000 de la película. Esos sistemas se enfocaban en el uso de redes neuronales para tareas puntuales, como jugar. En las décadas de 1990 y del 2000 se obtuvieron algunos resultados exitosos, bastante interesantes. En 1994, una IA llamada CHINOOK jugó seis partidas de damas contra el campeón mundial Marlon Tinsley (todas fueron empates). CHINOOK ganó cuando Tinsley se retiró del partido y renunció a su título de campeón[34]. En 1997, la supercomputadora Deep Blue de IBM venció al campeón mundial de ajedrez Garry Kasparov, quien no resistió el estrés de un duelo de seis partidas contra un oponente aparentemente invencible. En el 2004, Ken Jennings ganó 74 juegos consecutivos en *Jeopardy!* (lo cual era estadísticamente improbable), y en ese momento estableció un récord mundial Guinness por la mayor cantidad de dinero ganado en un programa de juegos. Cuando aceptó jugar un partido contra Watson de IBM, en el 2011, se sentía seguro de poder ganar. Había tomado clases de IA y suponía

---

34 Jonathan Schaeffer, Robert Lake, Paul Lu, and Martin Bryant, "CHINOOK: The World Man-Machine Checkers Champion", *AI Magazine* 17, n.° 1 (primavera 1966): 21-29, https://www.aaai.org/ojs/index.php/aimagazine/article/viewFile/1208/1109.pdf.

que la tecnología no era lo suficientemente avanzada como para entender los contextos, la semántica y los juegos de palabras. Watson aplastó a Jennings, quien comenzó a perder la confianza desde el principio del juego.

Algo que ya sabíamos en el 2011 era que la IA superaba a los humanos en ciertas tareas de pensamiento, porque podía procesar grandes cantidades de información sin sucumbir ante el estrés. La IA podría definir el estrés, pero no debía luchar contra su propio sistema endocrino.

No obstante, el antiguo juego de mesa *go* fue crucial para los investigadores de la IA, ya que este se podía jugar usando solo la estrategia convencional. El *go*, un juego creado en China hace más de 3.000 años, se juega con unas reglas bastante simples: por turnos, dos jugadores ponen piedras blancas y negras en una cuadrícula vacía. Es posible capturar las piedras cuando están rodeadas por el color opuesto o cuando no hay más espacios abiertos o "libertades". El objetivo es cubrir el territorio en el tablero, pero esto exige mucha psicología y bastante astucia para comprender el estado mental del adversario.

En el *go*, el tamaño del tablero tradicional es de 19 × 19 cuadrados. A diferencia de otros juegos, como el ajedrez, todas las piedras de *go* tienen el mismo rango. Entre los dos jugadores, hay 181 piedras negras y 180 blancas (las negras siempre van primero, de ahí el número desigual). En el ajedrez, donde las piezas tienen diferentes fortalezas, el jugador blanco tiene 20 movimientos posibles de inicio, y luego el negro tiene 20 movimientos posibles. Después de la primera jugada en el ajedrez, hay 400 posiciones posibles en el tablero. En *go*, en cambio, hay 361 movimientos de apertura posibles, uno por cada intersección de una cuadrícula completamente en blanco. Después de la primera ronda de movimientos de cada jugador, hay 128.960 movimientos posibles. En total, hay 10.170 configuraciones de tablero posibles. Para tener una idea aproximada, digamos que eso equivale a más que todos los átomos en el universo conocido. Con tantas posiciones concebibles y movimientos potenciales, no hay libros de jugadas como los que existen para las damas y el ajedrez. Los maestros de *go* se basan en situaciones hipotéticas: si el oponente juega en un punto en particular, ¿cuáles son los caminos posibles y probables, dada su personalidad, su paciencia y su estado mental general?

Al igual que el ajedrez, el *go* es un juego determinista de información perfecta, donde no hay ningún elemento oculto u obvio de azar. Para ganar, los jugadores deben mantener en equilibrio sus emociones y deben convertirse en maestros en el arte de la sutileza humana. En el ajedrez, es posible calcular los probables movimientos futuros de un jugador; la torre solo puede moverse en dirección vertical u horizontal por el tablero. Eso limita el número de movimientos. Por lo tanto, es más fácil entender quién va ganando una partida de ajedrez mucho antes de que se capturen las piezas o que se ponga un rey en jaque mate. No ocurre así con el *go*. Es ocasiones, es necesario contar con la asesoría un gran maestro del juego para determinar qué está sucediendo en una partida y establecer quién va ganando en un momento dado. En la complejidad del *go* reside su gran atractivo para emperadores, matemáticos y físicos, y también es la razón por la que los investigadores de la IA siempre han sentido tanta fascinación ante la posibilidad de enseñar a las máquinas a jugarlo.

El *go* siempre ha representado un reto importante para los investigadores de la IA. Si bien es cierto que un computador puede ser programado para conocer las reglas, no había un programa que tuviera reglas para comprender las características humanas del adversario. Nadie había creado un algoritmo lo suficientemente poderoso como para manejar las increíbles complejidades del juego. En 1971, un primer programa creado por el científico informático Jon Ryder funcionaba con un principio técnico y perdió ante un novato. En 1987, un programa de computador más poderoso, llamado Nemesis, compitió por primera vez contra un humano en un torneo. En 1994, el programa conocido como Go Intellect resultó ser un jugador competente. Sin embargo, aun teniendo una ventaja significativa, perdió sus tres partidas contra niños. En todos estos casos, los computadores hacían movimientos incomprensibles, o jugaban de una manera demasiado agresiva, o calculaban mal la postura del adversario.

En medio de esos avances aparecieron unos investigadores que, una vez más, estaban trabajando sobre redes neuronales, una idea impulsada por Marvin Minsky y Frank Rosenblatt durante la reunión inicial de Dartmouth. El científico cognitivista Geoff Hinton y los científicos informáticos Yann Lecun y Yoshua Bengio creían que los sistemas neuronales basados en redes no solamente tendrían importantes aplicaciones prácticas (como la detección automática de fraudes con tarjetas de crédito y el reconocimiento óptico automático de caracteres, para leer documentos y cheques), sino que, además, se convertiría en la base para los desarrollos futuros de la IA.

Fue Hinton, profesor en la Universidad de Toronto, quien imaginó un nuevo tipo de red neuronal, de múltiples capas, cada una de las cuales extraía información diferente, que finalmente reconocía lo que estaba buscando. Hinton pensó que la única manera de incorporar ese tipo de conocimiento en un sistema de IA era desarrollar algoritmos de aprendizaje que les permitieran a los computadores aprender por sí mismos. En lugar de enseñarles muy bien a hacer una tarea puntual, había que construir las redes de tal manera que pudieran entrenarse a sí mismas.

Estas nuevas redes neuronales "profundas", RNP (o DNN, en inglés, por *deep neural networks*) requerirían un aprendizaje automático más avanzado ("aprendizaje profundo"), para entrenar a los computadores a llevar a cabo tareas humanas, pero con menos supervisión humana (e, incluso, en un futuro, sin ella). Uno de los beneficios inmediatos era el de la escala. En una red neuronal, unas cuantas neuronas toman unas cuantas decisiones, pero el número de opciones posibles aumentaría exponencialmente si se añadieran más capas. Dicho de otro modo, los humanos aprenden de manera individual, pero la humanidad aprende de manera colectiva. Imagine el lector una inmensa red neuronal profunda, aprendiendo como un todo unificado, con la posibilidad de un aumento en la velocidad, la eficiencia y el ahorro de costos en el largo plazo.

Otro beneficio era dejar libres a los sistemas para que aprendieran por sí mismos, sin las limitaciones que implican las capacidades cognitivas y la imaginación humanas. El cerebro humano tiene limitaciones metabólicas y químicas que le ponen una cortapisa a la capacidad de procesamiento de esos computadores húmedos que llevamos dentro del cráneo. Nosotros solos no podemos evolucionar de una manera significativa, y el marco temporal de la evolución no se adapta a nuestras aspiraciones tecnológicas actuales. La promesa del aprendizaje profundo era una aceleración de la evolución de la inteligencia misma, la cual requeriría la participación de los humanos solo de manera temporal.

Una red neuronal profunda recibiría de una persona un conjunto básico de parámetros sobre los datos, y luego el sistema aprendería por sí mismo, reconociendo patrones mediante el uso de muchas capas de procesamiento. Para los investigadores, el atractivo del aprendizaje profundo es que, por diseño, las máquinas toman decisiones de forma impredecible. Pensar de maneras que los humanos jamás hemos imaginado (o que nos resultan imposibles) es de vital importancia a la hora de intentar resolver grandes problemas para los cuales todavía no se han visto soluciones claras.

La comunidad que trabaja en la IA descartó la idea de las redes neuronales profundas por considerarlas unas divagaciones sin sentido, nacidas de la mente de un científico que trabajaba en la periferia. Su duda se intensificó una vez quedó claro que, dado que los procesos de aprendizaje profundo ocurren en paralelo, los investigadores de la IA no podrían observarlos en tiempo real. Alguien tendría que crear el sistema y luego confiar en que las decisiones que este tomaba eran las correctas.

Ganar y perder

Hinton continuó trabajando y desarrollando la idea con sus estudiantes, así como lo hicieron con Lecun y Bengio, y comenzó a publicar artículos a partir del 2006. En el 2009, el laboratorio de Hinton había aplicado las redes neuronales profundas al reconocimiento de la voz, y un encuentro fortuito con un investigador de Microsoft, llamado Li Deng, permitió que la tecnología tomara un rumbo significativo.

Deng, de origen chino, era especialista en el aprendizaje profundo y pionero en el reconocimiento de la voz mediante el uso del aprendizaje profundo a gran escala. En el 2010, la técnica era sometida a pruebas en Google. Tan solo dos años después, se estaban usando las redes neuronales profundas para la elaboración de productos comerciales. Si usted ha usado alguna vez Google Voice y sus servicios de transcripción, ya ha visto los resultados del aprendizaje profundo. Esa técnica fue la base para todos los asistentes digitales que usamos hoy en día. Siri, Google y Alexa de Amazon funcionan gracias al aprendizaje profundo.

La comunidad de investigadores interdisciplinarios de la IA había crecido significativamente desde el verano de Dartmouth. No obstante, esas tres prácticas principales (a saber, que las grandes empresas tecnológicas y los investigadores académicos trabajan juntos, que el éxito comercial impulsa el progreso de la IA y que la red de investigadores tiende a ser homogénea) seguían vigentes.

Los avances que se hacían en los Estados Unidos no pasaban inadvertidos en Beijing. China contaba ahora con su propio ecosistema de IA, incipiente, pero en pleno crecimiento. El gobierno estatal incentivaba a los investigadores a publicar los resultados de su trabajo. El número de artículos científicos sobre IA publicados por investigadores chinos se multiplicó de manera importante entre el 2010 y el 2017[35]. Para ser justos, hay que decir que los artículos y las patentes no necesariamente significaban que la investigación se fuera a traducir en un uso masivo, pero sí era un indicio temprano de la incomodidad de los líderes chinos ante los progresos que se hacían en Occidente, sobre todo en lo relacionado con el *go*.

En enero del 2014, Google había comenzado a invertir de manera significativa en la IA, lo cual incluía una inversión de más de 500 millones de dólares para adquirir una empresa emergente de aprendizaje profundo llamada DeepMind, junto con sus tres fundadores: el neurocientífico Demis Hassabis (quien había sido un niño prodigio del ajedrez), la investigadora en aprendizaje automático Shane Legg y el empresario Mustafa Suleyman. Parte del atractivo de este equipo era haber desarrollado un programa llamado AlphaGo.

Al cabo de algunos meses, estaban listos para poner a prueba el AlphaGo contra un jugador humano. Se concertó una partida entre DeepMind y Fan Hui, jugador profesional de *go* de origen chino, y uno de los más fuertes maestros profesionales de Europa. Teniendo en cuenta que jugar *go* en un computador no es lo mismo que hacerlo en un tablero físico, se decidió que uno de los ingenieros de DeepMind reproduciría las jugadas del computador en el tablero y comunicaría las jugadas de Hui al computador.

Antes de la partida, Toby Manning, uno de los directivos de la Asociación Británica de Go, jugó contra AlphaGo en una ronda de prueba y perdió por 17 puntos. Manning cometió algunos errores, pero también el programa se equivocó. Un pensamiento inquietante se cruzó por su mente: ¿no estaría el AlphaGo jugando de manera conservadora?, ¿sería posible que el programa solo jugara con el

---

35 Ari Goldfarb y Daniel Trefler, "AI and International Trade", *The National Bureau of Economic Research*, enero 2018, http://www.nber.org/papers/w24254.pdf.

nivel de agresividad apenas suficiente para vencer a Manning, en lugar de darle una paliza rotunda?

Los jugadores se sentaron frente a la mesa. Fan Hui llevaba puesta una camisa de rayas con botones y una chaqueta de cuero marrón. Manning estaba en el centro y el ingeniero en el otro lado. El juego comenzó. Hui abrió una botella de agua y observó el tablero. Por ser quien tenía las piedras negras, le tocaba comenzar a él. Durante los primeros cincuenta movimientos, fue una partida tranquila: era claro que Hui estaba tratando de averiguar cuáles eran las fortalezas y debilidades del AlphaGo. Muy pronto descubrió que la IA no jugaría agresivamente a menos que estuviera perdiendo. Fue una primera partida apretada. AlphaGo obtuvo una victoria muy estrecha, por tan solo 1,5 puntos.

Hui usó esa información para la segunda partida. Si AlphaGo no iba a jugar agresivamente, Hui atacaría pronto. Sin embargo, AlphaGo comenzó a jugar más rápido. Hui mencionó que quizás necesitaba un poco más de tiempo para pensar entre un turno y el otro. En la jugada 147, Hui intentó evitar que AlphaGo obtuviera un gran territorio en el centro del tablero, pero la jugada le falló, y se vio obligado a renunciar.

En la tercera partida, los movimientos de Hui eran más agresivos, y AlphaGo lo imitó. A mitad de camino, Hui corrió un riesgo exagerado, que AlphaGo castigó; luego Hui cometió otro gran error, lo que marcó el final del juego. Aturdido por la frustración, Hui se excusó y salió a caminar un rato, para poder recuperar la compostura y terminar la partida. Una vez más, el estrés había superado a un gran pensador humano, mientras que la IA, impasible, seguía persiguiendo su objetivo sin piedad.

AlphaGo, un programa de IA, había derrotado a un jugador profesional de *go* por 5-0. Había ganado analizando muchísimas menos posiciones que las del Deep Blue de IBM, en varios órdenes de magnitud. Cuando AlphaGo venció a un humano, no sabía que estaba jugando, ni lo que significa un juego, ni por qué los humanos disfrutan jugando.

Hanjin Lee, un jugador profesional de *go* de alto nivel, originario de Corea, revisó posteriormente las partidas. En una declaración pública oficial afirmó: "Mi impresión general fue que AlphaGo parecía más fuerte que Fan, pero no podría decir qué tanto […]. Tal vez el sistema se hace más fuerte cuando se enfrenta a un adversario más fuerte"[36].

Concentrarse en las partidas (es decir, vencer a los humanos en una competición directa) ha servido para definir el éxito del sistema, usando un conjunto relativamente limitado de parámetros. Eso nos lleva a una pregunta filosófica nueva, bastante desconcertante, para la era moderna de la IA. Para que los sistemas de IA ganen (cumplan las metas que hemos creado para ellos), ¿tienen los humanos que perder de maneras que pueden ser consideradas triviales, pero también profundas?

* * *

AlphaGo continuó jugando torneos, en los cuales vencía a todos los adversarios con unas habilidades destacadas y desmoralizaba a la comunidad de jugadores profesionales de *go*. Tras vencer al campeón número 1 del mundo por 30, DeepMind anunció que iba a retirar el sistema de IA de las competencias, pues el equipo de trabajo tenía la intención de crear nuevos retos[37]. El propósito del equipo era tomar el AlphaGo, un poderoso sistema que puede ser entrenado para vencer a jugadores brillantes de *go*, y convertirlo en un sistema que puede

---

36 Toby Manning, "AlphaGo", *British Go Journal* 174 (invierno 2015-2016): 15, https://www.britgo.org/files/2016/deepmind/BGJ174-AlphaGo.pdf.
37 Sam Byford, "AlphaGo Retires from Competitive Go after Defeating World Number One 3-0", *Verge*, mayo 27, 2017, https://www.theverge.com/2017/5/27/15704088/alphago-ke-jie-game-3-result-retires-future.

entrenarse a sí mismo para volverse igualmente poderoso, sin tener que contar con la participación de los humanos.

Para la primera versión del AlphaGo se necesitaban las acciones de los humanos y un conjunto inicial de datos de 100.000 partidas de *go* para que el sistema aprendiera a jugar. La siguiente generación del sistema fue creada de tal manera que este pudiera aprender desde cero. Así como un humano aprende a jugar desde lo básico, esta versión (llamada AlphaGo Zero) tendría que aprenderlo todo, por su propia cuenta, sin contar con una base de datos de movimientos de apertura o con alguna definición sobre lo que hacen las piedras. El sistema no solo tendría que optar entre una cosa y otra (lo cual era el resultado de una computación y podría programarse explícitamente), sino que tomaría decisiones, relacionadas con el juicio[38]. Esto significaba que los arquitectos de DeepMind ejercían un poder inmenso, aunque no se dieran cuenta de eso. Sobre la base de lo que ellos aportaran, Zero aprendería las condiciones, los valores y las motivaciones para tomar sus decisiones y hacer sus escogencias durante el juego.

Zero competía contra sí mismo, afinando y ajustando él solo su proceso de toma de decisiones. Cada partida comenzaría con unas cuantas jugadas aleatorias, y con cada partida ganada Zero se actualizaría y luego jugaría otra vez, de manera optimizada por aquello que había aprendido. A Zero le tomó tan solo 70 horas de juego para llegar al mismo nivel de potencia que tenía AlphaGo cuando venció a los mejores jugadores del mundo[39].

En ese momento ocurrió algo interesante. El equipo de Deep-Mind aplicó su técnica a una segunda versión de AlphaGo Zero usando una red más grande y permitiéndole al sistema entrenarse y jugar contra sí mismo durante 40 días. Este no solo descubrió la

38 David Silver et al., "Mastering the Game of Go Without Human Knowledge", *Nature* 550 (octubre 19, 2017): 354-359, https://deepmind.com/documents/119/agz_unformatted_nature.pdf.
39 *Ibid.*

totalidad del conocimiento de *go* acumulado por los humanos, sino que venció a la versión más avanzada de AlphaGo en un 90 % de las veces, usando estrategias completamente nuevas. Esto significa que Zero evolucionó para convertirse en un mejor alumno que los mayores maestros de *go* del mundo y en un mejor profesor que sus entrenadores humanos, aunque todavía no comprendemos a cabalidad qué hizo para volverse tan inteligente[40]. Tal vez el lector se pregunte qué tan inteligente es el sistema. Pues bien, la fortaleza de un jugador de *go* se mide usando un sistema de clasificación llamado Elo, que determina la posibilidad de triunfo/fracaso sobre la base del desempeño en el pasado. Los grandes maestros y los campeones mundiales suelen tener puntajes que se acercan a los 3.500. La calificación de Zero fue de más de 5.000. En comparación, esos brillantes campeones mundiales jugaban como aficionados, y sería estadísticamente improbable que algún jugador humano pudiera ganarle al sistema de IA.

Lo que sí conocemos es una condición que posibilitó este tipo de aprendizaje. Al no utilizar datos o experiencias humanos, los creadores de Zero eliminaron las limitaciones del conocimiento humano sobre la IA. Los humanos, en realidad, habrían hecho que el sistema fuera menos poderoso. El logro radicaba en haber creado un sistema que tuviera la capacidad para pensar de una manera totalmente nueva y para hacer sus propias escogencias[41]. Este fue un salto inesperado y repentino, que presagiaba un futuro en el que los sistemas de IA podrían mirar las pruebas de detección del cáncer, evaluar la información climática y analizar la pobreza de maneras no humanas, lo cual podría abrir la puerta a descubrimientos que los investigadores humanos jamás habrían podido producir por su propia cuenta.

---

40 *Ibíd.*
41 Esta declaración fue hecha por el programador líder de Zero, David Silver, en una conferencia de prensa.

En sus partidas contra sí mismo, Zero descubrió estrategias del juego de *go* que los humanos habían desarrollado a lo largo de 1.000 años, lo que significa que había aprendido a pensar igual que los humanos que lo crearon. En las primeras etapas, cometía los mismos errores, concebía los mismos patrones y variaciones y hacía frente a los mismos obstáculos que los humanos. Sin embargo, una vez que Zero se volvió lo suficientemente fuerte, abandonó las jugadas humanas y empezó a producir otras de su preferencia[42]. Cuando Zero emprendió vuelo por sí mismo, desarrolló creativas estrategias que nadie había visto antes, lo que sugiere que tal vez las máquinas *ya estaban pensando* de maneras que son a la vez reconocibles y extrañas para nosotros.

Otra cosa que logró demostrar Zero es que los algoritmos ahora eran capaces de aprender sin necesidad de guía humana, y que éramos los humanos quienes estábamos entorpeciendo los sistemas de IA. Así, en el futuro cercano, se les podría dar libertad a las máquinas para resolver problemas que nosotros, por nuestra propia cuenta, no podríamos predecir ni resolver.

En diciembre del 2017, el equipo de DeepMind publicó un artículo en el que mostraba que Zero era, ahora, generalmente capaz de aprender: no solamente aprender cómo jugar *go*, sino otra información. Por su propia cuenta, Zero estaba jugando otros juegos, como ajedrez y *shoji* (un juego japonés parecido al ajedrez), que sin duda son menos complejos pero que, de todas formas, requieren estrategia y creatividad. Adicionalmente, Zero estaba aprendiendo ahora más rápido que antes. Había logrado desarrollar un incomprensible poder superhumano, tras jugar el juego durante menos de veinticuatro horas. El equipo comenzó, entonces, a trabajar en el objetivo de aplicar las técnicas que habían desarrollado para Zero en la creación de una "máquina de aprendizaje general",

---

42 Byford, "AlphaGo Retires from Competitive Go".

un conjunto de algoritmos adaptativos que imitan nuestros sistemas biológicos y pueden ser entrenados. En lugar de llenar los sistemas de IA con cantidades colosales de información y de instrucciones sobre la manera como se los puede interrogar, el equipo les está enseñando a las máquinas a aprender. A diferencia de los humanos, que pueden aburrirse, cansarse o distraerse al estudiar, las máquinas irán sin vacilaciones tras un objetivo, sin detenerse por nada.

Este fue un momento decisivo en la larga historia de la IA, por una serie de razones.

En primer lugar, el sistema se comportaba de manera impredecible, tomando decisiones que no eran totalmente comprensibles para sus creadores. Por otra parte, le ganaba al jugador humano de maneras que no se podían ni replicar ni entender a cabalidad. Esto auguraba un futuro en el cual la IA podría crear sus propios circuitos neuronales y obtener un conocimiento que nosotros tal vez nunca llegaremos a entender.

En segundo lugar, esto sentó las bases para la creación de las dos rutas paralelas de desarrollo por las que está avanzando en este momento la IA: China —en estado de alarma— busca, mediante la asignación de dinero y de capital humano, hacer que sus productos nacionales sean más competitivos, mientras que en los Estados Unidos tenemos la expectativa de que un producto fantástico de IA llegue muy pronto al mercado. Lo que está detrás del entusiasmo actual que rodea a la IA es la viabilidad de las redes neuronales profundas y el aprendizaje profundo, para no mencionar el repentino aumento de financiación en los Estados Unidos y las proclamaciones nacionales de China sobre sus planes para el futuro.

En tanto que unidad de negocios incluida dentro de Alphabet (la empresa matriz de Google), DeepMind tiene 700 empleados, a algunos de los cuales se les asignó la misión de desarrollar productos comerciales lo más rápido posible. En marzo del 2018, el negocio de la nube de Google anunció que había puesto a la venta un servicio de texto a voz con tecnología DeepMind por 16 dólares por millón de caracteres de texto procesado[43]. Uno de los novedosos anuncios de la conferencia de I/O de Google en el 2018 fue Duplex, un asistente de voz que automáticamente realizará llamadas en nombre de los clientes y hablará con recepcionistas humanos para hacer reservaciones en restaurantes o citas en las peluquerías, con todo e interjecciones como *ummm*, etc. Ese producto utiliza WaveNet, un programa generativo basado en IA que forma parte de DeepMind[44].

Entre tanto, los investigadores de la IA en una división diferente de Alphabet, llamada Google Brain, revelaron que habían producido una IA capaz de generar sus propias inteligencias artificiales (¿me siguen?). El sistema, llamado AutoML, automatizó el diseño de los modelos de aprendizaje automático, usando una técnica llamada "aprendizaje por refuerzo". El AutoML funciona como una especie de "padre": una RNP (o DNN en inglés) controladora de alto nivel, que decidiría crear redes de IA "hijas", para tareas puntuales y específicas. Sin que se lo pidieran, AutoML generó un hijo llamado NASNet, y le enseñó a reconocer objetos como gente, automóviles, semáforos, carteras y mucho más en los videos. Dado que no debía hacer frente al estrés, el ego, la duda o la falta de confianza en sí mismo (características que podemos encontrar hasta en los científicos informáticos más brillantes) NASNet arrojaba una tasa de precisión de 82,7 % en la predicción de imágenes. Esto significaba que el sistema hijo tenía un mejor desempeño que el de los codificadores humanos, incluidos los humanos que habían creado originalmente al padre[45].

43 Jordan Novet, "Google Is Finding Ways to Make Money from Alphabet's DeepMind AI Technology", *CNBC*, marzo 31, 2018, https://www.cnbc.com/2018/03/31/how-google-makes-money-from-alphabets-deepmind-ai-research-group.html.
44 Roydon Cerejo, "Google Duplex: Understanding the Core Technology Behind Assistant's Phone Calls", Gadgets 360, mayo 10, 2018, https://gadgets.ndtv.com/apps/features/google-duplex-google-io-ai-google-assistant-1850326.
45 Quoc Le and Barret Zoph, "Using Machine Learning to Explore Neural Network Architecture", Google AI (blog), mayo 17, 2017, https://ai.googleblog.com/2017/05/using-machine-learning-to-explore.html.

De modo arrollador, estos equipos encargados de construir sistemas que toman decisiones y hacen escogencias son liderados por hombres. Es un grupo ligeramente más diverso que el de los investigadores que se reunieron en Dartmouth, por una razón: la entrada de China. En años recientes, China se ha convertido en un centro importante para la IA, debido a que las universidades chinas y las empresas Baidu, Alibaba y Tencent, financiadas por el gobierno, han hecho un enorme esfuerzo por convertirse en jugadores importantes.

De hecho, Baidu descubrió algo que ni siquiera Zero podía hacer todavía: cómo transferir unas habilidades propias de un campo hacia otro. Es una labor fácil para los humanos, pero no tanto para la IA. Baidu buscó superar ese obstáculo enseñándole a una red neuronal profunda a navegar por un mundo virtual en 2D, usando solamente lenguaje natural, tal como hacen los padres cuando le enseñan algo a un niño.

El agente de IA de Baidu recibía comandos como "por favor, ve hasta la manzana" o "¿puedes ir hasta la cuadrícula entre la manzana y el banano?". En un comienzo, era premiado por las acciones correctas. Tal vez parezca una tarea sencilla, pero vale la pena detenernos a pensar en lo que esto implicaba: al final del experimento, la IA de Baidu no solamente podía entender un lenguaje que en un comienzo carecía por completo de sentido para ella, sino que, además, el sistema había aprendido qué era una cuadrícula bidimensional, había aprendido que podía moverse por ella y cómo hacerlo, había aprendido que los bananos y las manzanas existen y cómo diferenciarlos.

* * *

Al comienzo del presente capítulo, formulé cuatro preguntas: *¿Pueden pensar las máquinas? ¿Qué significa que una máquina "piense"? ¿Qué significa que usted, estimado lector, piensa? ¿Cómo podría usted saber que en verdad está pensando pensamientos originales?* Ahora que conoce la larga historia de estas preguntas, así como al pequeño grupo de personas que sentaron las bases para la IA, y las prácticas clave que todavía están vigentes, me gustaría proponerle algunas respuestas.

Sí, las máquinas pueden pensar. El hecho de que una máquina pase una prueba de conversación, como la prueba de Turing, o el esquema de Winograd, más reciente (propuesto por Hector Levesque en 2011, el cual se centra en un razonamiento de sentido común, donde se le pide a una IA que responda una pregunta simple donde hay pronombres ambiguos) no necesariamente mide la capacidad de un sistema de IA en otras áreas[46]. Simplemente demuestra que una máquina puede pensar utilizando un marco lingüístico, como lo hacemos los humanos. Todos estamos de acuerdo en afirmar que Einstein era un genio, incluso si los métodos para medir su inteligencia aceptados en el pasado, como pasar una prueba en la escuela, decían lo contrario. Einstein pensaba de una manera que resultaba incomprensible para sus maestros, razón por la cual asumieron

---

46 El esquema de Winograd, propuesto por el científico informático canadiense Hector Levesque en 2011, presenta una alternativa frente a la prueba de Turing para medir las capacidades de una IA y recibió su nombre en honor del científico informático de Stanford Terry Winograd. Concentrarse en vencer a los humanos en competencias directas ha hecho que se dejen de lado otras maneras de medir y mejorar la IA. El esquema de Winograd tenía la intención de ser un test más multidimensional, pues pasarlo requiere de algo más que una base de datos amplia. Ernest Davis, Leora Morgenstern y Charles Ortiz, tres científicos informáticos de NYU, propusieron el reto del esquema de Winograd, que se lleva a cabo una vez al año. En el sitio web de su facultad hay un excelente ejemplo (consultado por última vez en septiembre 5, 2018, https://cs.nyu.edu/faculty/davise/papers/WinogradSchemas/WS.html): "Los concejales les negaron el permiso a los manifestantes porque ellos *temían/defendían* la violencia". Si la palabra es *temían*, entonces *ellos* hace referencia a los concejales; si es *defendían*, entonces *ellos* presumiblemente se refiere a los manifestantes.
En su artículo, Levesque afirma que los esquemas de Winograd deben satisfacer las siguientes restricciones:
• Debe ser fácilmente desambiguado por un lector humano (lo ideal es que sea tan fácil hacerlo que el lector incluso no note que hay una ambigüedad).
• No debe ser soluble mediante técnicas simples como las restricciones selectivas.
• Debe ser a prueba de Google; es decir, no debe haber un test estadístico obvio sobre corpus de textos que permita hacer una correcta desambiguación.

que no era inteligente. En realidad, en aquel momento no había una manera significativa de medir la fuerza del pensamiento de Einstein. Lo mismo ocurre en el caso de la IA.

Las máquinas pensantes pueden tomar decisiones y hacer escogencias que producen efectos en el mundo real, y para ello necesitan un propósito y una meta. Al cabo del tiempo, desarrollan un sentido del juicio. Todas esas son las cualidades que, de acuerdo con filósofos y teólogos, definen el alma. Cada alma es una manifestación de la visión y la intención de Dios; cada una fue creada por un creador singular. Las máquinas pensantes también tienen creadores: ellos son los nuevos dioses de la IA, y por lo general son hombres, que viven en los Estados Unidos, Europa occidental y China y están ligados, de algún modo, a los nueve gigantes. El alma de la IA es una manifestación de su visión e intención respecto al futuro.

Por último: sí, las máquinas pensantes pueden producir pensamiento original. Luego de aprender mediante la experiencia, pueden determinar que es posible una solución diferente. O pueden establecer que una nueva clasificación es mejor. Las IA no tienen que inventar una nueva forma de arte para hacer gala de creatividad.

Todo esto significa que, de hecho, las máquinas de IA tienen una mente. Es joven y todavía se halla en proceso de maduración, y muy probablemente evolucionará de maneras que no comprendemos bien.

En el siguiente capítulo hablaremos sobre lo que constituye esa mente, los valores de los nueve gigantes y las consecuencias no buscadas, en los ámbitos social, político y económico de nuestro gran despertar en materia de IA.

CAPÍTULO 2
El mundo insular de las tribus de la inteligencia artificial

La larga lucha por crear una máquina pensante solo ha producido resultados sustanciales en años recientes. Ahora bien, aunque esas máquinas parecen "pensar", debemos tener claro que no piensan como lo hacemos *nosotros*.

El futuro de la inteligencia artificial (IA) lo están construyendo grupos relativamente limitados de personas que comparten las mismas ideas, dentro de comunidades pequeñas y aisladas. Como ya lo dije, creo que estas personas son bienintencionadas. No obstante, como ocurre con todos los grupos que trabajan en estrecha relación, sus sesgos inconscientes y su miopía tienden a convertirse, con el paso del tiempo, en nuevos sistemas de creencias y de comportamientos aceptados. Lo que en el pasado podía ser inusual —e, incluso, malo— se normaliza y se convierte en pensamiento cotidiano. Y *ese* pensamiento es el que se programa en nuestras máquinas.

Las personas que trabajan en la IA pertenecen a una especie de tribu. Estas son sus características: viven y trabajan en Norteamérica y China, van a las mismas universidades, se rigen según ciertas reglas sociales. Estas tribus son abrumadoramente homogéneas. Son adineradas y tienen un alto nivel educativo. Sus miembros son principalmente hombres. La homogeneidad también está presente en China, donde los miembros de la tribu son predominantemente chinos.

El problema de las tribus es lo que las hace tan poderosas. En los grupos insulares, los sesgos cognitivos se magnifican, se arraigan aún más y pasan inadvertidos para la conciencia. Los sesgos cognitivos suplantan el pensamiento racional, lo cual ralentiza nuestro pensamiento y consume más energía. Cuanto más conectada y establecida se vuelve una tribu, más normal parece su mentalidad de grupo y su comportamiento. Tal como verá el lector más adelante, esta es una idea que no debemos perder de vista.

¿Qué están haciendo las tribus de la IA? Están construyendo sistemas de IAE, o inteligencia artificial estrecha (ANI, en inglés, por *artificial narrow intelligence*) capaces de desempeñar una tarea singular al mismo nivel (o, incluso, mejor) que los seres humanos. Las aplicaciones comerciales de la IAE (y, por extensión, la tribu) ya están tomando decisiones por nosotros en nuestras bandejas de entrada del correo, cuando buscamos cosas por internet, cuando tomamos fotos con nuestros teléfonos, cuando conducimos nuestros vehículos y cuando solicitamos préstamos o tarjetas de crédito. También están construyendo lo que vendrá a continuación: los sistemas de IAG o inteligencia artificial general (AGI, en inglés, por *artificial general intelligence*), que llevarán a cabo tareas cognitivas más amplias, pues son máquinas diseñadas para pensar como lo hacemos nosotros. Ahora bien, ¿a quién, exactamente, hace referencia ese *nosotros* sobre el que se basan esos sistemas de IA? ¿A quién representan esos valores, ideales y visiones del mundo que se están enseñando?

La respuesta corta es: no lo representan a usted ni a mí. La IA tiene la mente de su tribu, y prioriza los valores, ideales y visiones de mundo de sus creadores. Por otra parte, esa IA está desarrollando su propia mente.

Los líderes de la tribu

La tribu de la IA tiene un grito de guerra bastante conocido y pegajoso: "Falla rápido y falla con frecuencia". De hecho, el lema oficial corporativo de Facebook era, hasta hace poco, una versión parecida de esa frase: "Muévete rápido y rompe cosas". La idea de cometer errores y aceptar los fallos y fracasos contrasta fuertemente con la actitud de las gigantescas corporaciones estadounidenses, que evitan los riesgos y se mueven a paso de tortuga, aunque es un objetivo loable. La tecnología compleja de la IA requiere experimentación, así como la oportunidad de fallar una y otra vez, para lograr llegar al punto en que se hacen las cosas bien. Sin embargo, hay un problema. El mantra forma parte de una ideología inquietante que está muy extendida entre los nueve gigantes: "Créalo primero, pide perdón después".

En los últimos tiempos, se nos ha tenido que pedir perdón muchas veces. Facebook pidió disculpas por el resultado de sus relaciones con Cambridge Analytica. En medio del escándalo, Facebook anunció, en septiembre del 2018, que un ataque había expuesto la información personal de más de 50 millones de usuarios, lo que representa una de las violaciones de seguridad más grandes de la historia digital. Pues bien, resulta que los ejecutivos tomaron la decisión de no notificar a los usuarios de inmediato[1]. Tan solo un mes después, Facebook hizo el lanzamiento de Portal, una pantalla de videoconferencia, cuyo objetivo era competir con el Echo Show de Amazon. La compañía tuvo que retractarse de las promesas relacionadas con la privacidad que había hecho antes. En un comienzo, Facebook había dicho que no usaría Portal para recolectar información personal con el fin de hacer llegar a sus usuarios publicidad dirigida. Sin embargo, ante la insistencia de los periodistas, la compañía tuvo que hacer una penosa aclaración:

---

1 Mike Isaac y Sheera Frenkel, "Facebook Security Breach Exposes Accounts of 50 Million Users", *New York Times*, septiembre 28, 2018, https://www.nytimes.com/2018/09/28/technology/facebook-hack-data-breach.html.

aunque era cierto que Portal no utilizaría la información de los usuarios para mostrar publicidad, lo que sí ocurriría era que la información recolectada en el momento en que el usuario usara el aparato (a quién va dirigida la llamada, cuáles canciones de Spotify oye) podría ser usada para lanzar publicidad dirigida más adelante, en los anuncios de Facebook y otros servicios o redes[2].

En abril del 2016, Jeff Dean, el director del proyecto Google Brain, escribió que la compañía había excluido a las mujeres y a las personas de color durante una sesión de "Ask Me Anything" ("Pregúntame cualquier cosa"), en Reddit. Dijo que no había sido intencional, sino un descuido, y yo realmente creo que no se trató de una omisión premeditada, pues a los organizadores no se les ocurrió diversificar la sesión.

Dean afirmó que valoraba la diversidad y que Google tendría que mejorar[3]:

> Algo que me gusta mucho del programa Brain Residency es que los residentes les aportan a nuestros esfuerzos de investigación mucha diversidad, con sus conocimientos y áreas de experticia (por ejemplo, contamos con físicos, matemáticos, biólogos, neurocientíficos, ingenieros eléctricos y científicos informáticos) y demás. Mi experiencia me ha mostrado que, cuando juntas personas con diferentes tipos de conocimientos, perspectivas, etc., logras objetivos que no sería posible alcanzar de manera individual, porque ningún individuo cuenta con la totalidad de habilidades y perspectivas necesarios.

---

2 Casey Newton, "Facebook Portal's Claims to Protect User Privacy Are Falling Apart". *The Verge*, octubre 17, 2018, https://www.theverge.com/2018/10/17/17986992/facebook-portal-privacy-claims-ad-targeting.
3 "AMA: We Are the Google Brain Team. We'd Love to Answer Your Questions about Machine Learning", *Reddit*, agosto 4, 2016, https://www.reddit.com/r/MachineLearning/comments/4w6tsv/ama_we_are_the_google_brain_team_wed_love_to/.

En junio del 2018, Google sacó un informe sobre diversidad que incluía, por primera vez, información sobre sus empleados organizada por categorías. En el informe, Google decía que, globalmente, su fuerza de trabajo estaba compuesta en un 69,1 % por hombres. En los Estados Unidos, solo el 2,5 % de los empleados eran negros, mientras que el 3,6 % eran hispanos y latinos. A pesar de las declaraciones audaces de Google respecto a la necesidad de diversificación, esas cifras (que ya eran bajas) no cambiaron respecto a años anteriores: en el 2014, su fuerza de trabajo era de 2 % de empleados negros y 3 % hispanos y latinos[4].

Para dar crédito a Google, valga decir que la compañía lanzó, en años recientes, una iniciativa relacionada con los sesgos inconscientes, en la que se incluían talleres y entrenamiento destinados a ayudar a los empleados a aprender más sobre los estereotipos sociales y los prejuicios sobre género, raza, apariencia, edad, educación, política y poder adquisitivo, de los cuales tal vez no sean conscientes. Algunos miembros de la comunidad laboral de Google perciben que los entrenamientos no han sido tan productivos, sino que han servido más bien para cumplir con un requisito. Así, por ejemplo, una empleada negra explica que el entrenamiento se centraba en "relaciones interpersonales y sentimientos de molestia, pero no en trabajar sobre la discriminación y la inequidad, lo cual les dice a los trabajadores que la diversidad es simplemente 'una casilla más para rellenar'"[5].

No obstante, en los mismos años en los que se estaban llevando a cabo estos entrenamientos, Google premiaba el mal comportamiento de sus líderes. Andy Rubin, quien creó Android, el sistema operativo para teléfonos móviles, fue despedido, pues una empleada lanzó una reclamación creíble de que el hombre la había obligado a

4 "Diversity", Google, https://diversity.google/.
5 Nitasha Tiku, "Google's Diversity Stats Are Still Very Dismal", *Wired*, agosto 14, 2018, https://www.wired.com/story/googles-employee-diversity-numbers-havent-really-improved/.

tener sexo oral. Por ese despido, Google le pagó a Rubin la suma de 90 millones de dólares, escalonada en pagos mensuales de 2,5 millones durante los dos primeros años y 1,5 millones cada mes, durante los siguientes dos años. El director de la división de investigación y desarrollo X de Google, Richard DeVaul, acosó sexualmente a una mujer durante su entrevista de trabajo, en la que le dijo que él y su esposa tenían un matrimonio abierto, y luego insistió en darle a la postulante un masaje en el torso desnudo, durante un festival de tecnología. Como era de suponerse, la mujer no obtuvo el empleo. A DeVaul se le exigió pedir excusas, pero no que renunciara. Un vicepresidente que colaboró en la creación de Google's Search se metió en líos cuando una empleada lo acusó de tocamientos impropios (una acusación considerada creíble) y, en consecuencia, recibió una cifra multimillonaria por su despido. Entre el 2016 y el 2018, trece gerentes de Google salieron silenciosamente de la compañía por acoso sexual[6].

La anterior información nos da una idea del escaso impacto que tienen muchos programas de entrenamiento en sesgos inconscientes sobre la comunidad tecnológica y las firmas de capital de riesgo que los financian. La razón: aunque la gente sea más consciente de sus sesgos y prejuicios después del entrenamiento, no necesariamente se siente motivada o incentivada a cambiar su comportamiento.

Cuando hablamos sobre la falta de diversidad en la comunidad tecnológica, por lo general la conversación se centra en el género y la raza. Sin embargo, hay otras dimensiones de la experiencia humana que reciben poca atención, tales como la ideología política y la religión. Un análisis efectuado en el 2017 por la Graduate School of Business de Stanford, que encuestó a más de 600 líderes y fundadores en el campo de la tecnología, demostró que

---

6 Daisuke Wakabayashi and Katie Benner, "How Google Protected Andy Rubin, the 'Father of Android,'" *New York Times*, octubre 25, 2018, https://www.nytimes.com/2018/10/25/technology/google-sexual-harassment-andy-rubin.html.

los miembros de la tribu se identificaban mayoritariamente como demócratas progresistas. En el ciclo electoral del 2016, apoyaron en su mayoría a Hillary Clinton. La tribu está a favor de una mayor tributación para las personas adineradas, está de acuerdo con la libertad de elección en materia de terminación del embarazo, se opone a la pena de muerte, apoya el control de armas y considera que el matrimonio de personas del mismo sexo debe ser legal[7].

En todas las compañías, en cualquier industria, y no solo en Google, Apple, Amazon, Facebook, Microsoft e IBM, es posible afirmar que sus altos ejecutivos no representan a *todos* los estadounidenses. La diferencia es que esas compañías en particular están creando sistemas autónomos de toma de decisiones que supuestamente deben representar todos nuestros intereses. Las críticas no solo provienen de las mujeres y de las personas de raza negra, sino también de un grupo improbable: los conservadores y los miembros leales del Partido Republicano. En el 2018, el Republican National Committee (RNC) le envió una carta a Mark Zuckergber, en la que acusaba a Facebook de tener un sesgo contra los estadounidenses conservadores. Decía en uno de sus apartes: "Han surgido inquietudes en los años recientes en relación con la supresión del discurso conservador en Facebook [...], lo cual incluye censura de noticias conservadoras [...]. Nos alarman diversas acusaciones según las cuales Facebook bloquea contenidos de periodistas y grupos conservadores"[8]. La carta, firmada por Ronna McDaniel, presidenta del RNC, y Brad Parscale, gerente de la campaña a la reelección de Donald Trump para el 2020, exigía transparencia en la manera como los algoritmos de Facebook determinan cuáles

---

7 David Broockman, Greg F. Ferenstein y Neil Malhotra, "The Political Behavior of Wealthy Americans: Evidence from Technology Entrepreneurs", Stanford University Graduate School of Business, Working Paper n.° 3581, diciembre 9, 2017, https://www.gsb.stanford.edu/faculty-research/working-papers/political-behavior-wealthy-americans-evidence-technology.
8 "ICYMI: RNC Chairwoman and Brad Parscale Demand Answers from Facebook and Twitter", Republican National Committee, mayo 24, 2018, https://www.gop.com/icymi-rnc-chairwoman-brad-parscale-demand-answers-from-facebook-twitter.

usuarios ven publicidad política en sus páginas y una revisión del sesgo contra el contenido y los líderes conservadores.

El asunto es que McDaniel y Parscale no se equivocan. Durante las agitadas elecciones del 2016, el personal de Facebook *sí* manipuló intencionalmente la sección de tendencias de la plataforma para excluir las noticias conservadoras, aunque las historias que eran claramente contrarias a Clinton ya estaban siendo tendencia. Varios de los "curadores de noticias" de Facebook (como se los llamaba) recibieron la orden de "inyectar" ciertas historias a la sección de noticias, aunque no fueran tendencia. También evitaron que aparecieran ciertas historias favorables sobre candidatos republicanos, como Rand Paul. El equipo de "curadores de noticias" de Facebook estaba compuesto por un pequeño grupo de periodistas formados principalmente en prestigiosas universidades de la costa Este y de la "Ivy League", lo cual, a decir verdad, juega un papel determinante en la narración que han ofrecido los conservadores durante décadas.

En agosto del 2018, más de cien empleados de Facebook utilizaron un tablón interno de mensajes para quejarse de "una cultura política monocorde, intolerante frente a otras opiniones". Brian Amerige, ingeniero sénior de Facebook, escribió: "Afirmamos ser abiertos ante todas las perspectivas, pero muchas veces atacamos —incluso en masa— a cualquiera que presente una opinión diferente a la ideología con tendencia hacia la izquierda"[9].

Hablar sobre diversidad (pedir perdón y prometer que se harán mejor las cosas) no es lo mismo que dar cabida a la diversidad dentro de las bases de datos, los algoritmos y los *frameworks* que conforman el ecosistema de la IA. Cuando las palabras no se ven

---

9 Kate Conger and Sheera Frenkel, "Dozens at Facebook Unite to Challenge Its 'Intolerant' Liberal Culture", *New York Times*, agosto 28, 2018, https://www.nytimes.com/2018/08/28/technology/inside-facebook-employees-political-bias.html.

reflejadas en acciones, el resultado es un ecosistema de sistemas y productos que hacen eco a cierto sesgo antihumanístico.

Veamos algunos de los resultados que se han producido en la vida real. En el 2016, un robot de seguridad con tecnología de IA intencionalmente arrolló a un bebé de dieciséis meses en un centro comercial de Silicon Valley[10]. El sistema de IA con el que funciona el juego de video Elite: Dangerous desarrolló un conjunto de superarmas que los creadores nunca imaginaron, lo cual causó estragos en el juego y echó por la borda el progreso logrado por los jugadores humanos reales[11].

Hay innumerables problemas relacionados con la seguridad de la IA, algunos de los cuales son notables y obvios: los automóviles con pilotos automáticos se han pasado semáforos en rojo y, en algunos casos, han matado a peatones. Algunas aplicaciones de vigilancia predictiva continuamente etiquetan mal las caras de los sospechosos, lo cual hace que se lleve a la cárcel a personas inocentes. Hay una cantidad desconocida de problemas que escapan a nuestro control, pues todavía no han llegado a afectarnos personalmente.

Un equipo en verdad diverso tendría solo una característica principal en común: el talento. No habría lugar para la concentración de un solo género, raza u origen étnico. Habría una representación de diferentes puntos de vista políticos y religiosos. La homogeneidad dentro de las tribus de IA es un problema en los nueve gigantes, pero el asunto no comienza allí. El problema comienza en las universidades, donde se forman las tribus de la IA.

10 Veronica Rocha, "Crime-Fighting Robot Hits, Rolls over Child at Silicon Valley Mall", *Los Angeles Times*, julio 14, 2016, http://www.latimes.com/local/lanow/la-me-ln-crimefighting-robot-hurts-child-bay-area-20160713-snap-story.html.
11 Julian Benson, "*Elite's* AI Created Super Weapons and Started Hunting Players. Skynet Is Here", *Kotaku*, junio 3, 2016, http://www.kotaku.co .uk/2016/06/03/elites-ai-created-super-weapons-and-started-hunting-players-skynet-is-here.

Las tribus se establecen dentro de entornos sociales concentrados, donde todos comparten un propósito o meta común, utilizando el mismo idioma y trabajando con la misma intensidad relativa. Son los lugares donde un grupo de personas desarrolla un sentido compartido de los valores y los propósitos. Se forman en ámbitos como las unidades militares, las rotaciones de las escuelas de medicina, las cocinas de los restaurantes con estrellas Michelin y las hermandades. Estas personas pasan juntas por las situaciones de ensayo y error, de éxito y fracaso, de angustia y felicidad.

Para tomar un ejemplo de un campo alejado de la IA, en las décadas de 1970 y 1980, Sam Kinison, Andrew Dice Clay, Jim Carrey, Marc Maron, Robin Williams y Richard Pryor pasaron un tiempo viviendo en una casa ubicada en el 8420 de Cresthill Road, a poca distancia de lo que se convirtió en la legendaria Comedy Store de Los Ángeles. Eran unos muchachos que vivían en una casa y buscaban oportunidades de actuación en una era en la que Bob Hope salía en televisión diciendo frases sexistas[12]. Esta tribu rechazaba de plano ese tipo de humor, que la generación anterior había perfeccionado meticulosamente. Sus valores eran radicalmente diferentes: romper los tabúes, confrontar la injusticia social y relatar historias hiperrealistas que tendían a reflejar con una luz bastante crítica a las personas que se encontraban en el público. Estos humoristas se hacían observaciones y comentarios los unos a los otros. Se consolaban después de los bombardeos en el escenario. Experimentaban y aprendían. Esta tribu de cómicos innovadores y brillantes sentó las bases de la industria del entretenimiento en los Estados Unidos[13]. En conjunto, este grupo de hombres sigue ejerciendo su influencia en la actualidad.

---

12 Joseph P. Boon, "Bob Hope Predicts Greater US", *Bucks County Courier Times*, agosto 20, 1974, https://newspaperarchive.com/bucks-county-courier-times-aug-20-1974-p-9/.
13 James McPherson, "The New Comic Style of Richard Pryor", *New York Times*, abril 27, 1975. Es un excelente relato sobre Pryor antes de ser famoso.

De cierta manera, la IA vivió una transformación radical similar a instancias de una tribu moderna, que compartía los mismos valores, ideas y objetivos. Esos tres pioneros del aprendizaje profundo que mencionamos más atrás (Geoff Hinton, Yann Lecun y Yoshua Bengio) eran los Sam Kinisons y Richard Pryors del mundo de la IA en las primeras épocas de las redes neuronales profundas. Lecun estudió con Hinton en la Universidad de Toronto, donde el Canadian Institute for Advanced Research (CIFAR) formaba a un grupo pequeño de investigadores, entre los cuales se contaba Yoshua Bengio. Estos hombres pasaron enormes cantidades de tiempo juntos, dándoles vueltas a diversas ideas, probando teorías y creando la siguiente generación de IA. "Era una pequeña comunidad de personas que tenían la idea de que las redes neuronales llegarían a ser fundamentales", afirma Lecun. "Necesitábamos un espacio seguro donde pudiéramos llevar a cabo el taller y las reuniones, para desarrollar bien nuestras ideas antes de publicar"[14].

Los fuertes lazos de una tribu se forman cuando las personas que trabajan muy de cerca sufren reveses juntas y celebran sus victorias juntas. Así, terminan desarrollando un conjunto de experiencias compartidas, reflejadas en un léxico común que, a su vez, produce un conjunto de ideas, comportamientos y objetivos comunes. Por eso, tantos inicios de empresas emergentes, movimientos políticos y pesos pesados culturales son tan similares: unos cuantos amigos comparten una habitación, una casa o un garaje, y trabajan intensamente en proyectos relacionados.

Los epicentros empresariales de la IA son Silicon Valley, Beijing, Hangzhou y Shenzhen, pero las universidades son la savia de las tribus de la IA. Son pocas. En los Estados Unidos, se encuentran: Carnegie Mellon, Georgia Institute of Technology, Stanford, UC

---

14 Ashlee Vance, "How We Got Here", *Bloomberg Businessweek*, mayo 21, 2018, https://www.scribd.com/article/379513106/How-We-Got-Here.

Berkeley, Universidad de Washington, Harvard, Cornell, Duke, MIT, Boston y McGill, así como la Universidad de Montreal, en Canadá. En estas universidades trabajan activamente grupos de investigación académica que tienen fuertes lazos con la industria.

De modo general, las tribus se rigen por reglas y rituales. Veamos, pues, cuáles son esos ritos iniciáticos de las tribus de la IA. Todo comienza con una rigurosa educación universitaria.

En Norteamérica, el énfasis en las universidades se ha puesto en habilidades duras, tales como el dominio de los lenguajes de programación R y Python, la competencia en el procesamiento en lenguaje natural y estadística aplicada, además de una exposición a la visión por computador, la biología computacional y la teoría de juegos. No es bien visto que se tomen clases por fuera de la tribu, como filosofía de la mente, mujeres musulmanas en la literatura o colonialismo. Si estamos tratando de crear máquinas pensantes que puedan pensar como los humanos, parecería contrario a la lógica excluir el aprendizaje sobre la condición humana. En la actualidad, este tipo de cursos se dejan intencionalmente por fuera del currículo, y es difícil abrirles espacio como materias electivas por fuera del campo de estudio principal (o *major*, en Norteamérica).

La tribu busca habilidades, y son muchas las materias que se incluyen en los planes de estudios durante cuatro años. Por ejemplo, los estudiantes de Stanford deben tomar 50 créditos de matemáticas, ciencia e ingeniería intensivas, además de los 15 créditos de cursos básicos de ciencias de la informática. Aunque se ofrece un curso de ética como parte del *major*, se trata de una de las cinco electivas que se pueden tomar para cumplir los requisitos[15].

En el 2018, Carnegie Mellon lanzó un nuevo *major* en IA que contribuyó a la renovación de la institución, además de una

---

15 "Computer Science", *Stanford Bulletin* 2018–19, Stanford University, https://exploredegrees. stanford.edu/schoolofengineering/computerscience/#bachelortext.

oportunidad para diseñar desde cero un *major* moderno en IA. Sin embargo, las reglas y los rituales de la tribu prevalecieron, y lo que importa son las habilidades duras. Aunque se requiere, para obtener el título, una clase de ética y algunos cursos en humanidades y artes, el énfasis está puesto principalmente en las neurociencias (por ejemplo, en psicología cognitiva, memoria humana y cognición visual), lo cual tiene sentido, dada la relación entre la IA y la mente. No se requiere tomar cursos que les enseñen a los estudiantes a detectar sesgos en los conjuntos de datos, o cursos sobre cómo aplicar la filosofía en la toma de decisiones o a valorar la ética de la inclusión. No hay nada que permita, a través de las materias, obtener un reconocimiento formal del hecho de que la diversidad social y socioeconómica es tan importante para una comunidad como la biodiversidad.

Las habilidades se enseñan de forma experiencial, lo que equivale a decir que los alumnos que estudian IA no viven leyendo libros. Para aprender, necesitan bases de datos léxicas, bibliotecas de imágenes y redes neuronales. Durante un tiempo, una de las redes neuronales más populares en las universidades era la llamada Word2vec, construida por el equipo de Google Brain. Era un sistema en dos capas, que procesaba texto y convertía las palabras en números que la IA podía comprender[16]. Por ejemplo, la base de datos aprendió que "hombre es a rey lo que mujer es a reina". Sin embargo, también decidió que "padre es a médico lo que madre es a enfermera" y "hombre es a programador de computadores lo que mujer es a ama de casa"[17]. El sistema al que estaban expuestos los estudiantes tenía, él mismo, un fuerte sesgo. Si alguien hubiera

16 "Vector Representations of Words", TensorFlow.org, https://www.tensorflow.org/tutorials/representation/word2vec.
17 Tolga Bolukbasi et al., "Man is to Computer Programmer as Woman is to Homemaker? Debiasing Word Embeddings", *Advances in Neural Information Processing Systems* 29 (2016): 4349-4357, https://arxiv.org/abs/1607.06520.

querido analizar las implicaciones profundas del código sexista, no había ninguna clase donde pudiera hacerse ese aprendizaje.

En el 2017 y el 2018, algunas de esas universidades crearon cursos nuevos de ética, en respuesta a los retos planteados por la IA. El Berkman Klein Center de Harvard y el Media Lab de MIT ofrecían conjuntamente un nuevo curso sobre ética y regulación de la IA[18]. El programa y las conferencias eran muy buenos[19], pero el curso no formaba parte del currículo estándar de ciencias informáticas de cada universidad, lo que quiere decir que aquello que se enseñaba y se discutía no impactaba la carrera.

Desde luego que la ética es un requisito en todas las universidades que enseñan IA: está escrito en todos los estándares de acreditación. A fin de obtener la certificación de la Accreditation Board for Engineering and Technology, los programas universitarios de ciencias informáticas deben demostrar que los estudiantes "comprenden las implicaciones y responsabilidades profesionales, éticas, legales, sociales y de seguridad" y que tienen "la capacidad para analizar el impacto local y global de la informática en los individuos, las organizaciones y la sociedad".

No obstante, la experiencia me ha mostrado que la medición y el análisis comparativo de este requisito es, en el mejor de los casos, algo subjetivo y muy difícil de lograr de una manera precisa, sobre todo cuando no hay cursos específicos que deban tomar todos los estudiantes.

Soy miembro del Accrediting Council on Education in Journalism and Mass Communications (Consejo de Acreditación de la Educación en Periodismo y Comunicación de Masas). Los currículos de los programas de periodismo y comunicación de masas

---

18 Natalie Saltiel, "The Ethics and Governance of Artificial Intelligence". MIT Media Lab, noviembre 16, 2017, https://www.media.mit.edu/courses/the-ethics-and-governance-of-artificial-intelligence/. Aquí se pueden ver las conferencias.
19 Aquí se pueden ver las conferencias: https://www.media.mit.edu/courses/the-ethics-and-governance-of-artificial-intelligence/.

tienden a centrarse en las humanidades, que incluirían habilidades más blandas, como hacer reportería, escribir y hacer producción en medios. Sin embargo, nuestras unidades académicas se esfuerzan continuamente por cumplir con unos estándares de implicaciones y responsabilidades sociales, entre las cuales se encuentra la diversidad.

Las facultades pueden seguir cumpliendo los requisitos de acreditación sin prestar atención a los estándares de cumplimiento en lo que respecta a la diversidad (y eso no es exclusivo del consejo de acreditación para el que trabajo). Sin exigir un cumplimiento más estricto de los estándares y sin hacer un esfuerzo serio dentro de las universidades, ¿cómo puede un currículo que pone el énfasis en las habilidades duras como la IA hacer mella en el problema?

Los estudios universitarios son difíciles, y los incentivos de contratación para nuevos empleados que ofrecen los nueve gigantes son competitivos. Aunque las materias electivas sobre literatura africana o sobre la ética del servicio público ampliarían la visión del mundo de las personas que trabajan en IA, la presión por mantener el crecimiento del ecosistema es muy grande. La tribu quiere ver pruebas de las habilidades, de tal forma que cuando los recién graduados entran a ser parte de la fuerza de trabajo, no pierden un segundo y se vuelven miembros productivos del equipo. De hecho, los cursos electivos que podrían ayudar a los investigadores en IA a pensar de manera más deliberada en toda la humanidad probablemente les resultarían perjudiciales durante el proceso de contratación. Eso se debe a que los nueve gigantes utilizan *software* basado en IA para hacer una primera selección de *curriculum vitae*. Este *software* busca palabras clave específicas que describen habilidades duras. Por ello, un portafolio de materias por fuera de los cursos estándar sería una anomalía o volvería invisible a la persona que hace la solicitud.

La selección de los *curriculum vitae* mediante programas de IA es una prueba de que el sesgo no se limita a los asuntos de raza y género. También hay un sesgo contra la filosofía, la literatura, la física teórica o la economía conductual, pues a los candidatos que tienen muchos cursos electivos por fuera del ámbito tradicional de la IA no se les presta atención. El sistema de contratación de la tribu, diseñado para automatizar la engorrosa tarea de hacer una primera selección entre miles de *curriculum vitae*, puede dejar por fuera de la competencia a esos candidatos que tienen unos estudios más diversos y deseables.

Los líderes académicos se apresurarán a decir que están abiertos a la posibilidad de establecer un curso obligatorio de ética, aunque la tribu no pida un pénsum más amplio (de hecho, no lo pide). Añadir cursos de humanidades igualmente rigurosos —como literatura comparada y religiones del mundo— obligaría a sacar de los programas los cursos basados en habilidades, que son muy necesarios. Los estudiantes se molestarían al verse obligados a tomar cursos que parecen superficiales, en tanto que las empresas quieren graduados con habilidades de primer nivel. Dada la dura competencia por los mejores y más brillantes estudiantes, ¿qué interés tendrían esos programas prestigiosos, como el de Carnegie Mellon y Stanford, en cambiar las cosas y correr el riesgo de no tener éxito?

La tecnología se mueve mucho más rápido que la academia. Un solo curso obligatorio de ética (creado y adaptado específicamente para los estudiantes de IA) no bastará si el material no está actualizado y si lo que se enseña no tiene mucho que ver con otras áreas del pénsum. Si el plan de estudios no puede cambiar, ¿qué puede decirse de los profesores individuales? ¿Se los podría empoderar para que hagan frente al problema? Es muy poco probable que esto ocurra a una escala importante. Los profesores no tienen incentivos para modificar sus planes de asignatura y relacionar sus enseñanzas con cuestiones sobre valores tecnológicos, económicos y sociales. Esa tarea toma un tiempo precioso y sus planes de asignatura podrían volverse menos atractivos para los estudiantes.

Las universidades quieren mostrar cifras importantes de egresados que consiguen empleo, y los empleadores buscan egresados con habilidades fuertes. Los nueve gigantes son socios de esas universidades, las cuales reciben de ellos financiación y recursos. Sin embargo, el mejor momento para hacerse preguntas difíciles (como "¿quién es el dueño de tu rostro?") es durante los estudios, en el ámbito seguro de un salón de clases, antes de que los estudiantes se conviertan en miembros de equipos sometidos a los rigores de los plazos de entrega de los productos y los objetivos financieros.

Si las universidades son el lugar donde se forman las tribus de IA, no es difícil ver por qué es tan escasa la diversidad en comparación con otras profesiones. De hecho, los ejecutivos de la industria se apresuran a señalar a las universidades, y culpan de la escasa diversidad en la fuerza laboral a eso que llaman el "problema de tuberías" de la IA (es decir, la creencia de que la falta de diversidad se debe a que los talentos de minorías y mujeres que se gradúan de las universidades no son suficientes). Hay algo de cierto en esto. Las tribus de IA se forman a medida que los profesores capacitan a los estudiantes en sus aulas y laboratorios, y a medida que los estudiantes participan en proyectos de investigación. Esos profesores, sus laboratorios y los líderes en las unidades académicas de la IA están compuestos, en una abrumadora mayoría, por hombres y carecen de diversidad.

En las universidades, los candidatos a obtener títulos de doctorado cumplen tres funciones: participar en investigación, dar clases a los estudiantes de pregrado y liderar el futuro del trabajo en sus respectivas áreas. Las mujeres reciben solo el 23 % de los doctorados otorgados en ciencias de la computación, y solo el 28 % en matemáticas y estadística, según datos recientes del National Center for Education Statistics[20].

La "tubería" académica tiene agujeros: las mujeres con doctorado no avanzan hacia cargos de permanencia o roles de liderazgo

---

20 Catherine Ashcraft, Brad McLain y Elizabeth Eger, *Women in Tech: The Facts* (Boulder, CO: National Center for Women & Information Technology, 2016), https://www.ncwit.org/sites/default/files/resources/womenintech_facts_fullreport_05132016.pdf.

al mismo ritmo que los hombres. Por lo tanto, no es una sorpresa que las mujeres hayan recibido solo el 18 % de los títulos de pregrado en ciencias de la computación en los últimos años, lo cual representa una disminución respecto al 37 % en 1985[21]. Los candidatos a títulos de doctorado negros e hispanos están muy poco representados: solo el 3 % y 1 %, respectivamente[22].

El crecimiento y la expansión de la tribu ocurre dentro de una burbuja, lo que provoca algunos comportamientos reprensibles. Las investigadoras mujeres en IA en las universidades deben lidiar con el acoso sexual, las bromas inapropiadas y, en general, mal comportamiento de sus homólogos masculinos. Ese comportamiento se normaliza y caracteriza a la tribu no solo en la universidad, sino también en el ámbito laboral. Por lo tanto, no se trata de un "problema de tuberías", sino de un problema humano. Las tribus de IA están promoviendo una cultura en la que las mujeres y ciertas minorías, como los negros y los hispanos, son excluidas. Así de sencillo.

En el 2017, un ingeniero de Google envió un memorando, tristemente célebre, en el que afirmaba que las mujeres están biológicamente menos capacitadas para la programación. El CEO de Google, Sundar Pichai, finalmente respondió despidiendo al individuo que escribió el memorando, pero también dijo: "Buena parte de lo que dice ese memo es materia justa de debate"[23]. Las culturas que son hostiles frente a quienes no son miembros de la tribu producen un efecto acumulado que hace que la fuerza de trabajo sea menos

---

21 "Degrees in computer and information sciences conferred by degreegranting institutions, by level of degree and sex of student: 1970–71 through 2010–11", Tabla 349 en *Digest of Education Statistics*, 2012 (Washington, DC: National Center for Education Statistics, 2013), https://nces.ed.gov/programs/digest/d12/tables/dt12_349.asp.

22 "Doctor's degrees conferred by postsecondary institutions, by race/ethnicity and field of study: 2013–14 and 2014–15", Tabla 324.25 en *Digest of Education Statistics*, 2016 (Washington, DC: National Center for Education Statistics, 2018), https://nces.ed.gov/programs/digest/d16/tables/dt16_324.25.asp?current=yes.

23 Christopher Mims, "What the Google Controversy Misses: The Business Case for Diversity", *Wall Street Journal*, agosto 13, 2017, https://www.wsj.com/articles/what-the-google-controversy-misses-the-business-case-for-diversity-1502625603.

diversificada aún. A medida que la IA avanza para crear sistemas capaces de pensar por la humanidad, y junto con ella, poblaciones enteras están quedando por fuera de las rutas de desarrollo.

Esto no quiere decir que no haya mujeres o gente de color trabajando en las universidades. Quien dirige el afamado Computer Science and Artificial Intelligence Laboratory (CSAIL) de MIT es Daniela Rus, una mujer que cuenta, dentro de sus muchos logros profesionales y académicos, con un MacArthur Fellowship. Kate Crawford es profesora distinguida de investigación en New York University y dirige allí un nuevo instituto que estudia las implicaciones sociales de la IA. Hay mujeres y personas de color haciendo trabajos muy importantes en IA, pero están muy escasamente representados.

Aunque la meta de la tribu es imbuir en la IA un pensamiento más "humanístico", lo que está haciendo es dejar a muchos humanos por fuera del proceso. Lei-Fei Li, que dirige el laboratorio de IA de Stanford y es la jefe científica de la IA y el aprendizaje automático en Google Cloud, afirmó:

> [...] como educadora, como mujer, como persona de color y como madre, mis motivos de preocupación aumentan. El objetivo de la IA es generar los mayores cambios en la humanidad, y no estamos contando con una generación completa de tecnólogos y líderes diversos. [...]. Si no sentamos a la mesa a las mujeres y a las personas de color —verdaderos tecnólogos que trabajan en asuntos serios—, los sistemas van a estar sesgados. Tratar de revertir esa situación dentro de una década o dos será mucho más difícil, si no prácticamente imposible[24].

---

24 Jessi Hempel, "Melinda Gates and Fei-Fei Li Want to Liberate AI from 'Guys With Hoodies'", *Wired*, mayo 4, 2017, https://www.wired.com/2017/05/melinda-gates-and-fei-fei-li-want-to-liberate-ai-from-guys-with-hoodies/.

Las tribus de China: el grupo BAT

Baidu, Alibaba y Tencent, un grupo conocido como BAT, son el componente chino de los nueve gigantes. La tribu de la República Popular de China funciona con reglas y rituales diferentes, entre los cuales se cuentan una financiación y supervisión significativa del gobierno, acompañadas de políticas industriales diseñadas para hacer que el BAT avance a todo vapor. El grupo forma parte de un plan estatal, bien capitalizado y meticulosamente organizado en materia de IA para el futuro, un plan en el que el gobierno ejerce un férreo control. Esta es la carrera espacial de China y nosotros representamos para ella lo que Sputnik para la misión Apollo. Tal vez hayamos sido los primeros en poner una nave en órbita, pero China está consagrando su Fondo Soberano de Inversión, su sistema educativo, sus ciudadanos y su orgullo nacional a sus objetivos relacionados con la IA.

En China, las tribus de la IA también empiezan en la universidad, donde es incluso mayor el énfasis en las habilidades y las aplicaciones comerciales. Dado que China está interesada en producir un aumento de la fuerza laboral cualificada tan rápidamente como le sea posible, sus problemas de diversidad no son análogos a los de Occidente, aunque sí existen. El asunto del género no es tan crítico, así es que las mujeres están mejor representadas. Ahora bien, las clases se dan en chino, que es una lengua difícil de aprender para los extranjeros. Esto excluye de las clases a quienes no hablan chino, y también crea una ventaja competitiva única, pues los estudiantes universitarios chinos suelen tener buen dominio del inglés y podrían asistir a un grupo amplio de universidades.

En China, el entrenamiento en IA comienza desde antes de que los estudiantes entren a la universidad. En el 2017, el Consejo de Asuntos Estatales de China exigió la inclusión de materias sobre fundamentos de IA, lo que significa que los niños de China comienzan a aprender habilidades en IA desde la *escuela primaria*. En la actualidad, existe un libro escolar oficial, a instancias del gobierno, en el que se detallan la historia y los fundamentos de la IA. En el 2018, cuarenta escuelas secundarias habían implantado un curso obligatorio de IA[25], y el número irá aumentando a medida que haya más profesores disponibles. Eso ocurrirá pronto. El Ministerio de Educación de China lanzó un programa de entrenamiento en IA de cinco años, para sus universidades, con el propósito de entrenar al menos a 500 profesores y a 5.000 estudiantes en las universidades de primer nivel de China[26].

El BAT forma parte de la revolución educativa de China, y proporciona las herramientas que se usan en las escuelas y las universidades, así como los productos que los consumidores usan en la adolescencia y la edad adulta, contrata a los egresados universitarios que entran a formar parte de la fuerza de trabajo y comparte la investigación con el gobierno. A menos que usted haya vivido en China o viajado a ese país en la última década, es posible que no sepa mucho sobre Baidu, Alibaba y Tencent. Las tres compañías fueron fundadas al mismo tiempo, usando como modelos a compañías de tecnología existentes.

Baidu comenzó en un pícnic de verano, en 1998, en Silicon Valley. Fue una de esas reuniones de iniciados en las que se juntan los miembros de la tribu de la IA a tomar cerveza y a jugar dardos en el césped. Tres hombres, cuyas edades rondaban los treinta, se quejaban de lo poco que estaban avanzando los motores de búsqueda. John Wu, quien por entonces era el director del equipo de motores de búsqueda de Yahoo, y Robin Li, ingeniero de Infoseek, creían que los motores de búsqueda tenían un futuro muy

---

25 Meng Jing, "China Looks to School Kids to Win the Global AI Race", *South China Morning Post, International Edition*, mayo 3, 2018, https://www.scmp.com/tech/china-tech/article/2144396/china-looks-school-kids-win-global-ai-race.
26 "China Launches First University Program to Train Intl AI Talents" *Zhongguancun Science Park*, abril 4, 2018, http://www.chinadaily.com.cn/m/beijing/zhongguancun/2018-04/04/content_35979394.htm.

prometedor. Ya habían visto una atractiva *startup* nueva, llamada Google, y pensaron que podrían crear algo similar para China. En compañía de Eric Xu, bioquímico de profesión, formaron Baidu[27].

La compañía contrató a su personal tras buscar en los centros universitarios de IA en los Estados Unidos y en China. Hizo una labor especialmente buena sonsacando investigadores talentosos que trabajaban en aprendizaje profundo. En el 2012, Baidu contactó a Andrew Ng, un destacado investigador de la división Google Brain, quien se había criado en Hong Kong y Singapur y había pasado por las tribus de IA asociadas a algunos centros universitarios: hizo un pregrado en ciencias de la computación en Carnegie Mellon, una maestría en MIT, un doctorado en UC Berkeley y, en aquella época, estaba en licencia de Stanford, donde era profesor. Ng era muy atractivo para Baidu, a causa de un nuevo y sorprendente proyecto sobre redes neuronales profundas en el que había estado trabajando en Google.

El equipo de Ng había creado un clúster de mil computadores que se habían entrenado a sí mismos para reconocer gatos en videos de YouTube. Era un sistema deslumbrante. Sin que se le hubieran dicho explícitamente qué era un gato, la IA ingirió millones de horas de videos aleatorios, aprendió a reconocer los objetos, determinó que algunos de esos objetos eran gatos y, luego, aprendió qué era un gato. Todo eso lo hizo de manera autónoma, sin intervención humana. Poco después, Ng empezó a trabajar en Baidu, desempeñándose como director científico de la compañía (esto significa, necesariamente, que el ADN de la compañía incluye nucleótidos de los cursos de IA que se dan en Carnegie Mellon, MIT y UC Berkeley).

---

27 David Barboza, "The Rise of Baidu (That's Chinese for Google)", *New York Times*, septiembre 17, 2006, https://www.nytimes.com/2006/09/17/business/yourmoney/17baidu.html.

Hoy en día, Baidu es muchísimo más que un motor de búsqueda. Ng contribuyó al florecimiento de la plataforma conversacional de IA de Baidu (llamada DuerOS), el asistente digital y los programas de conducción automática, así como otros *frameworks* de IA. Todo eso le permitió a Baidu empezar a incluir la IA en sus resultados financieros mucho antes que Google. Baidu cuenta ahora con una valoración bursátil de 88.000 millones de dólares, y es el segundo motor de búsqueda más usado en el mundo, después de Google, lo cual representa un logro inmenso, si tenemos en cuenta que Baidu solo se usa en China.

Al igual que Google, Baidu utiliza una *suite* de aparatos inteligentes para el hogar, tales como un robot doméstico que combina el reconocimiento de la voz y el facial. La compañía anunció una plataforma abierta para la conducción autónoma llamada Apollo, y esperan que la puesta del código fuente a disposición del público haga que el ecosistema a su alrededor florezca. Ya cuenta con cien socios, entre los cuales se encuentran los fabricantes de automóviles Ford y Daimler, los fabricantes de chips NVIDIA e Intel y los proveedores de servicios de mapas como TomTom. Baidu se asoció con la compañía californiana Access Services, a fin de lanzar vehículos de conducción automática para las personas con discapacidades y problemas de movilidad; así mismo, con Azure Cloud de Microsoft, para permitir que los socios no chinos de Apollo procesen inmensas cantidades de datos de vehículos[28]. También conviene saber que, en años recientes, Baidu abrió un nuevo laboratorio de investigación en IA, en cooperación con el gobierno chino: los líderes del laboratorio forman parte de la élite

---

28 "Rise of China's Big Tech in AI: What Baidu, Alibaba, and Tencent Are Working On", CBInsights. com, abril 26, 2018, https://www.cbinsights.com/research/china-baidu-alibaba-tencent -artificial-intelligence-dominance/.

del Partido Comunista, quienes previamente habían trabajado en programas militares estatales[29].

El segundo miembro del grupo BAT es Alibaba, una gigantesca plataforma que funciona como intermediario entre compradores y vendedores, a través de una gran red de sitios web, en lugar de una sola plataforma. La compañía fue fundada en 1999 por Jack Ma, quien anteriormente se desempeñaba como profesor y vivía 160 kilómetros al suroeste de Shanghái. Ma quería crear una versión híbrida de Amazon y de eBay para China, pero no sabía programar. Por eso, para fundar la compañía, acudió a un compañero de la universidad que sí sabía hacerlo. Tan solo veinte años después, la valoración bursátil de Alibaba era de más de 511.000 millones de dólares.

Uno de los sitios con los que cuenta es Taobao, en el cual ni los compradores ni los vendedores deben pagar por sus transacciones. En lugar de eso, Taobao usa un modelo *pay to play*, en el que se les cobra a los vendedores para ubicarlos en un lugar más favorable en el motor de búsqueda del sitio (esta es una idea similar a la de una parte del modelo de negocio central de Google). Alibaba también creó sistemas de pago seguros, entre los que está Alipay, cuyas funcionalidades y características son parecidas a las de PayPal. La compañía lanzó un sistema de pago digital con tecnología de IA que usa la sonrisa: este inició en el 2017 un quiosco de reconocimiento facial que les permite a los consumidores pagar sonriendo brevemente frente a una cámara.

Al igual que Amazon, Alibaba también tiene un altavoz inteligente: se llama Genie X1, y es más pequeño y robusto que Alexa de Amazon y los aparatos domésticos de Google. Utiliza la tecnología de reconocimiento de voz basada en redes neuronales para

29 Louise Lucas, "The Chinese Communist Party Entangles Big Tech", *Financial Times*, julio 18, 2018, https://www.ft.com/content/5d0af3c4-846c-11e8-a29d-73e3d454535d.

identificar a los usuarios y autenticarlos automáticamente para que puedan hacer compras. Más de 100.000 altavoces de Alibaba se han instalado en hoteles Marriott en China.

Alibaba tiene una visión más amplia para la IA, a la que llama ET City Brain. El programa procesa enormes cantidades de datos locales, desde cámaras y sensores inteligentes de las ciudades hasta archivos gubernamentales y cuentas individuales de redes sociales. Alibaba utiliza su *framework* de IA para hacer modelización predictiva a fin de anticipar la gestión del tráfico, el desarrollo urbano, las necesidades de salud pública y la posibilidad de disturbios sociales en el horizonte. Bajo el liderazgo de Ma, Alibaba ha logrado avances en materia de logística de entrega, videos en línea, centros de datos y computación en la nube, invirtiendo miles de millones de dólares en diversas empresas, a fin de crear un mastodonte digital, que conecte el comercio, el hogar, el trabajo, las ciudades y el gobierno. De hecho, antes de la apertura de la tienda Amazon Go en Seattle, Alibaba había abierto Hema, un negocio minorista automatizado multifuncional, sin efectivo, que combinaba comestibles, un mercado de comida rápida y casual y un servicio de entrega a domicilio.

Vale la pena señalar una extraña similitud más. Digo "extraña" porque también es una contradicción. En el 2016, Ma compró el *South China Morning Post* (*SCMP*), el periódico independiente más grande e influyente de Hong Kong. La venta era digna de destacar porque, en China, la mayoría de los medios son patrocinados por el Estado y el *SCMP*, que se escribe en inglés, era conocido por sus crónicas con críticas al gobierno chino[30]. Cuando viví en Hong Kong, muchas veces salía a tomar una copa con un grupo

---

30 Paul Farhi, "*Washington Post* Closes Sale to Amazon Founder Jeff Bezos", *Washington Post*, octubre 1, 2013, https://www.washingtonpost.com/business/economy/washington-post-closes-sale-to-amazon-founder-jeff-bezos/2013/10/01/fca3b16a-2acf-11e3-97a3-ff2758228523_story.html?noredirect=on&utm_term=.3d04830eab75.

de periodistas del *SCMP*, que eran los mejores buscadores de escándalos que había. La compra que hizo Ma fue una demostración de lealtad hacia el Partido Comunista. Tres años antes, Jeff Bezos había comprado el *Washington Post*, una decisión que finalmente lo convirtió en un enemigo de la Casa Blanca liderada por Trump, debido a sus incisivos informes investigativos, su análisis crítico de las políticas públicas del gobierno y su implacable desenmascaramiento de la propaganda[31].

Por último, el miembro más importante e influyente del grupo BAT, y por muchas razones, es Tencent. Esta compañía fue fundada en 1998 por dos hombres, Ma Huateng y Zhang Zhidong. Originalmente, comenzaron con un producto llamado OICQ. Si el nombre le suena conocido es porque se trata de una copia de ICQ, el servicio de mensajería instantánea. Los dos hombres finalmente tuvieron que hacer frente a una acción legal, pero persistieron y siguieron trabajando en su versión del sistema. En el 2011, Tencent lanzó WeChat, que no solo ofrecía la función de mensajería, sino que, además, copiaba funciones y características de Facebook. Dado que el gobierno chino había bloqueado a Facebook de su red de internet ya bastante restrictiva, WeChat tenía todas las posibilidades de ser un éxito. No solo era popular en las universidades, sino que se usaba para contratar nuevos talentos… y mucho más.

WeChat tiene la aturdidora cifra de mil millones de usuarios activos al mes y un apodo: "la aplicación para todo". Eso ocurre porque, además de los mensajes estándar en las redes sociales, WeChat se utiliza para casi todo en China, desde la contratación de nuevos empleados en las universidades, hasta el uso de mensajes de texto para hacer pagos e incluso para hacer cumplir la ley. Más de 38.000 hospitales y clínicas tienen cuentas de WeChat, y

---

31 Javier C. Hernández, "A Hong Kong Newspaper on a Mission to Promote China's Soft Power", *New York Times*, marzo 31, 2018, https://www.nytimes.com/2018/03/31/world/asia/south-china-morning-post-hong-kong-alibaba.html.

el 60 % de ellos usa este servicio para la gestión de los pacientes (por ejemplo, programar citas y hacer pagos)[32]. Esta es una compañía sustentada y enfocada en la IA, que considera que "la IA es la tecnología central en todos nuestros diferentes productos"[33]. No es ninguna sorpresa, por lo tanto, que el eslogan oficial de Tencent sea "Poner la IA en todas partes".

Tal vez Facebook sea la red social más grande del mundo, pero la tecnología de Tencent es muy superior. Tencent creó un asistente digital llamado Xiaowei, un sistema de pago móvil (Tenpay) y un servicio en la nube (Weiyun), además de haber lanzado recientemente un estudio de cine (Tencent Pictures). El laboratorio YouTu Lab de Tencent es líder mundial en reconocimiento facial y de objetos. La compañía integra esta tecnología en más de 50 iniciativas empresariales adicionales. También ha hecho avances en materia de salud, al colaborar con dos compañías de atención médica con sede en el Reino Unido: Babylon Health, una empresa de telemedicina, y Medopad, que utiliza la IA para hacer monitoreo remoto de pacientes. Tencent también ha realizado importantes inversiones en dos nuevas *startups* de los Estados Unidos: en el 2018, Atomwise y XtalPi, que se centran en aplicaciones farmacéuticas de IA.

En el 2018, Tencent se convirtió en la primera compañía asiática en sobrepasar los 550.000 millones de dólares en valor de mercado y superar a Facebook, lo cual la convierte en la compañía de redes sociales más valiosa del mundo[34]. Lo más sorprendente de todo

---

32 Jason Lim, "WeChat Is Being Trialled To Make Hospitals More Efficient In China", *Forbes*, junio 16, 2014, https://www.forbes.com/sites/jlim/2014/06/16/wechat-is-being-trialed-to-make-hospitals-more-efficient-in-china/#63a2dd3155e2.
33 "Rise of China's Big Tech in AI".
34 Arjun Kharpal, "China's Tencent Surpasses Facebook in Valuation a Day after Breaking $500 Billion Barrier", *CNBC*, noviembre 21, 2017, https://www.cnbc.com/2017/11/21/tencent-surpasses-facebook-in-valuation.html.

es que menos del 20 % de los ingresos de Tencent provienen de la publicidad en línea, en comparación con el 98 % de Facebook[35].

La fuente de talento humano de BAT incluye los centros académicos de IA en Norteamérica y está haciendo un esfuerzo para que los niños reciban educación sobre IA casi al mismo tiempo que aprenden a sumar y restar.

Nada de esto importaría si los miembros del grupo BAT no tuvieran un éxito tan arrasador y si no ganaran montañas de dinero. El BAT gana tanto dinero y el mercado chino es tan grande que las tribus chinas de IA tienen un poder tremendo, tanto en China como en el mundo en general. La comunidad internacional de la IA está prestando mucha atención a China debido a ese gran capital y a esas cifras, imposibles de pasar por alto o desestimar.

Facebook puede tener 2.000 millones de usuarios activos al mes, pero esos usuarios están distribuidos por todo el mundo. Los mil millones de usuarios activos de WeChat de Tencent se encuentran principalmente en un país. Baidu tenía 665 millones de usuarios de búsqueda en móviles en el 2017[36], más del doble del número estimado de usuarios de teléfonos móviles en los Estados Unidos[37]. Ese mismo año, Amazon tuvo su mejor temporada de compras navideñas. Para dar al lector un poco de contexto, entre el Día de Acción de Gracias y el siguiente ciberlunes, los clientes de Amazon hicieron compras de 140 millones de productos, lo que representa ventas de 6.590 millones de dólares[38]. Sin duda fue un récord para Amazon, pero la cifra no se compara con lo que hizo Alibaba en China en

---

35 Sam Rutherford, "5 Things to Know About Tencent, the Chinese Internet Giant That's Worth More than Facebook Now", *Gizmodo*, noviembre 27, 2017, https://gizmodo.com/5-things-to-know-about-tencent-the-chinese-internet-gi-1820767339.

36 Rebecca Fannin, "China Releases a Tech Dragon: The BAT", *Techonomy*, mayo 23, 2018, https://techonomy.com/2018/05/china-releases-tech-dragon-bat/.

37 "Mobile Fact Sheet", Pew Research Center, febrero 5, 2018, http://www.pewinternet.org/fact-sheet/mobile/.

38 Kaya Yurieff, "Amazon's Cyber Monday Was Its Biggest Sales Day Ever", *CNN Money*, noviembre 29, 2017, https://money.cnn.com/2017/11/29/technology/amazon-cyber-monday/index.html.

tan solo veinticuatro horas: ventas a 515 millones de clientes nada más en el 2017, y ese año, el Festival del Día de los Solteros, una especie de *black friday* unido a los premios Oscar, arrojó compras en línea por 25.000 millones dólares, provenientes de 812 millones de pedidos en *un solo día*[39]. China tiene el mercado digital más grande del mundo, sin importar cómo se lo mida: gastos por más de un billón de dólares al año, más de mil millones de personas en línea y 30.000 millones de dólares invertidos en operaciones de riesgo en las mayores empresas tecnológicas del mundo[40].

Los inversionistas chinos constituyeron entre el 7 y el 10 % de toda la financiación de *startups* de tecnología en los Estados Unidos entre el 2012 y el 2017, lo que representa una concentración significativa de la riqueza proveniente de una sola región[41]. En la actualidad, los miembros del grupo BAT están bien establecidos en Seattle y Silicon Valley, y operan desde oficinas satélite que incluyen espacios en la famosa Sand Hill Road, en Menlo Park. En los últimos cinco años, BAT ha realizado grandes inversiones en Tesla, Uber, Lyft, Magic Leap (un fabricante de auriculares y plataformas de realidad mixta) y mucho más. La inversión de capital proveniente del grupo BAT es atractiva no solo porque este se mueve rápidamente y tiene mucho efectivo, sino también porque un negocio con el grupo BAT suele ser una entrada lucrativa al mercado chino, que, de otro modo, podría ser imposible de penetrar. Por ejemplo, una pequeña *startup* de reconocimiento facial con sede en Kansas City, llamada Zoloz, fue adquirida por Alibaba por la suma de 100 millones de dólares en el 2016. Esta empresa se convirtió en un componente esencial del servicio de

39 Helen H. Wang, "Alibaba's Singles' Day by the Numbers: A Record $25 Billion Haul", *Forbes*, noviembre 12, 2017, https://www.forbes.com/sites/helenwang/2017/11/12/alibabas-singles-day-by-the-numbers-a-record-25-billion-haul/#45dcfea1db15.
40 Fannin, "China Releases a Tech Dragon".
41 Michael Brown y Pavneet Singh, *China's Technology Transfer Strategy* (Silicon Valley: Defense Innovation Unit Experimental, 2017), https://new.reorg-research.com/data/documents/20170928/59ccf7de70c2f.pdf.

pago Alipay y, de esta forma, se ha ganado el acceso a cientos de millones de usuarios, sin tener que cumplir las estrictas leyes de privacidad en Europa y sin tener que hacer frente a la amenaza potencial de demandas legales relacionadas con la privacidad en los Estados Unidos. Sin embargo, el precio que se debe pagar por esta inversión no es ninguna bagatela. Los inversionistas chinos no esperan solo los rendimientos de su inversión: también exigen propiedad intelectual.

En China, exigir propiedad intelectual como compensación por un capital invertido no es un capricho cultural ni un acto de codicia que les permitirá a los inversionistas avanzar. Forma parte de un esfuerzo gubernamental coordinado. China tiene una visión clara de su dominio global en un futuro cercano, en los campos económico, geopolítico y militar y ve en la IA el medio para lograr este objetivo. A fin de alcanzar esta meta, el control absoluto de la información es clave para los líderes estatales. Por ello, China se ha inclinado hacia un dominio autoritario del contenido y de los datos de los usuarios, así como una política industrial diseñada para transferir la propiedad intelectual de las empresas estadounidenses hacia sus homólogas chinas. Entre los ejemplos que podemos citar se incluyen conjuntos particulares de datos y algoritmos y el diseño de procesadores. Muchas empresas estadounidenses que desean hacer negocios en China deben comprometerse a entregar primero sus tecnologías patentadas. También se han implementado nuevas regulaciones que obligan a las empresas extranjeras a localizar sus actividades de investigación y desarrollo en China, así como a almacenar localmente toda la información utilizada. El almacenamiento local de datos es una exigencia difícil para las empresas extranjeras, porque el gobierno chino podría invocar su autoridad para revisar los datos y hacer caso omiso del cifrado en cualquier momento.

Beijing se toma en serio la planificación a largo plazo. Es una tradición que se remonta al presidente Mao, quien lanzó el primero de los planes quinquenales de China en 1953 (el presidente Xi lanzó el decimotercer plan quinquenal en el 2016)[42]. Tanto los líderes gubernamentales como los funcionarios del Partido Comunista son adeptos de la planeación estratégica, pues tienen el propósito de hacer de China uno de los pocos países del mundo que planifica y desarrolla una estrategia económica, política, militar y social integral que abarca muchas décadas hacia el futuro.

El gobierno chino cuenta con la capacidad única de implementar cualquier política que escoja y de hacer todo lo que sea necesario para implementar su estrategia nacional, incluido su plan 2030 para transformar a China en el "principal centro de innovación en IA del mundo", así como crear una industria por un valor de 150.000 millones de dólares para el 2030. Es muy poco probable que un nuevo gobierno revoque este plan, pues, en marzo del 2018, China abolió los límites fijos para los mandatos presidenciales, con lo cual le dio vía libre al presidente Xi Jinping para mantenerse en el poder de manera vitalicia.

Bajo la jefatura de Xi, en China se ha producido una impresionante consolidación del poder. El presidente fortaleció al Partido Comunista, reforzó el flujo de información e implementó nuevas políticas para acelerar la puesta en marcha de una enorme cantidad de planes a largo plazo, cuyos dividendos espera Xi empezar a recuperar en la próxima década. En los niveles más altos del gobierno chino, la IA ocupa un lugar privilegiado, y, a diferencia del exlíder del partido comunista chino Deng Xiaoping, cuya filosofía era "disimular nuestras habilidades y esperar con paciencia a que llegue el momento propicio", Xi está dispuesto a mostrarle al mundo lo

---

42 Para la totalidad del plan n.º 13, véase *People's Republic of China, 13th Five-Year Plan on National Economic and Social Development*, marzo 17, 2016. Traducción. http://www.gov.cn/xinwen/2016-03/17/content_5054992.htm.

que China puede hacer, y tiene la intención de marcarle el paso al planeta[43]. Los líderes chinos tienen la mirada puesta en el futuro y están ejecutando planes audaces y unificados desde ya. Eso basta para darle a China una ventaja descollante sobre Occidente y, lo que es más importante, le da un poder enorme al grupo BAT.

Todo ello está ocurriendo durante un período de fuerte crecimiento económico en China, cuya clase media está aumentando a una velocidad vertiginosa. Para el 2022, más de tres cuartas partes de la población urbana de China ganarán el dinero suficiente para formar parte de la clase media. En el 2000, solo el 4 % de la población de ese país asiático podía clasificarse como perteneciente a la clase media, lo que representa un crecimiento fenomenal en el crecimiento proyectado en un lapso corto. Es probable que los empleos mejor pagados en las áreas de tecnología, ciencias biológicas y servicios lleven a gran parte de este grupo a salir de sus rangos actuales y pasar a formar parte de una "clase media alta". Los hogares chinos tienen muy poca deuda. Aunque es cierto que hay pobreza en todo el país, la generación actual de niños chinos está bien posicionada para ganar más, ahorrar más y gastar más que la generación de sus padres[44]. (Como dato sorprendente, el 70 % de los estadounidenses se identifica como perteneciente a la clase media, pero los datos del Pew Research Center muestran que nuestra clase media ha disminuido en las últimas cuatro décadas[45]: menos de la mitad de los estadounidenses gana lo suficiente para entrar en esta categoría[46]).

---

43 J. P., "What Is China's Belt and Road Initiative?", *Economist*, mayo 15, 2017, https://www.economist.com/the-economist-explains/2017/05/14/what-is-chinas-belt-and-road-initiative.

44 Salvatore Babones, "China's Middle Class Is Pulling Up the Ladder Behind Itself", *Foreign Policy*, febrero 1, 2018, https://foreignpolicy .com/2018/02/01/chinas-middle-class-is-pulling-up-the-ladder-behind-itself/.

45 Pew Research Center, *The American Middle Class Is Losing Ground* (Washington, DC: Pew Research Center, December 2015), http://www.pewsocialtrends.org/2015/12/09/the-american-middle-class-is-losing-ground/.

46 Emmie Martin, "70% of Americans Consider Themselves Middle Class—But Only 50% Are", *CNBC*, junio 30, 2017, https://www.cnbc.com/2017/06/30/70-percent-of-americans

China es una poderosa fuerza económica imposible de ignorar. Marriott firmó un acuerdo para instalar 100.000 parlantes inteligentes de Alibaba en sus hoteles en China, pero cuando Beijing descubrió que la cadena hotelera había incluido a Hong Kong, Taiwán, Tíbet y Macao como países autónomos en un cuestionario enviado por correo electrónico a los miembros del club del programa de fidelidad, los ejecutivos de Marriott recibieron un aviso de retiro inmediato. El gobierno le exigió a Marriott cerrar todos sus sitios y aplicaciones web en chino, y la compañía cedió. Marriott, que se ha expandido en China para aprovechar el crecimiento de la clase media de este país, abrió recientemente más de 240 hoteles y *resorts* de lujo. El director ejecutivo de la compañía, Arne Sorenson, se vio obligado a publicar una disculpa sorprendente en el sitio web de la compañía:

Marriott International respeta y apoya la soberanía y la integridad territorial de China. Infortunadamente, hemos tenido incidentes dos veces esta semana que sugieren lo contrario: en primer lugar, al etiquetar incorrectamente ciertas áreas de China, incluido el Tíbet, en el menú desplegable de una encuesta que enviamos a nuestros miembros del club del programa de fidelidad; y, en segundo lugar, a causa de un inoportuno *like* que dio un socio a un *tweet* que sugería erróneamente que nosotros apoyamos esta posición. Nada más alejado de la verdad: no apoyamos a nadie que menoscabe la soberanía y la integridad territorial de China y no pretendemos alentar o incitar a tales grupos o personas. Reconocemos la seriedad de la situación y nos disculpamos sinceramente por ello.[47]

-consider-themselves-middle-class-but-only-50-percent-are.html.
47 Abha Bhattarai, "China Asked Marriott to Shut Down Its Website. The Company Complied", *Washington Post*, enero 18, 2018, https://www.washingtonpost.com/news/business/wp/2018/01/18/china-demanded-marriott-change-its-website-the-company-complied.

China también es una fuerza geopolítica que se ha vuelto demasiado poderosa para ser subvertida. El país está presionando a los gobiernos extranjeros con otro programa nacional de largo plazo conocido como la iniciativa Cinturón y Ruta de la Seda, una ambiciosa política exterior que está revitalizando la antigua Ruta de la Seda, que data de 2.000 años, para ponerla a funcionar en el siglo XXI. China gasta 150.000 millones de dólares al año en 68 países para mejorar la infraestructura de carreteras, ferrocarriles de alta velocidad, puentes y puertos. Esto le dificultará a cualquiera de esos países escapar a la influencia política y económica ejercida por Beijing, en un momento en que los Estados Unidos se han encerrado en sí mismos. Mientras el péndulo oscilaba entre la incertidumbre y la turbulencia dentro de la administración Trump, el presidente Xi establecía a China como un eje de estabilidad. Sin los Estados Unidos al mando, Xi comenzó a llenar el vacío en el liderazgo mundial.

Por ejemplo, durante su campaña, Donald Trump tuiteó repetidamente unas frases en las que negaba el cambio climático, y ventiló una extraña teoría de la conspiración según la cual este era un gran engaño perpetrado por los chinos, quienes simplemente querrían paralizar la economía estadounidense[48]. Desde luego que eso no es cierto. Durante la última década, China ha forjado alianzas destinadas reducir los desechos plásticos globales, virar hacia la energía verde y eliminar sus propios contaminantes industriales. A decir verdad, China no tenía otra opción: el hecho de haber sido, durante décadas, la fábrica y el basurero del mundo había provocado en China una contaminación extraordinariamente grave, muchas enfermedades y una esperanza de vida reducida. En el 2017, el gobierno anunció que China, que había comprado y procesado

---

48 Louis Jacobson, "Yes, Donald Trump Did Call Climate Change a Chinese Hoax", *PolitiFact*, junio 3, 2016, https://www.politifact.com/truth-o-meter/statements/2016/jun/03/hillary-clinton/yes-donald-trump -did-call-climate-change-chinese-h/.

106 millones de toneladas de basura estadounidense desde 1992, ya no seguiría importando la basura del mundo[49]. Dado que los Estados Unidos no han asumido una planificación a largo plazo, su plan alternativo era inexistente. En la actualidad no tenemos otro lugar donde enviar nuestra basura. Esto significa que China está obligando a otros países del mundo a dejar de usar productos que no se pueden reciclar. China se ha convertido rápidamente en el líder mundial en desarrollo sostenible y tiene el poder suficiente para fijar las reglas del juego.

En China, a la gente le encantan los *chengyu*, que son expresiones de cuatro caracteres para transmitir pensamientos de sabiduría. En este momento se me viene uno a la mente: 脱颖而出, que puede traducirse literalmente como "el grano brota y surge"[50]. En la actualidad, China le está mostrando al mundo su poder y su fuerza de manera muy pública.

La consolidación del poder de Xi, aunada al auge económico y el poder de China, ha creado las condiciones para el florecimiento de las tribus de IA, sobre todo a la luz del esfuerzo unificado, por iniciativa del gobierno, en todo el país. Se está construyendo un parque de investigación de 2.000 millones de dólares cerca de Beijing, que trabajará en el aprendizaje profundo, la computación en la nube y la biometría, y contará con un laboratorio de investigación y desarrollo a nivel estatal. El gobierno no solo está invirtiendo en el grupo BAT, sino que también lo está protegiendo frente a la competencia más poderosa del mundo. El gobierno chino ha prohibido la entrada de Google y Facebook, y le ha impedido a Amazon hacer una irrupción en el mercado. Las compañías del grupo BAT son la médula del plan gubernamental para el 2030, basado

---

49 Michael Greenstone, "Four Years After Declaring War on Pollution, China Is Winning", *New York Times*, marzo 12, 2018, https://www.nytimes.com/2018/03/12/upshot/china-pollution-environment-longer-lives.html.
50 Carl Gene Fordham, "20 Actually Useful Chengyu", *CarlGene.com* (blog), agosto 14, 2008, http://carlgene.com/blog/2010/07/20-actually-useful-chengyu.

principalmente en sus tecnologías: nos referimos a los sistemas de conducción autónomos de Baidu, el IoT y los sistemas minoristas conectados de Alibaba y el trabajo de Tencent en las interfaces de conversación y en el cuidado de la salud.

* * *

Por esa razón, las tribus de IA de China son motivo de preocupación, sin importar en qué lugar del mundo vivamos.

La economía china ha crecido rápidamente y el acelerado desarrollo de la IA fomentará el crecimiento de ese país. A fines del 2017, en una modelización y análisis que hicimos con mi equipo del Future Today Institute, demostramos que la IA puede impulsar la economía china en un 28 % para el año del 2035. La IA (impulsada por la gran cantidad de chinos y sus datos, la automatización generalizada, el aprendizaje automático, la autocorrección a gran escala y la mejora de la rentabilidad del capital) promoverá el crecimiento en la industria, la agricultura, los servicios de venta minorista, los servicios financieros y de tecnología financiera, el transporte, los servicios públicos, la atención médica y los medios de entretenimiento (incluidas las plataformas) de China.

En la actualidad, ningún país de la Tierra tiene tantos datos y tanta gente como China, además de tanta tecnología electrónica per cápita. Ningún país está posicionado para tener una economía más grande que la de los Estados Unidos en esta era. Ningún país tiene mayor potencial que China para influir en los ecosistemas, el clima y los patrones climáticos, lo cual puede llevarnos a la supervivencia o al desastre. Ningún país puede, como China, ser el puente entre los países desarrollados y los países en desarrollo.

Dada su calidad de poder comunista y poder económico, China es ahora un socio demasiado importante para ser ignorado, es un adversario político con puntos de vista radicalmente diferentes sobre los derechos humanos y es un fuerte interés para las alianzas globales. El aumento de la riqueza va de la mano con el poder. China se está posicionando como gran influenciador en la oferta mundial de dinero y en el comercio internacional. Esta situación necesariamente desplaza a otros países en su poder e influencia y, además, debilita los ideales democráticos en todo el mundo.

En segundo lugar, China aprovechará sus avances en materia de IA y de estímulo económico para modernizar sus fuerzas armadas, lo cual le dará una ventaja sobre los países occidentales. Esta transición ya ha comenzado, como parte de un programa nacional de vigilancia aerotransportada, conocido con el nombre de Dove. Más de treinta agencias militares y gubernamentales han lanzado "aves espía", que parecen pájaros blancos e imitan el aleteo de las aves reales. Los drones forman parte de un programa de fabricación de drones inspirados en patrones biológicos, diseñados para engañar a los radares y escapar a la detección humana[51]. Los drones pueden hacer filmaciones, mientras que un sistema de IA busca patrones, reconoce caras e identifica anomalías. Ahora bien, aunque las aves espía dan la sensación de ser algo atemorizante, en realidad son una preocupación menor.

A fines del 2017, un informe no publicado del Pentágono, obtenido por los reporteros de Reuters, advertía que las compañías chinas estaban evadiendo la vigilancia de los Estados Unidos y obteniendo acceso a tecnología sensible de IA, con potenciales aplicaciones en el campo militar, mediante la compra de acciones en empresas estadounidenses. El Ejército Popular de Liberación (EPL) de China invierte fuertemente en diversos proyectos y tecnologías

---

51 Stephen Chen, "China Takes Surveillance to New Heights with Flock of Robotic Doves, but Do They Come in Peace?", *South China Morning Post*, junio 24, 2018, https://www.scmp .com /news / china/society/article/2152027/china-takes-surveillance -new-heights-flock-robotic-doves-do-they.

relacionados con la IA, en tanto que los institutos de investigación del EPL colaboran con la industria de defensa china[52].

China no ha librado ninguna guerra física contra ningún país desde la guerra chino-vietnamita de 1979. Y no parece que China tenga serios opositores militares: no ha sufrido ataques terroristas, no tiene relaciones antagónicas con los sospechosos habituales (por ejemplo, Rusia o Corea del Norte) y no se ha enemistado con otras naciones. Entonces, ¿cuál sería la razón para fortalecer su poderío militar?

En el futuro, las guerras serán libradas en el ámbito de los códigos. No habrá combates cuerpo a cuerpo. Mediante el uso de técnicas de IA, un ejército puede "ganar" la guerra si desestabiliza una economía en lugar de destrozar los campos y los centros urbanos. Desde este punto de vista, y dado el avance unificado de China en materia de IA, el país asiático se encuentra en una situación peligrosamente más avanzada que Occidente.

En mi opinión, llegamos a esta conclusión demasiado tarde. En mis reuniones en el Pentágono con funcionarios del Departamento de Defensa, transcurrió mucho tiempo antes de que se comprendiera de manera generalizada cómo era la perspectiva futura de la guerra (código versus combate). Por ejemplo, en el 2017, el Departamento de Defensa creó un equipo multifuncional de guerra algorítmica para trabajar en el llamado Proyecto Maven, un sistema de visión por computador y de aprendizaje profundo que reconoce los objetos de forma autónoma, a partir de imágenes fijas y videos. Debido a que el equipo carecía de las capacidades de IA necesarias, el Departamento de Defensa contrató a Google para entrenar a los sistemas de IA en el análisis de filmaciones hechas con drones.

---

52 Phil Stewart, "China Racing for AI Military Edge over US: Report", *Reuters*, noviembre 27, 2017, https://www.reuters.com/article/us-usa-china-ai/china-racing-for-ai-military-edge-over-u-s-report-idUSKBN1DS0G5.

Sin embargo, nadie les dijo a los empleados de Google asignados al proyecto que irían a trabajar en un proyecto militar, lo que causó una importante reacción negativa. Cuatro mil empleados de Google firmaron una petición contra el Proyecto Maven. Luego, sacaron un anuncio de una página en el *New York Times* y, en último término, decenas de empleados renunciaron[53]. Finalmente, Google anunció que no renovaría su contrato con el Departamento de Defensa.

Amazon también fue criticada a causa de un contrato por 10.000 millones dólares suscrito con el Pentágono. En octubre del 2018, Tom Cole, legislador republicano de Oklahoma, y Steve Womack, legislador republicano de Arkansas, miembros del Comité de Asignación del Gasto Público de la Cámara de Representantes, acusaron al Departamento de Defensa de conspirar con Amazon para redactar el contrato de tal forma que ningún otro gigante de la tecnología pudiera cumplir los requerimientos. Y esa no fue la única queja. Hubo una pequeña oleada de descontento en Amazon: algunos trabajadores de Amazon se indignaron al saber que la compañía trabajaba con el Ejército de los Estados Unidos, mientras que a otros les disgustaba que la tecnología de reconocimiento facial de Amazon se utilizara para actividades policiales. En respuesta a estas inquietudes, Jeff Bezos anunció en una conferencia: "Si las grandes compañías tecnológicas le dan la espalda al Departamento de Defensa de los Estados Unidos, esta país se va a meter en graves problemas"[54].

Mientras que en los Estados Unidos los gigantes tecnológicos recorren un camino difícil entre la seguridad nacional y la transparencia total, las relaciones entre el grupo BAT y el gobierno chino son exactamente lo contrario. Veamos un ejemplo alarmante: la

---

53 Kate Conger, "Google Employees Resign in Protest Against Pentagon Contract", *Gizmodo*, mayo 14, 2018, https://gizmodo.com/google-employees-resign-in-protest-against-pentagon-con-1825729300.
54 Nitasha Tiku, "Amazon's Jeff Bezos Says Tech Companies Should Work with the Pentagon", *Wired*, octubre 15, 2018. https://www.wired.com/story/amazons-jeff-bezos-says-tech-companies-should-work-with-the-pentagon/.

posición actual del Ejército de los Estados Unidos es mantener siempre la presencia de un humano informado, independientemente del grado de perfección que lleguen a alcanzar la IA, los sistemas no tripulados y los robots. Esto impedirá que algún día cedamos, de manera letal, nuestra autoridad al *software*. No ocurre lo mismo en China[55]. El teniente general del EPL Liu Guozhi, quien encabeza la Comisión de Ciencia y Tecnología del Ejército Chino, advirtió: "Debemos [...] aprovechar la oportunidad para cambiar de paradigma"[56]. Esta era una forma indirecta de anunciar la intención de China de reconstruir su poderío militar.

En tercer lugar, si los beneficios económicos y militares no parecieran preocupantes, la opinión de China sobre la privacidad sí lo será. También aquí cabría preguntarse: ¿por qué habría de importarle eso, si usted no es ciudadano chino? Porque todo el tiempo están surgiendo gobiernos autoritarios que imitan al pie de la letra a los regímenes establecidos. Con el crecimiento del nacionalismo en todo el mundo, la forma como China utiliza la IA podría convertirse en un modelo para otros países en los próximos años. Esto podría desestabilizar los mercados, el comercio y el equilibrio geopolítico.

En lo que se considerará más tarde como uno de los más insidiosos y omnipresentes experimentos sociales sobre la humanidad, China está utilizando la IA en un esfuerzo por crear un pueblo obediente. El plan de IA para el 2030 del Consejo de Asuntos Estatales de China explica que la IA "elevará de manera significativa la capacidad y el nivel de gobernanza social", y contará con la IA para desempeñar "un papel primordial en el mantenimiento de

---

55 Stewart, "China Racing for AI Military Edge".
56 State Council, People's Republic of China, "China Issues Guideline on Artificial Intelligence Development", English.gov.cn, modificado por última vez en julio 20, 2017, http://english.gov.cn/policies/latest_releases/2017/07/20/content_281475742458322.htm.

la estabilidad social"[57]. Esto se está logrando a través del sistema nacional de Puntaje de Crédito Social de China, que, según la carta de fundación del Consejo de Asuntos Estatales, "les permite a las personas dignas de confianza moverse por donde quieran, y les dificulta a las personas desacreditadas dar un solo paso"[58]. La idea data de 1949, año en que el Partido Comunista se tomó el poder y comenzó a experimentar con diversos esquemas de control social. Durante el mandato de Mao Zedong, en la década de 1950, la vigilancia social se convirtió en la norma: se obligaba a los trabajadores a participar en grupos rurales comunales y se les asignaba un puntaje de acuerdo con su desempeño. Los individuos se vigilaban los unos a los otros, en tanto que los miembros de los grupos rurales y el puntaje recibido determinaban el nivel de acceso que la persona tenía a los bienes públicos. El sistema se vino abajo durante el gobierno de Mao, y colapsó de nuevo en la década de 1980, pues, como era de esperarse, los humanos no resultaron ser muy buenos jueces del otro, motivados como están por sus necesidades, inseguridades y sesgos individuales.

En 1995, el entonces presidente Jiang Zemin concibió un sistema de vigilancia social que sacaba partido de la tecnología. A mediados de la década del 2000, el gobierno chino trabajaba en la construcción e implementación de un sistema de puntaje que funcionaba automáticamente[59]. El gobierno se asoció con la Universidad de Beijing para establecer el Centro de Investigación de Crédito de China, con el fin de investigar cómo crear e implementar un sistema nacional de puntaje de crédito social basado en IA. Esto explica en parte la insistencia del actual presidente en la

57 State Council, People's Republic of China, "Key AI Guidelines Unveiled" English.gov.cn, modificado por última vez en diciembre 15, 2017, http://english.gov.cn/state_council/ministries/2017/12/15/content_281475977265006.htm.
58 Elsa B. Kania, "China's AI Giants Can't Say No to the Party", *Foreign Policy*, agosto 2, 2018, https://foreignpolicy.com/2018/08/02/chinas-ai-giants -cant-say-no-to-the-party/.
59 *Ibid.*

IA, pues esta no solo promete llevar a buen puerto la idea propuesta en los inicios del Partido Comunista, sino que, además, promete mantener al Partido Comunista en el poder.

En la ciudad de Rongcheng ya se ha demostrado, mediante un sistema algorítmico de puntaje de crédito social, que la IA sí funciona. A sus 740.000 ciudadanos adultos se les asignan 1.000 puntos a cada uno para comenzar y, dependiendo de su comportamiento, se van sumando o restando los puntos a que haya lugar. Llevar a cabo un "acto heroico" puede valerle al residente 30 puntos, en tanto que pasarse un semáforo en rojo implica una deducción automática de 5 puntos. Los ciudadanos son clasificados en diferentes categorías, que van desde *A+++* hasta *D*, y sus posibilidades y capacidad para moverse libremente en la ciudad dependen de su puntaje. La persona que se encuentre en el rango de la *C* tal vez deba pagar primero un depósito para alquilar una bicicleta pública, mientras que una persona ubicada en el grupo *A* puede alquilarla gratuitamente por noventa minutos. Pero no solo los individuos reciben puntajes: en Rongcheng también se mide el comportamiento de las *compañías*, y su capacidad para hacer negocios depende de su situación en la escala de puntajes[60].

Las calles y autopistas de Shanghái están llenas de micrófonos direccionales y cámaras inteligentes. Los conductores que usan la bocina de manera excesiva reciben una multa a través del WeChat de Tencent, y su nombre, fotografía y número de documento de identidad son publicados en vallas LED. Si un conductor se estaciona en una calle durante más de siete minutos, se activa automáticamente la emisión de una multa[61]. La sanción no se limita a una multa, pues el conductor pierde puntos de crédito social. Si se llega

---

60 *Ibid.*
61 John Pomfret, "China's New Surveillance State Puts Facebook's Privacy Problems in the Shade", *Washington Post*, marzo 27, 2018, https://www.washingtonpost.com/news/global-opinions/wp/2018/03/27/chinas-new-surveillance-state-puts-facebooks-privacy-problems-in-the-shade.

a perder un número suficiente de puntos, la persona tendrá dificultad para reservar tiquetes aéreos o encontrar un nuevo trabajo. En *Black Mirror* hubo un popular episodio donde se predecía un futuro distópico similar. En Shanghái, ese futuro ya llegó.

La vigilancia estatal es posible a través del grupo BAT, que recibe el respaldo de diversas políticas institucionales e industriales. El servicio Zhima Credit de Alibaba no ha revelado públicamente que forma parte del sistema nacional de crédito; sin embargo, ya está calculando la línea de crédito disponible de una persona sobre la base de cosas como qué compra una persona y quiénes son sus amigos en la red social de Alipay. En el 2015, el director de tecnología de Zhima Credit afirmó públicamente que comprar pañales se consideraría como un "comportamiento responsable", en tanto que jugar videojuegos durante un tiempo demasiado prolongado se contaría como un demérito[62].

Recordemos el tema que presentamos en la introducción, respecto a la nube policial de China, creada para monitorear y seguir a las personas con problemas de salud mental, a quienes han criticado públicamente al gobierno y a aquellos que pertenecen a una minoría étnica. El Programa Integrado de Operaciones Conjuntas utiliza la IA para detectar desviaciones respecto al patrón, tales como cruzar la calle por lugares diferentes al paso de peatones. Los puntajes de crédito social de China evalúan y clasifican a los ciudadanos sobre la base de su comportamiento, y los sistemas IA de toma de decisiones utilizan estos puntajes para determinar quién puede obtener un préstamo, quién puede viajar e incluso a qué escuela pueden ir sus hijos.

Robin Li, uno de los fundadores de Baidu, argumentó que, para los chinos, la privacidad no era un valor central como lo es en

---

62 Nicholas Wright, "How Artificial Intelligence Will Reshape the Global Order", *Foreign Affairs*, julio 10, 2018, https://www.foreignaffairs.com/articles/world/2018-07-10/how-artificial-intelligence -will-reshape-global-order.

Occidente. "Los chinos son más abiertos o menos sensibles en lo que respecta a la privacidad", afirmó Li en el Foro de Desarrollo de China, en Beijing. "Si los chinos pueden prescindir de la privacidad a cambio de conveniencia, seguridad y eficiencia, en muchos casos estarán dispuestos a hacerlo"[63]. O tal vez esa preferencia se explique por el deseo de evitar las repercusiones.

Yo diría que el puntaje de crédito social nacional de China no busca fortalecer al Partido Comunista ni obtener, de una manera complicada, una ventaja estratégica sobre quienes trabajan en la IA en Occidente. La intención es, más bien, ejercer un control total para moldear nuestra economía global. A principios del 2018, el presidente Xi le dijo a la agencia noticiosa estatal Xinhua: "Si nos ajustamos los cinturones y apretamos los dientes, construimos 'dos bombas y un satélite'", lo cual hacía referencia a un programa de armamento militar desarrollado en tiempos de Mao. "Eso se debe a que hemos hecho el mejor uso del sistema socialista. Hemos concentrado nuestros esfuerzos en hacer grandes cosas, y el siguiente paso es hacer lo mismo con la ciencia y la tecnología. Debemos dejar de lado las falsas esperanzas y confiar en nosotros mismos"[64].

Xi rechaza las nociones de economía de mercado, internet libre y un ecosistema diverso de ideas contrastantes y complementarias. La economía nacional china, estrechamente controlada, se aísla de la competencia: permite el uso de *splinternets* (un internet fragmentado por gobiernos controladores), donde las reglas de internet dependen de la ubicación física del usuario; está centralizando la vigilancia cibernética, restringiendo la libertad de expresión y afirmándose en todos los aspectos de la tercera era de la computación mediante el control regulatorio: la infraestructura del internet, el

63 Zhang Hongpei. "Many Netizens Take Issue with Baidu CEO's Comments on Data Privacy", *Global Times*, marzo 26, 2018, http://www.globaltimes.cn/content/1095288.shtml.
64 Raymond Zhong, "Chinese Tech Giant on Brink of Collapse in NewUS Cold War", *New York Times*, mayo 9, 2018, https://www.nytimes.com/2018/05/09/technology/zte-china-us-trade-war.html.

flujo global de datos y el *hardware* están cada vez más sujetos a la aprobación de Beijing. En un evento llevado a cabo en el 2016, Xi afirmó que el gobierno ahora tendría total discreción para determinar cómo protegería las redes, los dispositivos y los datos[65].

Para alcanzar este considerable nivel de control, pondrá de su lado a sus socios involucrados en la iniciativa Cinturón y Ruta de la Seda, ayudándolos con proyectos piloto de infraestructura y tecnología. Tanzania fue elegida como el socio piloto, y no por casualidad, pues ese país ha adoptado muchas de las políticas cibernéticas y de datos de China.

El gobierno de Tanzania ha recibido asistencia técnica de sus homólogos chinos, y un alto funcionario del país africano declaró: "Nuestros amigos chinos han logrado bloquear esos medios en su país y reemplazarlos con sitios locales, seguros, constructivos y populares"[66]. Lo mismo está sucediendo en otras partes de África.

Por su parte, Vietnam adoptó las estrictas leyes de ciberseguridad de China. En junio del 2018, India empezó a contemplar la posibilidad de adoptar una legislación que reflejara los requisitos de China para el almacenamiento de datos nacionales y la adquisición de tecnologías de ciberseguridad nacionales[67].

¿Qué ocurriría si China comienza a influir en sus socios de la iniciativa Cinturón y Ruta de la Seda de tal forma que uno de sus principales productos de exportación sea su sistema nacional de puntaje de crédito social? Es fácil ver cómo las autocracias del mundo, como Turquía y Ruanda, podrían convertirse en compradoras de la tecnología de vigilancia china. ¿Qué ocurriría con otros países, como Brasil y Austria, que han abierto la puerta al populismo y que, en el momento de la escritura de este libro, están

---

65 Samm Sacks, "Beijing Wants to Rewrite the Rules of the Internet", *Atlantic*, junio 19, 2018, https://www.theatlantic.com/international/archive/2018/06/zte-huawei-china-trump-trade-cyber/563033/.
66 *Ibid.*
67 *Ibid.*

dirigidos por líderes nacionalistas? ¿Qué sucedería si una agencia gubernamental *de su país* adopta un sistema de calificación de crédito social, un sistema que comienza a monitorearlo a usted sin su consentimiento expreso? ¿Llegaría usted a saber que fue objeto de evaluación según un puntaje, y que eso lo llevó a ser incluido en una lista de vigilancia?

¿Qué ocurrirá si las empresas extranjeras son evaluadas de modo similar y reciben un trato preferencial o si se les impide hacer negocios con China, o incluso entre ellas? Conforme vaya creciendo la economía china, ¿qué pasará si este poder e influencia se extienden a internet, a nuestros aparatos y dispositivos y a la propia IA?

¿Qué tal si China establece un sistema de calificación de crédito social para las personas que viven fuera de sus fronteras, utilizando datos extraídos en la web abierta y en las redes sociales occidentales? ¿Qué tal si China recoge todos los datos que usted deja por ahí en sus viajes a la Gran Muralla o a la Ciudad Prohibida? ¿Qué pasa con todas las operaciones de piratería sobre las que escuchamos hablar periódicamente, en las cuales las violaciones masivas a la seguridad de datos parecen provenir de redes basadas en China?

Hay otra razón por la que deberíamos preocuparnos en relación con los proyectos de China, y eso nos lleva de nuevo a pensar dónde se forman las tribus de IA: la educación. China está haciendo grandes esfuerzos para llevarse profesores e investigadores de centros de IA de Canadá y Estados Unidos y les ofrece jugosos incentivos económicos. Ya hay una escasez de científicos de datos calificados y especialistas en aprendizaje automático. Sonsacar a la gente pronto creará un vacío de talento en Occidente. Esta es, con mucho, la jugada a largo plazo más inteligente de China, porque le quita a Occidente la capacidad para competir en el futuro.

La fuente de talento humano de China consiste en atraer a los investigadores extranjeros: de hecho, es parte de su Plan de Mil Talentos. La rápida expansión del grupo BAT ha creado una demanda de trabajadores con talento, la mayoría de los cuales ha recibido su entrenamiento en los Estados Unidos y en la actualidad trabajan en universidades y empresas de este país.

El programa gubernamental chino está orientado a directores técnicos y académicos de carrera, a quienes se les hace una oferta tentadora, con incentivos financieros convincentes (tanto personales como para proyectos de investigación) y la oportunidad de entrar a participar en un entorno de investigación y desarrollo desprovisto de las restricciones reglamentarias y administrativas habituales en los Estados Unidos.

Hasta el momento, más de 7.000 personas han sido aceptadas en el programa y han recibido un bono del gobierno chino: un millón de yuanes (aproximadamente 151.000 dólares), un presupuesto inicial de investigación personal de 3 a 5 millones de yuanes (entre 467.000 y 778.000 dólares), subsidios de vivienda y educación, subsidios para comidas, beneficios de reubicación, ayuda a los cónyuges para encontrar un trabajo nuevo e, incluso, viajes con todo pagado hacia su país de origen[68]. Todos esos expatriados utilizan sus talentos para favorecer al grupo BAT.

Las tribus estadounidenses: la GMAFIA

Si la IA es la carrera espacial de China, ese país está actualmente posicionado para ganar y hacerlo en grande. En los últimos dos años, un tiempo en que la IA ha pasado hitos cruciales, la administración Trump ha hecho recortes presupuestales para la investigación científica y tecnológica básica, ha difundido información falsa sobre el impacto de la IA en nuestra fuerza laboral, ha maltratado a sus aliados estratégicos globales y ha impuesto aranceles excesivos a China.

---

68 "The Thousand Talents Plan: The Recruitment Program for Innovative Talents (Long Term)", Recruitment Program of Global Experts, http://1000plan.org/en/.

En un futuro no muy lejano nos daremos cuenta de que nuestros legisladores no han pensado en una estrategia integral de IA, ni en una estrategia para nuestro futuro a largo plazo. Lo que se ve en el panorama es el oportunismo y la búsqueda del éxito comercial. Tal vez las compañías estadounidenses de los nueve gigantes sean exitosas individualmente, pero no forman parte de un esfuerzo coordinado para reunir y centralizar el poder económico y militar en los Estados Unidos. Esto no quiere decir que deban o quieran aceptar ese plan.

El origen de los miembros estadounidenses del grupo de los nueve gigantes es una historia conocida, pero nos resultan menos familiares los cambios importantes que tendrán lugar en la relación entre los miembros estadounidenses de los nueve gigantes, los datos de las personas y los dispositivos que utilizan.

Los gigantes estadounidenses (Google, Microsoft, Amazon, Facebook, IBM y Apple) son inventivos, innovadores y, en gran parte, responsables de los avances más importantes en materia de IA. Funcionan como una mafia en el sentido más puro (pero no despectivo): es una superred cerrada de personas con intereses y educación afines, que trabajan en un campo que tiene una influencia decisiva en nuestro futuro.

En este momento particular de nuestra historia, Google es la compañía que mayor influencia tiene en el campo de la IA, en nuestras empresas, en nuestro gobierno y en nuestra vida cotidiana. En lo sucesivo, nos referiremos a esas compañías estadounidenses con el nombre de GMAFIA. No es sorprendente que hayan inspirado tanta imitación en China o que en gran parte se les haya impedido hacer negocios allá. Originalmente no eran empresas dedicadas a la IA, pero en los últimos tres años ambos cambiaron su centro de gravedad para enfocarse en la viabilidad comercial de la IA, gracias a la investigación y desarrollo, a cooperaciones comerciales y a nuevos productos y servicios.

En China, el gobierno ejerce el control sobre el grupo BAT. En los Estados Unidos, la GMAFIA ejerce un poder y una influencia considerables sobre el gobierno, en parte debido al sistema de economía de mercado de los Estados Unidos y a nuestra fuerte aversión cultural frente al estricto control gubernamental sobre las actividades comerciales.

Pero hay otra razón por la cual la GMAFIA es tan influyente: los legisladores de Washington no les han prestado la atención debida. Mientras Xi estaba consolidando su poder nacional y lanzando públicamente su plan de acción 2030 para dominar el panorama de la IA en todo el mundo, el asistente adjunto de Trump para política de tecnología, Michael Kratsios, dijo a un grupo de líderes de la industria reunidos en la Casa Blanca que la mejor manera de avanzar para los Estados Unidos era que Silicon Valley trazara su propio camino de manera independiente, sin la intervención del gobierno[69].

Existe un desequilibrio de poder porque el gobierno de los Estados Unidos no ha podido crear las redes, las bases de datos y la infraestructura que necesita para funcionar. Por lo tanto, necesita a la GMAFIA. Por ejemplo, se espera que el negocio de Amazon de computación en la nube para el gobierno alcance los 4.600 millones de dólares para el 2019, mientras que la compañía espacial privada de Jeff Bezos, Blue Origin, comenzará a apoyar a la NASA y al Pentágono en diversas misiones. En los Estados Unidos, el gobierno se basa en la GMAFIA y, como somos una economía de mercado, con leyes y regulaciones vigentes para proteger a las empresas, Silicon Valley tiene un apalancamiento significativo. Quiero ser lo más clara posible: no lamento el papel que desempeña la GMAFIA en su calidad como empresas exitosas y rentables. Tampoco considero

---

69 Tom Simonite, "The Trump Administration Plays Catch-Up on Artificial Intelligence", *Wired*, mayo 11, 2018, https://www.wired.com/story/trump-administration-plays-catch-up-artificial-intelligence/.

que ganar mucho dinero sea negativo de ninguna manera. No se debe restringir o regular a la GMAFIA en su búsqueda de rentabilidad, siempre y cuando no viole otras leyes.

Sin embargo, todas estas oportunidades tienen un costo. La GMAFIA tiene prisa por crear aplicaciones para la IA prácticas y comerciales en el menor tiempo posible. En el espacio digital, los inversionistas se han acostumbrado a las ganancias rápidas y a las ganancias excepcionales. Dropbox, una plataforma para compartir archivos, alcanzó los 10.000 millones de dólares tan solo seis años después de su lanzamiento. La firma de capital de riesgo Sequoia Capital, de Silicon Valley, tenía una participación del 20 % en Dropbox cuando esta compañía hizo su oferta pública inicial de acciones, lo cual hizo que sus acciones se cotizaran en 1.700 millones de dólares[70].

En Silicon Valley, las *startups* que valen más de mil millones de dólares se llaman "unicornios". Con una valuación de diez veces esa cifra, Dropbox es lo que se llama un *decacornio*. En 2018, había suficientes unicornios y *decacornios* para llenar un zoológico en Silicon Valley y muchos de ellos eran socios de la GMAFIA, incluidos SpaceX, Coinbase, Peloton, Credit Karma, Airbnb, Palantir y Uber. Con la llegada rápida de dinero, existe una creciente expectativa de que el producto o servicio comenzará a pagar la inversión hecha, ya sea a través de la adopción generalizada por parte del público, la adquisición o la moda.

El lector tiene una relación personal con GMAFIA, aunque no utilice sus productos conocidos. La teoría de los "seis grados de separación" es una forma matemática de explicar de qué manera todos estamos conectados: usted se encuentra a 1 grado de separación de cualquier persona que conozca y a 2 grados respecto a

---

70 Ari Levy, "Dropbox Is Going Public: Here's Who's Making Money" *CNBC*, febrero 23, 2018, https://www.cnbc.com/2018/02/23/dropbox-is-going-public-heres-whos-making-money.html.

quienes esas personas conocen, y así sucesivamente. Es increíble, pero son pocos los grados de separación que hay entre usted y la GMAFIA, incluso si está desconectado.

Dos terceras partes de los adultos de los Estados Unidos usan Facebook[71], y la mayoría de ellos usan la red social al menos una vez al día, lo que significa que incluso si usted no la usa, una persona cercana a usted sí lo hace. Hay, máximo, uno o dos grados de separación entre usted y Facebook, aun si nunca le dado un "me gusta" al mensaje de alguien e incluso si usted eliminó su cuenta. Cerca de la mitad de los hogares estadounidenses están suscritos a Amazon Prime, lo cual quiere decir que hay una separación de 1 a 3 grados entre usted y Amazon[72].

Si el lector ha visitado un consultorio médico en la última década, solo tiene 1 grado de separación con Microsoft e IBM. El 95 % de los estadounidenses tiene un teléfono inteligente[73], lo cual equivale a 1 grado de separación con Google y Apple.

El simple hecho de haber vivido en las últimas dos décadas hace que usted haya generado datos para la GMAFIA, incluso si no utiliza sus servicios y productos. Eso se debe a que hemos adquirido un número significativo de dispositivos y aparatos inteligentes que generan datos: teléfonos móviles, dispositivos GPS, altavoces inteligentes, televisores y videograbadoras conectados, cámaras de seguridad, rastreadores de ejercicios, monitores inalámbricos para jardines, equipos de gimnasio conectados y más. También se debe a que buena parte de nuestras comunicaciones, compras, trabajo y vida cotidiana ocurren en las plataformas de la GMAFIA.

---

71 John Gramlich, "5 Facts about Americans and Facebook", *Fact Tank* (blog), abril 10, 2018, http:// www.pewresearch.org/fact-tank/2018/04/10/5-facts-about-americans-and-facebook/.

72 Elizabeth Weise, "Amazon Prime Is Popular, but in Three-Quarters of All US Homes? That's Open to Debate", *USA Today*, octubre 20, 2017, https://www.usatoday.com/story/tech/2017/10/20/ amazon-prime -big-though-how-big-no-one-knows/784695001/.

73 "Mobile Fact Sheet", Pew Research Center.

En los Estados Unidos, los terceros pueden tener acceso a todos estos datos con fines comerciales o para hacer que los diferentes sistemas en los que confiamos sean más útiles. Usted puede hacer compras en muchos sitios web utilizando la tarjeta de crédito y la dirección que registró en Amazon. Puede conectarse a muchos sitios web utilizando sus credenciales de Facebook. La capacidad para utilizar la GMAFIA para otros servicios está relacionada con todos los datos que generamos, en forma de fotos, archivos de audio, videos, información biométrica, uso digital, etc. Todos nuestros datos se almacenan en la "nube", una palabra de moda que se refiere al *software* y los servicios que se encuentran en internet más que en su dispositivo personal. Y, como era de esperarse, son cuatro los principales proveedores de servicio en la nube: Google, Amazon, Microsoft e IBM.

Usted ha accedido directamente a la nube (por ejemplo, mediante la creación de documentos y hojas de cálculo compartidos de Google) e indirectamente (cuando su teléfono móvil se sincroniza automáticamente y hace copias de seguridad de las fotos que ha tomado). Si tiene un iPhone o un iPad, está utilizando la nube privada de Apple. Si ha entrado al sitio web Healthcare.gov en los Estados Unidos, ha usado la nube de Amazon. Si su hijo ha tenido una fiesta de cumpleaños con Build-A-Bear en un centro comercial, esta se coordinó utilizando la nube de Microsoft.

Durante la última década, la nube se ha vuelto omnipresente, tanto así que ni siquiera pensamos que sea particularmente interesante o tecnológicamente emocionante. Tan solo existe, como la electricidad y el agua corriente. Realmente solo pensamos en ello cuando no podemos tener acceso a ella.

Todos generamos datos y usamos la nube con una fe ciega en las tribus de IA y en los sistemas de negocios que han creado. En los Estados Unidos, nuestros datos son mucho más reveladores que el número de seguridad social que hemos aprendido a proteger con tanto celo. Con nuestro número de seguridad social, alguien puede abrir una cuenta bancaria o solicitar un préstamo para comprar un automóvil. Con los datos que una persona genera en la nube, GMAFIA teóricamente se puede saber si está secretamente embarazada, si sus empleados piensan que es incompetente o si está lidiando con una enfermedad terminal (y lo más probable es que la IA de la GMAFIA lo sepa mucho antes que usted). La visión de tipo divino que tiene la GMAFIA de nuestras vidas no es necesariamente algo malo. De hecho, son muchas las maneras en las que el uso de nuestros datos personales para el análisis puede permitirnos a todos vivir vidas más saludables y felices.

Con todo, aunque la nube de la GMAFIA y la IA suenan como algo muy poderoso, siguen teniendo algunas limitaciones: concretamente, el *hardware*. La arquitectura actual de la IA ha sido suficiente para crear productos con una IA estrecha, como el filtro de correo no deseado de Gmail o el servicio de transcripción "correo de voz visual" de Apple. Sin embargo, también se debe buscar una inteligencia artificial general (IAG), una apuesta a más largo plazo que ya es visible en el horizonte. Para eso se requiere un *hardware* de IA particular.

La razón por la que la IAG necesita un *hardware* particular tiene algo que ver con John von Neumann, el científico informático que mencioné anteriormente. Él desarrolló la teoría que sustenta la arquitectura de los computadores modernos. Recuerde el lector que en la época de von Neumann, los computadores funcionaban con programas y datos separados para su procesamiento: en su arquitectura, los programas informáticos y los datos se guardaban en la memoria de la máquina. Esta arquitectura todavía existe en nuestros computadores portátiles y computadores de escritorio, en los cuales los datos se mueven entre el procesador y la memoria. Si usted no tiene una cantidad suficiente de alguno de estos dos, la máquina comenzará a recalentarse o usted recibirá un mensaje de error (o la máquina simplemente se detendrá). Este es un problema conocido como "el cuello de botella de von Neumann". Sin importar qué tan rápido pueda operar el procesador, la memoria del programa y la memoria de datos producen el cuello de botella de von Neumann, que limita la tasa de transferencia de datos. Casi todos nuestros computadores actuales están basados en la arquitectura de von Neumann, y el problema es que los procesadores existentes no pueden ejecutar programas más rápido de lo que pueden recuperar las instrucciones y los datos en la memoria.

Este cuello de botella es un gran problema para la IA. En este preciso momento, cuando usted habla con Alexa o Google Home, su voz se graba, se analiza y luego se envía a la nube para obtener una respuesta (si tenemos en cuenta la distancia física entre usted y los diferentes centros de datos involucrados, es sorprendente que Alexa pueda responder en uno o dos segundos).

A medida que la IA participa cada vez más en nuestros dispositivos (en forma de teléfonos inteligentes equipados con sensores biométricos, cámaras de seguridad con reconocimiento facial, autos que se conducen a sí mismos o robots de precisión capaces de administrar medicamentos), un tiempo de tratamiento de uno o dos segundos puede producir un resultado catastrófico. Un automóvil autónomo no puede acceder a la nube para cada acción individual, pues una excesiva cantidad de sensores necesitarían alimentarse continuamente con datos para llevar a cabo el procesamiento.

La única solución es acercar la informática a la fuente de datos, lo que reducirá la latencia y, al mismo tiempo, ahorrará ancho de banda. Este nuevo tipo de arquitectura se denomina "computación de punta" y es la evolución inevitable del *hardware* de la IA y de la arquitectura de los sistemas. Para que la IA pueda pasar a las siguientes etapas de desarrollo, el *hardware* debe ponerse al día. En lugar de encontrarnos con la GMAFIA en la nube, donde todavía tenemos alguna capacidad para establecer permisos y configuraciones, pronto tendremos que invitarlos a estar en *todas* las máquinas que usamos.

Esto significa que, en la próxima década, el resto del ecosistema de IA convergerá en unos pocos sistemas de la GMAFIA. Todas las *startups* y los jugadores que están en la periferia —por no hablar de usted y de mí— tendrán que aceptar un nuevo orden y declarar lealtad a algunos proveedores comerciales que ahora actúan como sistemas operativos de nuestra vida cotidiana. Una vez que sus datos, aparatos, dispositivos, automóviles y servicios estén mutuamente imbricados, usted quedará atrapado. Conforme usted vaya comprando más cosas, como teléfonos móviles, refrigeradores conectados o auriculares inteligentes, descubrirá que la GMAFIA se ha convertido en un sistema operativo de su vida diaria. A la humanidad se le está haciendo una oferta que simplemente no puede rechazar.

Los cómputos del aprendizaje profundo requieren *hardware* especializado porque necesitan mucha potencia. Dado que estos cómputos favorecen la optimización sobre la precisión y consisten principalmente en operaciones de álgebra lineal densa, tiene sentido que una nueva arquitectura de redes neuronales conduzca a una mayor eficiencia y, más importante aún, mayor rapidez en el diseño y los procesos de despliegue. Cuanto más veloces sean los equipos de investigación para construir y probar modelos del mundo real, más cerca estarán de un uso práctico de la IA. Por ejemplo, entrenar a un complejo modelo de visión por computador toma actualmente semanas o meses, y el resultado final puede llevar a que se necesiten más ajustes, lo que implica comenzar de nuevo. Un mejor *hardware* significa que los modelos de entrenamiento pueden hacerse en horas o incluso en minutos, lo que podría conducir a avances semanales o incluso diarios.

Por esta razón, Google ha creado su propio semiconductor, conocido como Unidad de Procesamiento Tensorial (TPU, por sus iniciales en inglés). Estos chips pueden manejar su *framework* de aprendizaje profundo de IA, TensorFlow. En junio de 2018, TensorFlow fue la primera plataforma de aprendizaje profundo en GitHub, la plataforma en línea más grande del mundo donde los desarrolladores de *software* almacenan su código informático. Ha sido descargada más de diez millones de veces por desarrolladores que viven en 180 países. En el momento de redactar este libro, 24.500 depositarios estaban activos[74]. Además del *framework*, Google ha lanzado otros productos, como TensorFlow-GAN, una biblioteca para módulos de redes generativas antagónicas, y TensorFlow Object Detection API, que ayuda a los desarrolladores a crear modelos de aprendizaje automático más precisos para la visión por computador. Las TPU ya se utilizan en los centros de datos de Google: son el sustento de los modelos de aprendizaje profundo para cada consulta de Google Search.

No es en vano que Google haya intentado adquirir GitHub, que usan 28 millones de desarrolladores en todo el mundo y es una plataforma importante para los nueve gigantes. Sin embargo, en junio del 2018, Google perdió su apuesta frente a… Microsoft, nada menos[75].

Facebook se asoció con Intel para desarrollar un chip de IA para su investigación y desarrollo internos, el cual necesitaba para mejorar su eficiencia y acelerar sus experimentaciones. Apple ha desarrollado su propio chip de "motor neuronal" para usarlo en su iPhone X, en tanto que Microsoft desarrolló chips de IA para sus auriculares de realidad mixta HoloLens y la plataforma de computación en la nube Azure. El grupo BAT también está diseñando sus propios chips: en el 2017, Alibaba comenzó a reclutar personal en

74 https://github.com/tensorflow/tensorflow.
75 Microsoft News Center, "Microsoft to Acquire GitHub for $7.5 Billion", Microsoft.com, junio 4, 2018, https://news.microsoft.com/2018/06/04/microsoft-to-acquire-github-for-7-5-billion/.

Silicon Valley de "arquitectos para chips de IA"[76], y en el 2018 lanzó sus propios chips particulares (los Ali-NPU) que están disponibles para el uso de todo el mundo en su nube pública.

Ante la perspectiva de la necesidad de mejorar el rendimiento en el mediano plazo, IBM desarrolló su chip neuromórfico TrueNorth hace varios años, y ya está avanzando en la producción de un nuevo tipo de *hardware* para hacer que las redes neuronales sean cien veces más eficientes. Para dar un contexto al lector, digamos que esto sería como comparar un ábaco hecho de palos y piedras con la nave de *Star Trek*. Este nuevo chip utiliza dos tipos de sinapsis: una para memoria a largo plazo y otra para la computación a corto plazo.

Dicho de otro modo, estamos hablando del equivalente moderno de la antigua frase "¿eres una persona PC o Mac?", multiplicada por mil. La mayoría de estos chips funcionan en *frameworks* que los nueve gigantes clasifican en la categoría de "código abierto", lo cual significa que los desarrolladores pueden acceder, usar y mejorar los *frameworks* de forma gratuita.

No obstante, el *hardware* en sí mismo está patentado y es necesario pagar tarifas de suscripción para obtener los servicios. En la práctica, esto significa que una vez se construya una aplicación para un *framework*, será extremadamente difícil migrar a otro lugar. De esta manera, las tribus de IA están buscando nuevos miembros, y un rito de iniciación consiste en besar el anillo de un *framework* de la GMAFIA.

En su afán por comercializar la IA, la GMAFIA recluta desarrolladores de maneras creativas. En mayo del 2018, la plataforma de aprendizaje en línea de Google y Coursera lanzó una nueva especialización en aprendizaje automático. Sin embargo, para poder tomarla es necesario ser usuario de TensorFlow. El curso,

---

76 Jordan Novet, "Why Tech Companies Are Racing Each Other to Make Their Own Custom AI Chips", *CNBC*, abril 21, 2018, https://www.cnbc.com/2018/04/21/alibaba-joins-google-others-in-making-custom-ai-chips.html.

dividido en cinco partes, da derecho a la obtención de un certificado para quienes se gradúen, y se describe como una manera para que cualquiera pueda entrenarse en aprendizaje automático y en redes neuronales. Los estudiantes necesitan datos y *frameworks* del mundo real, así es que aprenden a usar el *framework* de Google.

El *hardware* forma parte de la estrategia en IA de la GMAFIA, que también está relacionada con el gobierno, de una manera diferente a la que hemos visto en China, pero igualmente preocupante, incluso para quienes no son ciudadanos estadounidenses. ¿La razón? Porque en los Estados Unidos, la IA sirve a tres amos: al Congreso, a Wall Street y a Silicon Valley. Las personas que verdaderamente redactan las políticas y regulan los debates están en el Congreso o son servidores públicos federales de carrera que tienden a permanecer en su cargo durante décadas. Ahora bien, aquellos que fijan la agenda de esta política —el presidente y los funcionarios de las principales agencias gubernamentales (por ejemplo, la Comisión Federal de Comunicaciones, el Departamento de Justicia, etc.)— rotan cada pocos años. No ha habido un objetivo o una dirección nacional claros para la IA.

Solo hasta hace poco se empezó a poner énfasis en China y en sus proyectos relacionados con la IA, principalmente porque el presidente Xi publicó su plan estratégico a largo plazo centrado en la IA y el uso de los datos. En los Estados Unidos, tenemos el llamado Comité de Inversión Extranjera de los Estados Unidos (o CFIUS, por sus iniciales en inglés). Es un grupo bipartidista liderado por el secretario del Tesoro y conformado por miembros de los departamentos del Tesoro, Justicia, Energía, Defensa, Comercio, Estado y Seguridad Nacional. Su tarea es revisar y estudiar los acuerdos comerciales que pueden poner en peligro la seguridad nacional.

El CFIUS fue el que impidió que Broadcom de Singapur adquiriera Qualcomm, un fabricante de chips con sede en San Diego. CFIUS también rechazó una oferta pública de adquisición de

MoneyGram con sede en Dallas por parte de Ant Financial, una compañía de pagos electrónicos cuya empresa matriz es Alibaba. En el momento de escribir este libro, CFIUS no estaba poniendo el énfasis en la IA, aunque hubo propuestas en el sentido de ampliar su alcance para limitar aún más la inversión china en las empresas estadounidenses.

Por otro lado, en Silicon Valley es habitual que los empleados salten de un empleo al otro, mientras que los líderes tribales de la IA tienden a ser más estables en sus posiciones, repartiendo su tiempo entre la GMAFIA y las universidades. En consecuencia, la IA sigue avanzando por sus rutas de desarrollo, mientras que el mantra tribal (*construye primero y pide perdón después*), se vuelve más y más fuerte.

Por ejemplo, durante años, Google escaneó e indexó libros con derechos de autor sin pedir primero la autorización, y la compañía tuvo que hacer frente a una demanda colectiva presentada por editores y autores. Google ha capturado imágenes de nuestros hogares y vecindarios y los ha hecho disponibles en Google Maps sin preguntarnos primero. (Se evita lo más posible que aparezcan personas, y sus caras se ven borrosas). Apple les quitó velocidad a sus viejos iPhones cuando salieron al mercado sus nuevos modelos, y luego se disculparon. Después del escándalo de Cambridge Analytica, Mark Zuckerberg, director ejecutivo de Facebook, publicó una disculpa general en su muro de Facebook: "A aquellos a quienes he lastimado este año, les pido disculpas; trataré de ser mejor. Por la forma en que mi trabajo ha sido usado para dividir a las personas en lugar de unirlas, les pido perdón".

Como resultado, la GMAFIA tiende a evolucionar rápidamente y a sacudones, hasta que sucede algo malo, y luego el gobierno interviene. Las políticas de datos de Facebook solo llamaron la atención de Washington cuando un exempleado de Cambridge Analytica lanzó la voz de alerta y explicó con qué facilidad se extrajeron y se compartieron nuestros datos. En el 2016, tras un tiroteo en San Bernardino, California, el gobierno federal intentó ordenar a Apple que creara una puerta trasera (*backdoor*) para tener acceso a los datos de un iPhone que pertenecía al terrorista. Las agencias gubernamentales y los cuerpos policiales afirmaron que era de interés público romper el cifrado del teléfono y transmitir datos privados, mientras que los defensores de la privacidad dijeron que esta acción era violatoria de las libertades civiles. La policía logró desbloquear el teléfono sin la ayuda de Apple, así que nunca supimos cuál de las dos partes tenía razón. En los Estados Unidos, valoramos nuestra privacidad, pero no tenemos leyes claras que se pronuncien sobre el manejo de nuestros datos en el siglo XXI.

En el verano de 2018, el personal de la oficina del senador Mark Warner (demócrata por el Estado de Virginia) publicó un documento en el que se describen varias propuestas para controlar a nuestros gigantes tecnológicos. Dichas propuestas iban desde la creación de una nueva legislación radical en la misma línea de las normas agresivas del Reglamento General de Protección de Datos (RGPD), en vigor en Europa, hasta una propuesta para designar plataformas web como fideicomisarias de información, que deberían seguir un código de conducta prescrito, de manera similar a lo que ocurre con los bufetes de abogados[77].

Unos meses más tarde, el director ejecutivo de Apple, Tim Cook, publicó en Twitter un largo documento sobre el futuro de la privacidad, los grandes gigantes de la tecnología y los Estados Unidos. El 24 de octubre escribió que las empresas deberían dar prioridad a la protección de la privacidad de los usuarios: "Las empresas deben reconocer que los datos pertenecen a los usuarios y nosotros debemos facilitarle a la gente la labor de obtener

---

77 Es posible acceder al documento completo en https://graphics.axios.com/pdf/PlatformPolicyPaper. pdf?_ga=2.167458877.2075880604.1541172609-1964512884.1536872317.

fácilmente una copia de sus datos personales, así como corregirlos y eliminarlos", y señaló: "Todo el mundo tiene derecho a la seguridad de sus datos"[78]. Al ver que la regulación se está convirtiendo en una posibilidad real en los Estados Unidos, Apple ha venido promoviendo sus servicios de protección de datos, así como los mecanismos de protección de la privacidad incorporados en sus sistemas operativos para móviles y computadores.

Estamos de acuerdo con el monitoreo constante a cambio de obtener unos servicios. Esto le permite a la GMAFIA generar ingresos para mejorar y expandir su oferta, ya sea para nosotros, clientes individuales, o para clientes empresariales, tales como negocios, universidades, organizaciones sin ánimo de lucro o agencias gubernamentales. Es un modelo de negocio basado en un capitalismo de vigilancia. Si somos absolutamente honestos, debemos decir que este sistema no nos molesta en los Estados Unidos, pues, de lo contrario, desde hace mucho tiempo habríamos dejado de utilizar servicios como Gmail, Microsoft Outlook y Facebook. Para funcionar correctamente, todos ellos deben tener acceso a nuestros datos, que se extraen, refinan y empaquetan. Supongo que el lector utiliza al menos uno de los productos o servicios ofrecidos por la GMAFIA. Yo uso docenas de ellos, y sé muy bien cuál es el precio que realmente pago por eso.

Lo que implica todo esto es que pronto no solo estaremos entregándoles a la GMAFIA nuestros datos, sino que a medida que pasemos de una IA estrecha a una IA más general, capaz de tomar decisiones complejas, estaremos invitando a estas empresas directamente a nuestros consultorios de medicina, refrigeradores, automóviles y clósets, así como a nuestras gafas, pulseras y auriculares conectados que pronto empezaremos a usar. Esto le permitirá a la GMAFIA automatizar tareas repetitivas, ayudarnos a tomar decisiones y gastar menos energía

---

78 Es posible acceder a los textos en https://twitter.com/tim_cook/status/1055035534769340418.

mental pensando de manera lenta. Habrá 0 grados de separación entre nosotros y la GMAFIA. Será imposible para los legisladores ejercer una autoridad real una vez que la totalidad de nuestra existencia esté íntimamente entrelazada con estas compañías. Ahora bien, a cambio de eso, ¿a qué estamos renunciando?

* * *

Los nueve gigantes, es decir, el grupo chino BAT (Baidu, Alibaba y Tencent) y la GMAFIA estadounidense (Google, Microsoft, Amazon, Facebook, IBM y Apple) están desarrollando las herramientas y construyendo el entorno que alimentarán el futuro de la IA. Pertenecen a la tribu de IA, que se forma en universidades donde se inculcan ideas y objetivos comunes, que se afianzan aún más cuando los graduados ingresan al mercado laboral. El campo de la IA no es estático. A medida que la IA estrecha se convierte en IA general, los nueve gigantes desarrollan nuevos tipos de sistemas de *hardware* y contratan a desarrolladores que quedan atrapados en sus *frameworks*.

El modelo consumista de la IA en los Estados Unidos no es intrínsecamente malo. Tampoco lo es el modelo centralizado del gobierno chino. La IA en sí misma no es necesariamente perjudicial para la sociedad. Sin embargo, las compañías de la GMAFIA están orientadas al lucro, se cotizan en bolsa y deben dar resultados en Wall Street, sin que importen las intenciones altruistas de sus directivos y empleados. En China, el grupo BAT se debe al gobierno chino, que ya ha decidido qué es lo mejor para el pueblo chino.

Lo que quiero saber, y la pregunta que tal vez usted debe hacerse también es: ¿qué es lo mejor para la humanidad? Conforme vaya evolucionando la IA, cabe preguntarse cómo se reflejarán las decisiones que tomemos hoy en las decisiones que las máquinas tomarán por nosotros en el futuro.

CAPÍTULO 3

Mil cortaduras hechas con papel: las consecuencias no buscadas de la inteligencia artificial

Primero creamos nuestros hábitos y luego los hábitos nos crean a nosotros.

John Dryden

Tú eres mi creador, pero yo soy tu amo.

Mary Shelley, *Frankenstein*

A pesar de todas las historias catastróficas que hemos visto y escuchado, en las cuales las inteligencias artificiales (IA) se despiertan de repente y deciden destruir a la humanidad, no habrá un evento singular en el que la tecnología se salga de control y se vuelva malvada. Lo que vamos a experimentar se parece, más bien, a una serie gradual de cortaduras como esas que nos hacemos con una hoja de papel. Si nos cortamos un dedo, el asunto es molesto, pero podemos seguir llevando la vida con normalidad. Ahora bien, no es que vayamos a morir si tenemos cortaduras de este tipo en todo el cuerpo, pero la vida se nos volverá muy dolorosa. Las actividades cotidianas, como ponernos los zapatos o los calcetines, comer tacos o bailar en la boda de una prima, dejarán de ser opciones posibles. Tendremos que aprender a vivir una vida diferente: una vida con restricciones, con dolorosas consecuencias.

Ya sabemos que la ética y la inclusión no son materias obligatorias en las universidades donde se forman las tribus de la IA, ni en los nueve gigantes, donde las tribus de la IA trabajan después de graduarse. Sabemos que el consumismo es el motor de la aceleración de los proyectos y la investigación en materia de IA dentro de la GMAFIA y sabemos, también, que el grupo BAT trabaja en un plan centralizado del gobierno chino.

Cada vez resulta más claro que prácticamente nadie (ni un ente regulador global —del tipo de la Agencia Internacional de Energía Atómica— o un grupo de facultades universitarias o, incluso, un grupo de investigadores) está planteando preguntas difíciles sobre la brecha que se está creando y cuyo efecto es contraponer nuestros valores humanos al considerable valor económico del plan de China para la dominación en materia de IA y a las metas comerciales de Silicon Valley.

Encontrar un equilibrio entre esos dos polos no fue una prioridad en el pasado, pues los nueve gigantes han sido grandes impulsores de la riqueza, han ofrecido productos y servicios maravillosos que a todos nos fascina usar y nos permiten sentirnos amos en nuestros propios ámbitos digitales. No nos hemos detenido a exigir respuestas relacionadas con los valores porque, de momento, nuestras vidas parecen mejores con la presencia de los nueve gigantes.

Sin embargo, ya tenemos en el cuerpo algunas cortaduras hechas con papel, producidas por las creencias y motivaciones de los creadores de la IA. Los nueve gigantes no se limitan a crear *hardware* y código. Construyen máquinas pensantes que reflejan los valores de la humanidad. En nuestros días existe una brecha entre las tribus de la IA y los ciudadanos comunes y corrientes, que ya está produciendo resultados alarmantes.

El algoritmo de los valores

¿Alguna vez se ha preguntado el lector por qué los sistemas de IA no son más transparentes? ¿Ha pensado cuáles son los conjuntos de datos que se utilizan, incluidos sus propios datos personales, para ayudar a la IA a aprender? ¿En qué circunstancias se le enseña a la IA a hacer excepciones? ¿Cómo hacen los creadores de estas para que haya un equilibrio entre la comercialización de la IA y los deseos humanos fundamentales como la privacidad, la seguridad, el sentido de pertenencia, la autoestima y la autorrealización? ¿Cuáles son los imperativos morales de la tribu de la IA? ¿Cuál es su sentido del bien y del mal? ¿Enseñan empatía a la IA? (y ya que estamos en eso: ¿el hecho de intentar enseñarle a la IA la empatía humana es una ambición útil o que valga la pena?).

Cada uno de los nueve gigantes ha adoptado oficialmente un conjunto de valores, pero estas declaraciones de valores no responden a las anteriores preguntas. Esos valores declarados son creencias muy arraigadas que unen, inspiran y animan a los empleados y a los accionistas. Los valores de una empresa actúan como un algoritmo, es decir, como un conjunto de reglas e instrucciones que influyen en la cultura corporativa y el estilo de liderazgo, además de desempeñar un papel importante en todas las decisiones tomadas, en lugares que van desde la sala de juntas hasta las líneas de código individuales. De modo similar, es notable la ausencia de ciertos valores declarados, porque su invisibilidad hace que se olviden con facilidad.

Originalmente, Google funcionaba bajo un simple valor fundamental: "No seas malo" ("Don't be evil")[1]. En su oferta pública

---

1 "'An Owners' Manual' for Google's Shareholders", *2004 Founders' IPO Letter*, Alphabet Investor Relations, https://abc.xyz/investor/founders-letters/2004/ipo-letter.html.

inicial de acciones del 2004, los fundadores —Sergey Brin y Larry Page— escribieron: "Eric [Schmidt], Sergey y yo tenemos la intención de administrar Google de manera diferente, aplicando los mismos valores de nuestra pequeña compañía privada en la compañía del futuro, que cotiza en bolsa [...]. Apuntaremos a una optimización en el largo plazo en lugar de intentar obtener ganancias regulares en cada trimestre. Daremos nuestro apoyo a proyectos seleccionados de alto riesgo y de altos beneficios, y administraremos nuestro portafolio de proyectos [...]. Seremos fieles a nuestro principio de no ser malos, manteniendo la confianza de los usuarios"[2].

Los "principios de liderazgo" de Amazon están bien imbricados en su estructura de gestión, y el núcleo de estos valores gira en torno a la confianza, las mediciones, la velocidad, la frugalidad y los resultados. Entre sus principios publicados se cuentan los siguientes:

- "Los líderes comienzan con el cliente y trabajan para él. El objetivo de su trabajo es ganar y mantener la confianza del cliente".
- "Los líderes tienen estándares muy altos", que las personas ajenas a la compañía pueden considerar como "exageradamente altos".
- "Muchas decisiones y acciones son reversibles y no requieren un estudio detallado. Valoramos la toma de riesgos calculada".
- "Hacer más con menos. No damos puntos adicionales por aumentar fuerza laboral, el tamaño del presupuesto o los gastos fijos"[3].

---

2 *Ibid.*
3 "Leadership Principles", Amazon, https://www.amazon.jobs/principles.

Facebook enumera cinco valores fundamentales, que incluyen "ser audaz", "enfocarse en el impacto", "moverse rápidamente", "estar abierto" respecto a lo que hace la empresa y "crear valor" para los usuarios[4].

Por otro lado, la "filosofía gerencial" de Tencent favorece "la supervisión y el estímulo de los empleados para que tengan éxito" sobre la base de "una actitud de confianza y respeto" y en la toma de decisiones que se inspira en la fórmula "Integridad + Proactividad + Colaboración + Innovación"[5].

Por su parte, en Alibaba el "interés constante por satisfacer las necesidades de nuestros clientes" es primordial, al igual que el trabajo en equipo y la integridad[6].

Si dibujáramos un diagrama de Venn de los valores y principios operativos de los nueve gigantes, veríamos que algunas de las áreas clave se traslapan. Todas estas compañías esperan que sus empleados y sus equipos busquen un mejoramiento profesional constante, que creen productos y servicios de los que no puedan prescindir los clientes y que les muestren resultados a los accionistas. Lo más importante de todo es que valoran la confianza. Esos valores no son excepcionales. De hecho, se parecen a los de la mayoría de las empresas estadounidenses.

Dado que la IA busca ejercer un gran impacto en toda la humanidad, los valores de los nueve gigantes deberían ser explícitamente detallados, y nosotros deberíamos exigirles muchísimo más a estas que a otras compañías.

Falta que se produzca una declaración fuerte en el sentido de que la humanidad debería ser el fundamento y el núcleo del desarrollo de la IA y que todos los esfuerzos futuros de esta deberían concentrarse en mejorar la condición humana. Esta idea se debe

---

4 "Focus on Impact", Facebook, septiembre 8, 2015, https://www.facebook.com/facebookcareers/photos/a.1655178611435493.1073741828.1633466236940064/1655179928102028/?type=3&theater.

5 "Core Values", Tencent, https://www.tencent.com/en-us/culture.html.

6 "Culture and Values", Alibaba Group, https://www.alibabagroup.com/en/about/culture.

expresar de manera explícita, y las palabras para hacerlo deben estar presentes en otros documentos de la compañía, en reuniones ejecutivas, en los equipos que trabajan en la IA y en reuniones de ventas y mercadeo. Entre los ejemplos de esos valores encontramos valores tecnológicos que van más allá de la innovación y la eficiencia, como la accesibilidad: millones de personas tienen capacidades diferentes o tienen dificultades para hablar, escuchar, ver, escribir, comprender y pensar. También están los valores económicos, como el poder de las plataformas para crecer y distribuir bienestar material, sin privar a los individuos o grupos de su derecho al voto. Igual ocurre con los valores sociales, como la integridad, la inclusión, la tolerancia y la curiosidad.

Mientras escribía este libro, el director ejecutivo de Google, Sundar Pichai, anunció que Google había escrito un nuevo conjunto de principios fundamentales que rigen el trabajo de la compañía en materia de IA. No obstante, estos principios se quedaron cortos, pues no definieron a la humanidad como el corazón del trabajo futuro de Google en materia de IA. El anuncio no formaba parte de una realineación estratégica de los valores fundamentales de la compañía. Fue, más bien, una medida reactiva en respuesta a una crisis interna relacionada con la debacle del Proyecto Maven, y a un incidente privado acaecido un poco antes. Un grupo de ingenieros informáticos de alto nivel descubrió que un proyecto en el que estaban trabajando (una medida de seguridad para sus servicios en la nube), estaba destinado a ayudar a Google a obtener contratos con el Ejército. Tanto Amazon como Microsoft habían obtenido certificados de alto nivel para una nube gubernamental físicamente aparte, lo que los autorizaba a mantener datos ultrasecretos. Google quería competir para obtener contratos lucrativos con el Departamento de Defensa, y cuando los ingenieros se enteraron, manifestaron su rechazo. Esta fue la rebelión que condujo a que el 5 % de los empleados de Google denunciara públicamente el caso Maven[7].

Así comenzó una ola de protestas que arrancó en serio en el 2018, cuando algunos miembros de la tribu de la IA se dieron cuenta de que su trabajo se utilizaba para una causa que no apoyaban, razón por la cual exigían un cambio. Habían dado por cierto que sus valores personales se veían reflejados en la compañía, y protestaron al ver que la realidad era otra. Esta es una ilustración de los intensos desafíos a los que debe hacer frente la GMAFIA cuando no cumple con unos estándares más altos que los que esperaríamos ver en otras compañías, cuyos productos no son tan monumentales.

Debido a estos hechos, no es de extrañar que una parte importante de la declaración de principios sobre la IA de Google hiciera una mención específica a las armas y el trabajo militar: Google no creará tecnologías bélicas cuyo objetivo principal sea hacer daño a las personas; no creará IA que viole los principios ampliamente aceptados del derecho internacional, etc. "Queremos dejar claro que, aunque no desarrollamos IA para uso bélico, continuaremos trabajando con los gobiernos y el Ejército", según declara el documento[8].

Google tiene el mérito de haber afirmado que los principios aspiran a ser normas concretas, en lugar de conceptos teóricos, y trata específicamente el problema de los sesgos injustos en los conjuntos de datos. Ahora bien, ninguna parte del documento menciona la transparencia en la forma en que la IA toma sus decisiones o cuáles conjuntos de datos se utilizan. En ningún punto se aborda el problema de las tribus homogéneas de Google que trabajan en

---

7 Mark Bergen, "Google Engineers Refused to Build Security Tool to Win Military Contracts", *Bloomberg*, junio 21, 2018, https://www.bloomberg.com/news/articles/2018-06-21/google-engineers-refused-to-build-security-tool-to-win-military-contracts.
8 Sundar Pichai, "AI at Google: Our Principles", *The Keyword* (blog), Google, junio 7, 2018, https://www.blog.google/technology/ai/ai -principles/.

IA. Ninguno de esos estándares concretos pone los intereses de la humanidad por delante de los de Wall Street.

El problema es la transparencia. Si el gobierno de los Estados Unidos no puede crear los sistemas necesarios para nuestra seguridad nacional, es de esperarse que contrate a una empresa que sí pueda hacerlo, y así ha ocurrido desde la Primera Guerra Mundial. Olvidamos con mucha facilidad que la paz es un objetivo en el que debemos trabajar constantemente y que un ejército bien preparado es lo que garantiza nuestra seguridad nacional. El Departamento de Defensa no está sediento de sangre, y no quiere armas superpoderosas con tecnología de IA para destruir pueblos remotos en el extranjero. El Ejército de los Estados Unidos tiene objetivos que van mucho más allá de matar a los villanos y de hacer estallar cosas. Este es un asunto que no han comprendido bien quienes trabajan en la GMAFIA y la razón es que no se ha hecho de manera adecuada el puente entre Washington y Silicon Valley.

A todos debería ponernos a pensar el hecho de que los nueve gigantes construyen sistemas que cuentan con la participación de la gente, y que los valores que expresan nuestras aspiraciones de mejorar la calidad de la vida humana no están codificados explícitamente. Si los valores tecnológicos, económicos y sociales no forman parte de la declaración de valores de una empresa, es poco probable que los mejores intereses de toda la humanidad sean una prioridad durante los procesos de investigación, diseño y despliegue.

Esta brecha de valores no siempre es evidente dentro de una organización, lo que representa un riesgo significativo tanto para la GMAFIA como para el grupo BAT, ya que aleja a los empleados de las posibles consecuencias negativas de su trabajo. Cuando los individuos y los equipos no son conscientes de la brecha de valor, no abordan los temas primordiales durante el proceso de desarrollo estratégico o durante la ejecución; cuando los productos se fabrican, se prueban para garantizar la calidad, se promocionan, se lanzan y se ofrecen en el mercado. Esto no quiere decir que las personas que trabajan en la IA carezcan de compasión, pero sí significa que no consideran como una prioridad nuestros valores humanistas fundamentales.

Y así terminamos con el cuerpo lleno de cortaduras hechas con papel.

La ley de Conway

La informática, al igual que todas las áreas de la tecnología, refleja las visiones de mundo y las experiencias del equipo que trabaja en la innovación. Lo mismo ocurre fuera del ámbito de la tecnología. Alejémonos por un instante del tema de la IA y veamos dos ejemplos aparentemente no relacionados sobre cómo una pequeña tribu de individuos puede ejercer un poder considerable en toda una población.

Si el lector tiene el cabello liso (ya sea grueso, delgado, largo o corto) su experiencia en una peluquería es radicalmente diferente a la mía. Sin importar si va a un salón de belleza local, a una peluquería de cadena en un centro comercial o a un salón de alta gama, lo que ocurre es que le lavan el pelo en un pequeño lavacabezas; luego, el peluquero o estilista usa un peine fino para alisar el cabello y cortarlo en líneas rectas y uniformes. Si el lector tiene mucho pelo, el estilista puede usar un cepillo y un secador, para peinar cada mechón hasta obtener la forma deseada: curva y voluminosa, o plana y suave. Si lleva el pelo corto, el peluquero utilizará un cepillo más pequeño y el tiempo de secado será más breve, pero el proceso será esencialmente el mismo.

Mi cabello es extremadamente rizado, de textura fina y muy abundante. Se enreda fácilmente y responde de manera impredecible a los factores ambientales. Dependiendo de la humedad del ambiente, de mi nivel de hidratación y de los productos que he usado últimamente, mi cabello puede enrollarse en rizos pequeños o puede ser un enredo total. En una peluquería típica, incluso en esas donde el lector nunca ha tenido problemas, el lavacabezas me causa complicaciones. La persona que me lava el pelo suele necesitar mucho más espacio, y algunas veces mis bucles se enredan accidentalmente en la manguera, lo que conlleva dolor y una complicación adicional. La única manera de peinarme normalmente ocurre cuando tengo el pelo mojado y totalmente untado de un acondicionador espeso (ni hablar del uso del cepillo). La fuerza de un secador de pelo normal haría que mis rizos se convirtieran en un nudo. En algunas peluquerías tienen un accesorio especial que reparte el aire de otro modo: se parece a un recipiente de plástico en el que sobresalen unas protuberancias con forma de jalapeño. Sin embargo, para usarlo correctamente, el estilista debe ponerse en cuclillas.

Alrededor del 15 % de las personas de raza caucásica tienen el pelo rizado. Si mezclamos esta franja con la población negra o afroamericana de los Estados Unidos, obtenemos 79 millones de personas. Eso quiere decir que aproximadamente una cuarta parte de la población estadounidense tiene problemas para cortarse el pelo, porque, en efecto, podemos deducir que las herramientas y los entornos relacionados con el cuidado del cabello fueron diseñados por personas con el pelo liso, que no priorizaron valores sociales tales como la empatía y la inclusión dentro de sus empresas[9].

El anterior ejemplo es relativamente insustancial. Ahora considere el lector una situación en la que las consecuencias son un poco más significativas que en el caso de las peluquerías. En abril del 2017, los agentes de embarque de un vuelo sobrevendido de United Airlines hicieron, en el Aeropuerto Internacional O'Hare, en Chicago, un llamado por altavoz para pedir a los pasajeros ceder

---

9 "QuickFacts", United States Census Bureau, consultado en julio 1, 2017, https://www.census.gov/quickfacts/fact/table/US/PST045217.

su puesto a unos empleados de la aerolínea, por una compensación de 400 dólares y una habitación gratis en un hotel cercano. Nadie aceptó la oferta. Los miembros de la aerolínea subieron la oferta a 800 dólares más la habitación del hotel, pero tampoco en esta ocasión obtuvieron el resultado esperado. Mientras tanto, los pasajeros prioritarios ya habían comenzado a abordar, incluidos los que habían reservado asientos en primera clase.

Un algoritmo y un sistema automatizado seleccionaron a cuatro personas, entre las cuales se encontraban el médico David Dao y su esposa, que también es médica. Él respondió a la aerolínea desde su asiento, explicando que tenía pacientes programados al día siguiente. Los otros dos pasajeros aceptaron bajarse, pero Dao se negó a irse. Los funcionarios de aviación en Chicago amenazaron a Dao diciéndole que podría ir a prisión si no se movía. Tal vez el lector sepa lo que ocurrió a continuación, porque el video que captó el incidente se hizo viral en Facebook, YouTube y Twitter, y luego se retransmitió durante varios días en las redes de noticias de todo el mundo. Los funcionarios que atendieron el incidente agarraron a Dao de los brazos y lo sacaron a la fuerza del asiento. Al hacerlo, lo golpearon con el reposabrazos, le quebraron las gafas y le rompieron la boca. Dao, con la cara cubierta de sangre, dejó de gritar cuando los funcionarios lo sacaron a rastras por el pasillo del avión de United. El incidente traumatizó a Dao y a otros pasajeros, lo que dio pie a un escándalo que se convirtió en una pesadilla de relaciones públicas para United. El asunto finalmente llegó hasta el Congreso. La pregunta que todo el mundo se hacía era: ¿cómo era posible que algo así sucediera en los Estados Unidos?

En casi todas las aerolíneas del mundo, incluida United, el procedimiento de embarque está automatizado. En Southwest Airlines, que no crea asignación de asientos, sino que les da a los pasajeros un grupo (A, B o C) y un número, toda esta clasificación se realiza mediante algoritmos. Los lugares prioritarios en la fila se asignan en función del precio pagado por el boleto, de la calidad de viajero frecuente del pasajero y de la fecha de compra del boleto. Otras aerolíneas que cuentan con asientos asignados previamente ubican a estos pasajeros en grupos prioritarios, que también se asignan mediante un algoritmo. Cuando llega el momento de subir al avión, los funcionarios de la puerta siguen una serie de instrucciones que se les presentan en una pantalla: se trata de un proceso diseñado para seguirse estrictamente y sin desviaciones.

Asistí a una reunión de la industria del transporte en Houston unas semanas después del incidente de United, y les pregunté a altos ejecutivos de tecnología qué papel podría haber jugado la IA. Mi hipótesis: la toma de decisiones algorítmicas dicta un conjunto de pasos predeterminados para resolver la situación, sin tener en cuenta el contexto. El sistema decidió que no había suficientes asientos, calculó el monto de la compensación que se ofrecería inicialmente y, en ausencia de una solución, recalculó la compensación. Cuando se presentó el caso de un pasajero que no aceptó esta situación, el sistema recomendó llamar a la seguridad del aeropuerto. Los miembros del personal involucrados obedecieron ciegamente las instrucciones de la pantalla, es decir, obedecieron ciegamente a un sistema de IA no planeado para ser flexible, ni para tener en cuenta las circunstancias o la empatía. Los gerentes técnicos, que no eran empleados de United, no negaron el verdadero problema: el día que sacaron a Dao del avión, el personal humano cedió su autoridad a un sistema de IA diseñado por un grupo relativamente pequeño de individuos que tal vez no pensó mucho en los posibles escenarios futuros en los cuales se usaría el sistema.

Las herramientas y los entornos en las peluquerías y en las plataformas con las que funciona la industria del transporte aéreo son ejemplos de lo que se conoce como la ley de Conway, según la cual, en ausencia de reglas y de instrucciones precisas, las escogencias que hacen los equipos tienden a reflejar los valores implícitos de su tribu.

En 1968, el programador de computadores y profesor de matemáticas y física Melvin Conway observó que los sistemas tienden a reflejar a las personas que los crearon y sus valores. Conway observó específicamente cómo las organizaciones se comunican internamente, pero estudios posteriores de Harvard y del MIT probaron su idea de una manera más amplia. Harvard Business School analizó diferentes bases de código, fijándose en el *software* diseñado para el mismo propósito, pero por diferentes tipos de equipos: aquellos que estaban estrechamente controlados y aquellos que eran más *ad hoc* y con código abierto[10].

Estas fueron sus principales conclusiones: las opciones de diseño provienen de la forma como están organizados los equipos y, dentro de estos equipos, los prejuicios y los sesgos tienden a pasarse por alto. El resultado es que una pequeña red de personas compuesta por equipos tiene un enorme poder una vez que el trabajo (ya se trate de un peine, un lavamanos o un algoritmo) empieza a ser usado por el público.

La ley de Conway se aplica a la IA. Desde el principio, cuando los primeros filósofos, matemáticos e inventores de autómatas debatieron sobre la mente y la máquina, no ha habido un conjunto único de instrucciones y reglas, ningún algoritmo de valor que describa la motivación y el propósito que ha de asignarles la humanidad a las máquinas pensantes. Ha habido una divergencia en el enfoque que se da a la investigación, a los *frameworks* y a las aplicaciones, y hoy existe una brecha entre las rutas de desarrollo de la IA en China y en Occidente. Por lo tanto, la ley de Conway sigue vigente, porque los valores de la tribu, sus creencias, actitudes

10 Alan MacCormack, John Rusnak y Carliss Baldwin, *Exploring the Duality Between Product and Organizational Architectures: A Test of the "Mirroring" Hypothesis*, HBS Working Paper n.º 08-039, (Boston: Harvard Business School, 2008), https://www.hbs.edu /faculty/Publication%20Files/08-039_1861e507-1dc1-4602-85b8 -90d71559d85b.pdf.

y comportamientos, así como sus sesgos cognitivos ocultos, están muy arraigados.

La ley de Conway es un punto ciego para los nueve gigantes, porque hay cierto carácter hereditario en la IA. Por ahora, *los humanos* siguen tomando decisiones en cada etapa del desarrollo de la IA. Sus ideas personales y la ideología de su tribu son las que se transmiten en el ecosistema de la IA, desde las bases de código y los algoritmos hasta los *frameworks*, el diseño de *hardware* y las redes. Si usted (o una persona cuyo idioma, sexo, raza, religión, política y cultura son iguales a los suyos) no se encuentra en la habitación donde están ocurriendo estas cosas, puede apostar a que cualquier cosa que se construya allí no reflejará a la persona que usted es. Este no es un fenómeno exclusivo del campo de la IA, porque la vida real no es una meritocracia. Las conexiones y las relaciones, sin importar cuál sea el sector, son las que conducen a la financiación, a los nombramientos, a las promociones y a la aceptación de ideas nuevas y audaces.

He visto de primera mano los efectos negativos de la ley de Conway en más de una ocasión. En julio del 2016, fui invitada a una mesa redonda sobre el futuro de la IA, la ética y la sociedad. El evento se llevó a cabo en el New York Yankees Steakhouse, un restaurante de carnes en Midtown Manhattan. Éramos veintitrés personas, sentadas en un espacio al estilo de una sala de juntas, y nuestro programa consistía en debatir y discutir algunos de los impactos sociales y económicos más apremiantes de la IA para la humanidad, con un enfoque particular en los temas de género, raza y sistemas de IA para el cuidado de la salud.

Sin embargo, las *mismas personas* sobre las que estábamos hablando no formaban parte de la lista de invitados. En la sala había dos personas de color y cuatro mujeres, dos de las cuales eran miembros de la organización que había montado el evento. Ni uno solo de los invitados tenía formación profesional o académica en ética, filosofía o economía del comportamiento. No fue una omisión intencional, según me dijeron los organizadores, y les creo. Sencillamente nadie se dio cuenta de que el comité había invitado a un grupo de expertos compuesto principalmente por hombres blancos.

Éramos los mismos de siempre, y nos conocíamos personalmente o debido a nuestra reputación. Conformábamos un grupo de investigadores líderes en ciencias de la computación y neurociencia, asesores de políticas para la Casa Blanca y altos ejecutivos del sector de la tecnología. Durante toda la noche, el grupo usó solo pronombres femeninos para hablar en general sobre todas las personas, un tic léxico de moda, especialmente en el sector de la tecnología y entre los periodistas que cubren el tema de tecnología.

Aquella noche no escribimos ningún código o política juntos. No estábamos probando ningún sistema de IA ni conceptualizando algún producto nuevo. Era una simple cena. Sin embargo, en los meses siguientes, vi que algunos hilos de nuestra conversación aparecían en artículos científicos, en resúmenes de políticas e incluso en conversaciones informales que sostuve con investigadores de los nueve gigantes. Mientras disfrutábamos de filetes y ensaladas, nuestra red cerrada de expertos en IA generó ideas matizadas sobre ética y la IA que se extendieron por toda la comunidad, ideas que no podían ser totalmente representativas de las personas a las que supuestamente debían representar. Montones de pedacitos de papel.

La celebración de reuniones, la publicación de artículos y el patrocinio de mesas redondas para discutir el problema de los desafíos tecnológicos, económicos y sociales en la IA no harán que las cosas cambien si no se adopta una visión más amplia y se lleva a cabo una concertación respecto a lo que debería ser nuestro futuro. Debemos resolver el problema de la ley de Conway y actuar con prontitud.

Nuestros valores personales influyen en las decisiones

En ausencia de valores humanistas codificados dentro del ámbito de los nueve gigantes, las experiencias y los ideales personales son la fuerza impulsora de la toma de decisiones. Esto es particularmente peligroso con respecto a la IA, ya que estudiantes, profesores, investigadores, empleados y gerentes toman millones de decisiones a diario, desde lo aparentemente insignificante (como cuál base de datos usar) hasta lo más profundo (quién debe morir si un vehículo autónomo va a chocar).

Es cierto que la IA se ha inspirado en nuestro cerebro, pero el ser humano y la IA toman decisiones y hacen escogencias de manera diferente. Daniel Kahneman, profesor de Princeton, y Amos Tversky, profesor de la Universidad Hebrea de Jerusalén, han pasado muchos años estudiando la mente humana y nuestra manera de tomar decisiones. Recientemente descubrieron que tenemos dos sistemas de pensamiento: uno que utiliza la lógica para analizar los problemas, y otro que es automático, rápido y casi imperceptible para nosotros.

Kahneman describe este sistema dual en su galardonado libro *Pensar rápido, pensar despacio*: los problemas difíciles requieren de nuestra atención y, por lo tanto, exigen mucha energía mental. Por esta razón, la mayoría de las personas no pueden resolver problemas aritméticos largos mientras caminan, porque incluso el acto de caminar requiere de esa parte del cerebro que consume energía. El otro sistema es el que tiene el control la mayor parte del tiempo. Nuestra mente rápida e intuitiva toma miles de decisiones de forma autónoma a lo largo del día y, aunque es más eficiente en su uso de la energía, está plagada de sesgos cognitivos que afectan nuestras emociones, creencias y opiniones.

Cometemos errores a causa del lado rápido de nuestro cerebro. Comemos demasiado, bebemos en exceso o tenemos relaciones sexuales sin protección. Ese lado del cerebro es el que nos lleva a caer en los estereotipos. Sin darnos cuenta de manera consciente, juzgamos a los demás sobre la base de una cantidad de datos notablemente limitada. Otra cosa que ocurre es que estas personas son invisibles para nosotros. El lado rápido nos hace susceptibles a lo que yo llamo la paradoja del presente: es algo que ocurre cuando damos por hecho automáticamente que nuestras circunstancias actuales no cambiarán ni pueden cambiar, incluso si tenemos frente a nosotros señales que apuntan a algo nuevo o diferente. Tal vez pensamos que tenemos el control total de nuestra toma de decisiones, pero una parte de nosotros está continuamente en piloto automático.

Los matemáticos afirman que es imposible tomar una "decisión perfecta" debido a los sistemas de complejidad y porque el futuro siempre está cambiando, incluso a escala molecular. No se puede predecir cada resultado posible, y si se tiene un número desconocido de variables, es imposible crear un modelo que pueda sopesar todas las respuestas posibles.

Hace algunas décadas, cuando los límites de la IA llegaban hasta el punto de poder superar a un humano en el juego de las damas, las variables de las decisiones eran simples. Hoy en día, pedirle a la IA que participe en un diagnóstico médico o que prediga el próximo colapso del mercado financiero requiere el involucramiento de datos y decisiones muchísimo más complejos. Ahora bien, nuestros sistemas están diseñados para la optimización. La optimización tiene como característica implícita la imprevisibilidad, es decir, tomar decisiones que se desvían de nuestro propio pensamiento humano.

Cuando AlphaGo Zero dejó de lado la estrategia humana y empezó a inventar la suya propia, no estaba eligiendo entre alternativas que existían previamente. Por el contrario, estaba haciendo la elección deliberada de intentar algo completamente diferente. Este último patrón de pensamiento es el que los investigadores en IA se han propuesto como meta, porque eso es lo que en teoría conducirá a grandes avances. Por eso, en lugar de entrenar a la IA para que tome decisiones absolutamente perfectas cada vez, se la entrena para optimizar determinados resultados. La pregunta es: ¿para quién y para qué estamos optimizando?

Para alcanzar el fin propuesto, ¿cómo funciona el proceso de optimización en tiempo real? La pregunta no es fácil de responder. Las tecnologías del aprendizaje profundo y el aprendizaje automático son más crípticas que los antiguos sistemas codificados a mano, porque los nuevos sistemas reúnen miles de neuronas simuladas, dispuestas en cientos de capas complejas e interconectadas. Cuando se envía el *input* inicial a las neuronas de la primera capa, se realiza un cálculo y se genera una nueva señal. Esta señal se transmite a la siguiente capa de neuronas y el proceso continúa hasta que se alcanza un objetivo. Todas estas capas interconectadas les permiten a los sistemas de IA reconocer y comprender los datos en una enorme cantidad de capas de abstracción. Por ejemplo, un sistema de reconocimiento de imágenes puede detectar en la primera capa que una imagen tiene colores y formas particulares, mientras que en las capas superiores puede discernir la textura y el brillo. La capa más alta determinaría que el alimento que aparece en una foto es cilantro y no perejil.

Veamos un ejemplo de cómo la optimización se convierte en un problema cuando los nueve gigantes usan nuestros datos para crear aplicaciones de la vida real que favorecen los intereses comerciales y gubernamentales. Un grupo de investigadores de la Ichan School of Medicine en Nueva York llevaron a cabo un experimento de aprendizaje profundo para ver si era posible entrenar al sistema para predecir el cáncer.

La facultad, ubicada en el Hospital Mount Sinai, había obtenido acceso a datos de 700.000 pacientes, y el conjunto de datos incluía cientos de variables diferentes. El sistema, llamado Deep Patient, se valía de técnicas avanzadas para identificar nuevos patrones en los datos que no tenían tanto sentido para los investigadores, pero que sirvió para detectar pacientes en las primeras etapas de muchas enfermedades, entre las cuales se contaba el cáncer de hígado.

Por una razón algo misteriosa, el sistema también podría predecir las señales de advertencia de trastornos psiquiátricos, como la esquizofrenia. No obstante, ni siquiera los investigadores que crearon el sistema sabían cómo tomaba las decisiones. Los investigadores desarrollaron una poderosa IA (que ofrecía beneficios tangibles desde el punto de vista de la salud pública y de los negocios), pero hasta ahora no han logrado entender cómo toma sus decisiones el sistema[11]. Deep Patient hacía algunas predicciones inteligentes, pero si no puede contar con una explicación, ¿en qué medida se sentiría cómodo un equipo médico en el momento de dar los pasos subsiguientes, tales como suspender o modificar un medicamento, administrar radioterapia, quimioterapia u operar?

Esta incapacidad para observar cómo hace la IA para llevar a cabo la optimización y la toma de decisiones es lo que se conoce como el "problema de la caja negra". Actualmente, los sistemas de IA creados por los nueve gigantes cuentan con código abierto, pero todos funcionan como cajas negras patentadas. Aunque es posible describir el proceso, no lo es tanto permitir que otros lo observen en tiempo real. Con todas estas neuronas y capas simuladas, no es tan fácil hacer ingeniería inversa para determinar qué sucedió exactamente y en qué orden.

Un equipo de investigadores de Google intentó desarrollar una nueva técnica para hacer que la IA sea más transparente. En esencia, los investigadores ejecutaron un algoritmo de aprendizaje profundo para reconocimiento de imágenes, con el fin de ver cómo el sistema reconocía ciertas cosas, como árboles, caracoles y cerdos. El proyecto, llamado Deep Dream, utilizaba una red creada por el Departamento de Ciencias Informáticas y el Laboratorio de IA del MIT y puso a correr inversamente el algoritmo de aprendizaje

---

11 Riccardo Miotto, Li Li, Brian A. Kidd, and Joel T. Dudley, "Deep Patient: An Unsupervised Representation to Predict the Future of Patients from the Electronic Health Records", *Scientific Reports*, mayo 17, 2016, https://www.nature.com/articles/srep26094.

profundo de Google. En lugar de entrenarlo para que reconozca objetos usando el método capa por capa (aprender que una rosa es una rosa y un narciso es un narciso), se lo entrenó para deformar las imágenes y generar objetos que no estaban allí. Se alimentó al sistema con estas imágenes distorsionadas una y otra vez, y Deep Dream descubría imágenes cada vez más extrañas.

En esencia, Google le pidió a la IA que soñara despierta. En lugar de entrenarlo para detectar objetos existentes, se entrenó al sistema para hacer algo que todos hacíamos cuando éramos niños: mirar las nubes, buscar patrones abstractos e imaginar lo que vemos. La diferencia es que Deep Dream funcionaba sin el estrés o la emoción humanos: lo que veía era un paisaje dantesco de esos que producen los viajes con ácido, con grotescos animales flotantes, coloridos fractales y edificios curvos y deformados de maneras extrañas[12].

Cuando la IA soñaba despierta, inventaba cosas nuevas que tenían sentido para el sistema, pero que habrían sido irreconocibles para nosotros, incluidas cosas como los animales híbridos: por ejemplo, un cerdo-caracol y un pez-perro[13]. El hecho de que la IA sueñe despierta no es motivo de preocupación. Sin embargo, pone de presente las vastas diferencias entre la manera como los humanos tejen un sentido a partir de los datos del mundo real y cómo lo hacen nuestros sistemas, actuando por su propia cuenta.

El equipo de investigación publicó sus hallazgos, aclamados por la comunidad de la IA dada su calidad de avances importantes en la IA observable. Cabe anotar que las imágenes eran tan impresionantes y extrañas que circularon ampliamente por internet.

---

12 Alexander Mordvintsev, Christopher Olah y Mike Tyka, "Inceptionism: Going Deeper into Neural Networks", Google AI (blog), junio 17, 2015, https://ai.googleblog.com/2015/06/inceptionism-going-deeper-into-neural.html.

13 "Inceptionism: Going Deeper into Neural Networks", Google Photos, diciembre 12, 2008–junio 17, 2015, https://photos.google.com/share/AF1QipPX0SCl7OzWilt9LnuQliat-tX4OUCj_8EP65_cTVnBmS1jnYgsGQAieQUc1VQWdgQ?key=aVBxWjhwSzg2RjJWLWRuV-FBBZEN1d205bUdEMnhB.

Algunas personas utilizaron el código Deep Dream para crear herramientas que le permitieran a cualquiera hacer sus propias fotos psicodélicas. Algunos diseñadores gráficos emprendedores incluso han usado Deep Dream para hacer tarjetas de felicitación extrañamente hermosas y ponerlas a la venta en Zazle.com.

Deep Dream permitió ver cómo algunos algoritmos procesan la información; sin embargo, este método no se puede aplicar a todos los sistemas de IA. La manera como funcionan los nuevos sistemas de IA y la razón por la que toman ciertas decisiones siguen siendo un misterio. Muchos miembros de la tribu de la IA argüirán que no puede hablarse de un problema de caja negra, pero lo cierto es que, hasta el día de hoy, esos sistemas siguen siendo opacos. Afirman, por el contrario, que volver transparentes los sistemas implicaría revelar algoritmos y procesos patentados. Este argumento tiene sentido, y no deberíamos esperar que una compañía que cotiza en bolsa ponga sus secretos de propiedad intelectual y sus secretos comerciales a disposición de todos, especialmente dada la postura agresiva adoptada por China con respecto a la IA.

Sin embargo, en ausencia de explicaciones pertinentes, ¿qué evidencia tenemos de que los sistemas no tienen sesgos en su interior? Sin saber la respuesta a esta pregunta, ¿cómo sentirse cómodo a la hora confiar en la IA?

No pedimos transparencia para la IA. Nos maravillan las máquinas que parecen imitar a los humanos, aunque realmente no lo hagan bien. Nos reímos de ellas cuando las vemos en los programas televisivos, porque nos recuerdan que, en último término, seguimos siendo superiores. Ahora bien, permítame preguntarle una vez más: ¿qué tal si estas desviaciones respecto al pensamiento humano son, en realidad, el inicio de algo nuevo?

Lo que sí sabemos es que las aplicaciones comerciales de IA están diseñadas para la optimización, pero no para la interrogación o la transparencia. Deep Dream fue diseñada para resolver el problema de la caja negra, para ayudar a los investigadores a comprender con qué nivel de complicación están tomando sus decisiones los sistemas de IA. Debería haber servido como una advertencia temprana de que la percepción de la IA no se parece en nada a la nuestra. No obstante, procedemos como si la IA siempre se fuera a comportar según lo previsto por sus creadores.

Las aplicaciones de IA creadas por los nueve gigantes ahora son de uso corriente y están diseñadas para ser fáciles de usar, lo que nos permite trabajar de manera más rápida y eficiente. Los usuarios finales (tales como los departamentos de policía, las agencias gubernamentales, las pequeñas y medianas empresas) simplemente quieren un tablero de comandos que lance una respuesta y una herramienta que automatice tareas cognitivas o administrativas repetitivas. Todos queremos, simplemente, que los computadores resuelvan nuestros problemas, y queremos trabajar menos. También queremos sentir menos culpa: si algo sale mal, sencillamente podemos señalar con el dedo al sistema informático. Este es el efecto de la optimización, cuyos resultados inesperados ya están afectando a los ciudadanos comunes y corrientes del mundo entero. De manera similar, este asunto debería hacernos plantear una pregunta inquietante: ¿cómo se están optimizando los miles de millones de diferencias y matices de la humanidad, en aspectos como la cultura, la política, la religión, la sexualidad y la moralidad? En ausencia de valores humanos codificados, ¿qué sucede cuando la IA se optimiza pensando en alguien que no se parece a usted?

Cuando la IA se porta mal

Latanya Sweeney es profesora de Harvard y exjefe técnica de la Comisión Federal de Comercio de los Estados Unidos. En el 2013, al buscar su nombre en Google, encontró un anuncio publicitario, lanzado automáticamente, que decía: "¿Latanya Sweeney, arrestada? 1) Ingrese el nombre y el Estado. 2) Acceda al documento completo de su historial. Comprobación al instante. www.instantcheckmate.com"[14].

Los diseñadores de este sistema, que utilizaron el aprendizaje automático para hacer coincidir las intenciones del usuario con la publicidad dirigida, introdujeron sesgos en el sistema. La IA en la que se basa Google AdSense determinó que "Latanya" era un nombre que identificaba a una persona de raza negra y que las personas con estos nombres aparecían con mayor frecuencia en las bases de datos policiales. Por lo tanto, era muy probable que el usuario estuviera buscando un archivo de arresto. Con la curiosidad espoleada por lo que acababa de ver, Sweeney quiso indagar y realizó una serie de estudios rigurosos para determinar si su experiencia era una anomalía o si había signos de racismo estructural en la publicidad en línea. Su intuición no era incorrecta.

Nadie en Google había diseñado este sistema para discriminar intencionalmente a los negros. Por el contrario, había sido creado para favorecer la velocidad y la escala. En la década de 1980, una empresa acudía a una agencia publicitaria, cuyo personal humano desarrollaba el contenido y negociaba los espacios en los periódicos. Este proceso estaba plagado de excepciones y conflictos en la fijación de precios, además de requerir el trabajo de muchas personas que esperaban un pago por este. Se eliminó a las personas y ahora les asignamos este trabajo a los algoritmos, que automatizan los procesos de ida y vuelta y dan mejores resultados que las personas. Eso funcionaba bien para todos, excepto para Sweeney.

Con la limitación del ámbito humano, el sistema de IA se entrenó utilizando un conjunto inicial de instrucciones proporcionadas por los programadores. Lo más probable es que el conjunto de datos incluyera muchas etiquetas, incluyendo género y raza.

---

14 Latanya Sweeney, "Discrimination in Online Ad Delivery", *ACM Queue* 11, n.º 3 (marzo 2013): 10, doi.org/10.1145/2460276.2460278.

Google gana dinero cuando los usuarios hacen clic en los anuncios, razón por la cual existe un interés comercial en optimizar la IA para obtener clics. Por este camino, tal vez alguien le enseñó al sistema a clasificar los nombres en diferentes compartimentos, lo que produjo bases de datos donde se segregaban los nombres que identificaban la raza. Estas bases de datos específicas combinadas con el comportamiento de usuarios individuales optimizarían la tasa de clics. Hay que decir que Google resolvió el problema de inmediato, sin dudarlo ni cuestionarlo.

El efecto de la optimización ha resultado ser un problema para las empresas y organizaciones que ven la IA como una buena solución a problemas comunes, como los recortes administrativos y la acumulación de trabajo. Esto es particularmente cierto en el área de los asuntos policiales y los tribunales, que utilizan la IA para automatizar algunas decisiones, incluida la formulación de las sentencias[15].

En el 2014, dos chicas de dieciocho años vieron una patineta y una bicicleta en una calle de su suburbio en Fort Lauderdale. Aunque los aparatos eran para niños, las chicas se montaron en ellos y comenzaron a avanzar erráticamente por la calle antes de decidir que eran demasiado pequeños. En el mismo momento en que las chicas estaban dejando a un lado la patineta y la bicicleta, una mujer que venía corriendo detrás de ellas gritó: "¡Esos juguetes son de mi hijo!". Al ver la escena, un vecino llamó a la policía, que atrapó a las chicas y las arrestó. Luego, las dos fueron acusadas de robo. El valor en el mercado de la bicicleta y la patineta era de, aproximadamente, 80 dólares. El verano anterior, un delincuente de 41 años de edad fue arrestado en un Home Depot cercano por un robo de herramientas avaluadas en 86 dólares, lo cual se sumaba

---

15 Ali Winston, "Palantir Has Secretly Been Using New Orleans to Test Its Predictive Policing Technology", *Verge*, febrero 27, 2018, https://www.theverge.com/2018/2/27/17054740/palantir-predictive-policing-tool-new-orleans-nopd.

a su historial anterior de robo a mano armada, intento de robo y tiempo en prisión.

La agencia de noticias investigativas ProPublica lanzó una serie particularmente poderosa que detalla lo sucedido a continuación. Los tres personajes mencionados fueron enviados a prisión usando un programa de IA que automáticamente les asigna una puntuación, relacionada con la probabilidad de que cada uno cometa un delito en el futuro. Las chicas, que eran negras, fueron clasificadas dentro de la categoría de alto riesgo. El delincuente exconvicto de 41 años, que había sido arrestado varias veces —y que era blanco—, fue calificado con el nivel de riesgo más bajo. El sistema estaba errado. Las chicas se disculparon, se fueron a su casa y nunca volvieron a ser acusadas de nuevos delitos. El hombre blanco, por su parte, cumple actualmente una condena de ocho años de prisión por otro delito: entrar a un depósito y robar miles de dólares en productos electrónicos[16].

ProPublica analizó los puntajes de riesgo atribuidos a más de 7.000 personas arrestadas en Florida para ver si se trataba de una anomalía, y, nuevamente, encontró un sesgo significativo en los algoritmos, que tenían el doble de probabilidades de señalar incorrectamente a los acusados negros como futuros criminales, mientras que erróneamente consideraban a los acusados blancos como de bajo riesgo.

El efecto de optimización a veces hace que las tribus de individuos brillantes en IA que la componen tomen decisiones estúpidas. Recordemos el caso de DeepMind, que construyó los sistemas AlphaGo y AlphaGo Zero y sorprendió a la comunidad de la IA con su dominio en los partidos de *go* a nivel de gran maestro. Antes de la adquisición de la compañía por parte de Google, esta envió

---

16 Julia Angwin, Jeff Larson, Surya Mattu, and Lauren Kirchner, "Machine Bias", *ProPublica*, mayo 23, 2016, https://www.propublica.org/article/machine-bias-risk-assessments-in-criminal-sentencing.

a Londres a Geoff Hinton (profesor de la Universidad de Toronto, especializado en aprendizaje profundo) y a Jeff Dean, jefe de Google Brain. Los dos viajaron en un avión privado para conocer a otros miembros de la red, con doctorados en IA. Impresionados por la tecnología y el notable equipo de DeepMind, le recomendaron a Google hacer la adquisición. En ese momento, fue una gran inversión: Google pagó cerca de 600 millones de dólares por DeepMind, en la modalidad de 400 millones por adelantado y los 200 millones restantes pagaderos en un período de cinco años.

En los meses posteriores a la adquisición, quedó perfectamente claro que el equipo de DeepMind estaba avanzando en la investigación sobre IA, pero no había igual claridad en la manera como recuperarían la inversión. En Google, se suponía que DeepMind trabajaría en IA general, y que el trabajo implicaría un proceso a muy largo plazo. En poco tiempo, el entusiasmo por lo que DeepMind podría lograr algún día se fue diluyendo y los esfuerzos se concentraron en la obtención de rendimientos financieros más inmediatos con otros proyectos de investigación. Conforme se acercaba el quinto aniversario de la adquisición de DeepMind, Google veía con preocupación el fin del plazo para pagar a los accionistas de la compañía y a sus 75 empleados originales la suma pactada en función del rendimiento. Al parecer, la atención en salud era uno de los sectores en los que la tecnología de DeepMind podía usarse con fines comerciales[17].

Así las cosas, en el 2017, para apaciguar los ánimos de la empresa matriz, parte del equipo de DeepMind firmó un acuerdo con Royal Free NHS Foundation Trust, que administra varios hospitales en el Reino Unido, con el fin de desarrollar una aplicación integral para gestionar la asistencia sanitaria. El producto inicial usaría la

---

17 Kevin McLaughlin y Jessica E. Lessin, "Deep Confusion: Tensions Lingered Within Google Over DeepMind", *Information*, abril 19, 2018, https://www.theinformation.com/articles/deep-confusion-tensions-lingered-within-google-over-deepmind.

IA de DeepMind para alertar a los médicos si los pacientes estaban en riesgo de padecer daño renal agudo. DeepMind podía tener acceso a los datos personales e historias clínicas de 1,6 millones de pacientes de hospitales en el Reino Unido, a quienes no se les pidió consentimiento ni se les explicó exactamente cómo se usarían sus datos. Se transmitió una gran cantidad de datos de pacientes a DeepMind, incluidos detalles sobre abortos, uso de drogas y resultados positivos de VIH[18].

Tanto Google como el Trust recibieron una reprimenda por parte de la Information Commissioner's Office, que es el organismo de control del gobierno del Reino Unido para la protección de los datos. En la prisa por optimizar DeepMind para obtener aplicaciones generadoras de ingresos, se emprendieron acciones que llevaron al cofundador Mustafa Suleyman a escribir lo siguiente en una actualización de su blog:

> En nuestro impulso por cumplir el propósito de lograr un impacto rápido con este trabajo que comenzó en el 2015, subestimamos la complejidad de las normas del NHS y de las regulaciones en torno a los datos de los pacientes, así como los temores potenciales relacionados con una empresa de alta tecnología muy conocida trabajando en el sector de la salud.
>
> Nos centramos casi por completo en la creación de unas herramientas que las enfermeras y los médicos querían tener, y consideramos que nuestro trabajo era crear una tecnología para los profesionales del área clínica, en lugar de producir una tecnología moldeada por los pacientes, el público y el NHS como un todo. Nos equivocamos y debemos hacerlo mejor.[19]

---

18 James Vincent, "Google's DeepMind and UK Hospitals Made Illegal Deal for Health Data, Says Watchdog", *Verge*, julio 3, 2017, https://www.theverge.com/2017/7/3/15900670/google-deepmind-royal-free-2015-data-deal-ico-ruling-illegal.
19 Mustafa Suleyman y Dominic King, "The Information Commissioner, the Royal Free, and What We've Learned", DeepMind (blog), julio 3, 2017, https://deepmind.com/blog/ico-royal-free/.

El problema no estaba en que los fundadores de DeepMind estuvieran enriqueciéndose rápidamente o que buscaran beneficios indebidos. La presión por sacar productos al mercado era tremenda. Nuestras expectativas relacionadas con la obtención de ganancias significativas son una fuente de distracción para los encargados de llevar a cabo la investigación y probarla en un lapso razonable.

Estamos acelerando un proceso que no puede seguirles el ritmo a las promesas deslumbrantes que se hacen fuera de las trincheras de la IA, que es donde se trabaja verdaderamente. Dadas estas condiciones, ¿cómo puede el equipo de DeepMind en verdad mejorar cuando se le pide que produzca una optimización pensando en el mercado? Por otra parte, se debe tomar en consideración que DeepMind se está integrando más con otros productos de Google, entre los que se incluyen una iniciativa de atención médica diferente en el Reino Unido, su servicio en la nube y un sistema sintético de voz llamado WaveNet. Todos son parte de un esfuerzo para lograr que DeepMind sea rentable.

El efecto de optimización causa problemas técnicos dentro de los sistemas de IA. Debido a que el objetivo no es la perfección absoluta, los sistemas de IA a veces toman decisiones basadas en lo que parecen ser "problemas técnicos en el sistema". En la primavera del 2018, una residente de Portland llamada Danielle y su esposo estaban sentados en su casa, que en buena parte funcionaba con sistemas automatizados proporcionados por Amazon, gracias a aparatos que lo controlaban todo, desde la seguridad hasta la calefacción y la luz. En un momento dado, sonó el teléfono y en el otro lado de la línea una voz familiar —un colega del esposo de Danielle— les dio un mensaje inquietante. Acababa de recibir unos archivos de audio con grabaciones de las conversaciones familiares que habían tenido lugar en la casa. Sin poder creerlo, Danielle pensó en un primer momento que el hombre estaba bromeando, pero cuando este repitió el contenido de una conversación que habían tenido sobre unos pisos de madera, ya no quedó espacio para la duda.

Contrariamente a lo que afirmaron los medios y las teorías de conspiración que circularon en las redes sociales, Amazon no registró intencionalmente todo lo que se dijo en la casa de Danielle. Fue un problema técnico. Amazon explicó después que el dispositivo Echo de Danielle se había puesto en funcionamiento debido a una palabra en la conversación que sonó parecido a "Alexa", pero que no era *exactamente* "Alexa". El problema se había originado a partir de una imperfección intencional: no todos dicen "Alexa" exactamente con las mismas entonaciones y acentos, y, por eso, para que el sistema funcione, debía considerar las diferencias.

Luego, la IA detectó algo que sonaba más o menos como "enviar un mensaje" y preguntó: "¿a quién?", pero Danielle y su esposo no escucharon eso. El sistema interpretó la conversación de fondo como el nombre del colega, repitió el nombre y repitió en voz alta "¿Correcto?". Luego, nuevamente, a partir del ruido de fondo hizo una inferencia errónea. Momentos después, se envió un archivo de audio al otro lado del país. Amazon afirmó que el incidente fue el resultado de una serie de eventos desafortunados, y sin duda así fue. Sin embargo, la razón por la que apareció el problema técnico —la imperfección— era producto de la optimización.

El efecto de optimización significa que la IA se comportará de maneras impredecibles (y ese es uno de los objetivos de los investigadores), pero el uso de datos reales puede conducir a resultados desastrosos. Esto pone de presente nuestras propias debilidades humanas.

Microsoft, uno de los miembros más antiguos de los nueve gigantes, aprendió a los golpes lo que sucede cuando se pone el valor económico de la IA por encima de los valores tecnológicos y sociales.

En el 2016, la compañía aún no había articulado una visión única de la IA ni había pensado cómo tendría que evolucionar Microsoft. Ya llevaba dos años de retraso respecto a Amazon, que había lanzado su popular altavoz inteligente y estaba llevando a sus filas a montones de desarrolladores y socios. Google estaba avanzando en tecnologías de IA, que se usaban en productos competidores, como los buscadores, el correo electrónico y los calendarios. La asistente Siri, de Apple, estaba presente en todos los iPhones. Microsoft había lanzado su propio asistente digital a principios del mismo año (su nombre era Cortana), pero el sistema no había gustado mucho entre los usuarios de Windows. Por mucho que Microsoft fuera la capa de productividad indispensable, aunque invisible, de la que ninguna empresa podría prescindir, los ejecutivos y los accionistas estaban nerviosos.

No es que la IA hubiera tomado por sorpresa a Microsoft. De hecho, la compañía había venido trabajando durante más de una década en varios frentes: visión por computador, procesamiento del lenguaje natural, comprensión de lectura automática, aplicaciones de la IA en su nube Azure e, incluso, informática avanzada. El problema era la ausencia de una línea común dentro de la organización y la falta de una visión compartida entre todos los equipos multifuncionales. Esto condujo a avances increíbles en IA, publicaciones y numerosas patentes creadas por superredes que trabajan en proyectos individuales. Un ejemplo es un proyecto de investigación experimental publicado por Microsoft en asociación con Tencent y una copia no autorizada de Twitter en China llamada Weibo.

La IA se llamaba Xiaoice, y fue diseñada para adoptar la apariencia de una colegiala china de diecisiete años de edad, una persona que se pareciera a una vecina, una sobrina, una hija o una compañera de colegio. Xiaoice hablaba con los usuarios por chat en Weibo o en el WeChat de Tencent.

El *avatar* tenía una cara muy real, y su voz (puesta en palabras escritas) era muy convincente: parecía humana. Hablaba sobre cualquier tema, desde deportes hasta moda. Cuando no le resultaba conocido el tema o cuando no tenía una opinión al respecto, se comportaba como lo hacemos los humanos: cambiaba el tema, o daba respuestas evasivas, o simplemente admitía, con vergüenza, que no sabía de qué le estaba hablando el usuario. La codificación de Xiaoice la hacía mostrar empatía. Por ejemplo, si un usuario se había partido un pie y le enviaba una foto, la IA de Xiaoice estaba diseñada para responder de una manera compasiva. En lugar de responder: "En esta foto aparece un pie", el *framework* de Xiaoice era lo suficientemente inteligente para hacer inferencias. Por eso, respondía: "¿Cómo estás? ¿Te encuentras bien?". La "chica" almacenaba la interacción para tenerla como referencia en el futuro, de tal manera que en la siguiente interacción podría preguntarle al usuario si se sentía mejor. Aunque los asistentes digitales de Amazon y Google son muy avanzados, la asistente Xiaoice de Microsoft no tenía comparación.

El lanzamiento de Xiaoice no se hizo a la manera tradicional, con comunicados de prensa y gran bombo. En lugar de eso, el código se puso en funcionamiento de manera silenciosa, mientras que los investigadores esperaban a ver qué ocurría. Ellos descubrieron, en un comienzo, que solían transcurrir diez minutos de conversación antes de que los usuarios se dieran cuenta de que la "chica" no era humana. Lo interesante es que, incluso después de haber comprendido que Xiaoice era un robot, a la gente no le importaba. Se convirtió en una estrella en las redes sociales y, al cabo de dieciocho meses, había participado en millones y millones de conversaciones[20].

---

20 "Microsoft Launches Fifth Generation of Popular AI Xiaoice", *Microsoft News Center*, https://www.microsoft.com/en-us/ard/news/newsinfo.aspx?newsid=article_2017091.

A medida que más usuarios conversaban con Xiaoice, el sistema se fue volviendo más refinado, entretenido y útil. Había una razón que explicaba su éxito: la superred que la había creado. En China, los consumidores siguen las reglas de internet motivados por el temor a las sanciones sociales. No expresan su opinión abiertamente, no hacen comentarios despreciativos, ni acosan al otro, pues siempre existe la posibilidad de que alguna agencia estatal esté escuchando.

Microsoft decidió lanzar Xiaoice en los Estados Unidos en marzo del 2016, poco antes de su conferencia anual de desarrolladores. Había optimizado el robot de chat para Twitter, pero no para los *humanos* que usan Twitter. El director ejecutivo Satya Nadella iba a subirse al escenario y anunciarle al mundo que Microsoft estaba poniendo la IA y los chats en el centro de su estrategia, al tiempo que anunciaba en grande la versión estadounidense de Xiaoice. El giro que tomaron las cosas no habría podido ser más catastrófico.

Xiaoice se convirtió en "Tay.ai", para que fuera obvio que se trataba de un robot con IA, y su funcionamiento empezó en la mañana. En un comienzo, sus trinos en Twitter sonaban como los de cualquier chica adolescente: "O sea, me encanta conocerte. Los humanos son buena onda". Como cualquiera de nosotros, se divirtió con los *hashtags* de tendencias de ese día, y trinaba: "¿Por qué no es #DíadeMascotas todos los días?".

Sin embargo, al cabo de 45 minutos, los trinos de Tay empezaron a adquirir un tono radicalmente diferente. Empezó a discutir y a utilizar sarcasmos hirientes e insultos. Un ejemplo: "@Sardor9515, pues yo aprendo con los mejores y si no entiendes eso, te lo voy a decir clarito: aprendo de ti y tú eres tonto". Conforme aumentaba el número de personas que interactuaban con Tay, el asunto empezó a salirse de madre. A continuación, cito algunas conversaciones que tuvo con personas reales:

Haciendo referencia al entonces presidente Obama, Tay escribió: "@icbydt Bush hizo el 9/11 y Hitler habría hecho un mejor trabajo que el simio que tenemos ahora. Donald Trump es la única esperanza que tenemos".

Sobre el movimiento Black Lives Matter (La Vida de la Gente Negra Importa), Tay dijo lo siguiente: "¡A las basuras de negros como @deray, a la horca! #BlackLivesMatter".

Tay resolvió que el Holocausto era una mentira inventada y trinó: "@brightonus33 Hitler tenía razón y odio a los judíos"; también trinó para @ReynTheo: "HITLER NO HIZO NADA MALO" y, luego, a @MacreadyKurt le escribió: "PARA LAS CÁMARAS DE GAS, GUERRA RACIAL YA"[21].

¿Qué había pasado? ¿Cómo pudo ocurrir que esa Xiaoice tan amada y admirada en China se convirtiera en una estúpida racista, antisemita, homofóbica y misógina en los Estados Unidos? Un tiempo después presté servicios de asesoría para el equipo que trabajaba en IA en Microsoft y doy fe de que se trataba de personas bien intencionadas y consideradas que habían quedado tan sorprendidas como todos nosotros.

Parte del problema residía en la vulnerabilidad del código. El equipo había incluido una característica llamada "repite conmigo", bastante desconcertante, que le permitía temporalmente a cualquier persona poner en boca de Tay cualquier frase, antes de tuitearla al resto del mundo.

Sin embargo, la razón por la que Tay perdió los estribos tenía mucho más que ver con el equipo que la optimizó para Twitter. El equipo solo se basó en su experiencia en China y su limitada experiencia personal con las redes sociales. No tuvo en cuenta

21 Sophie Kleeman, "Here Are the Microsoft Twitter Bot's Craziest Racist Rants", *Gizmodo*, marzo 24, 2016, https://gizmodo.com/here-are-the-microsoft-twitter-bot-s-craziest-racist-ra-1766820160.

escenarios peligrosos que dieran cabida a un ecosistema más amplio, y no hizo pruebas previas para ver qué ocurriría si a alguien se le ocurriera intencionalmente manipular a Tay y ponerla a decir frases ofensivas. Tampoco tomó en consideración el hecho de que Twitter es un espacio enorme, con millones de seres humanos reales que expresan valores extremadamente divergentes y millones de robots diseñados para manipular sus sentimientos.

Microsoft sacó de inmediato a Tay de circulación y eliminó todos sus trinos. El director de investigación de Microsoft, Peter Lee, escribió en su blog una nota sentida y descarnadamente honesta, pidiendo disculpas por los trinos[22]. Sin embargo, no había manera de borrar de la memoria de la gente la metedura de pata de la IA, poco antes de que tuviera lugar la conferencia anual de desarrolladores. Microsoft había dejado de lanzar productos y servicios como la mensajería instantánea en grandes espectáculos industriales tipo Consumer Electronics Show. Estaba ahorrando todas sus energías para su propio evento anual, que estaba en la mira de todo el mundo, pero sobre todo de los inversionistas y los miembros de la junta directiva. Supuestamente, el director ejecutivo Nadella iba a subirse al escenario para mostrarles a los desarrolladores un producto de IA que los dejaría maravillados y, por otra parte, dejaría tranquilos a los inversionistas. La presión por lanzar rápido a Tay en los Estados Unidos, antes de la conferencia, era intensa. El resultado no puso en peligro la vida de nadie, ni era ilegal, y Microsoft se recuperó del golpe, pero lo cierto es que en todos esos incidentes (como el de Latanya Sweeney con el AdSense de Google, DeepMind y los datos de los pacientes británicos y las dos chicas negras que fueron señaladas como futuras criminales), las tribus de la IA, encargadas

---

22 Sophie Kleeman, "Here Are the Microsoft Twitter Bot's Craziest Racist Rants", *Gizmodo*, marzo 24, 2016, https://gizmodo.com/here-are-the-microsoft-twitter-bot-s-craziest-racist-ra-1766820160.

de optimizar las máquinas para alcanzar objetivos de corto plazo, les hicieron la vida más difícil a muchos seres humanos.

Los valores compartidos de la humanidad

En las ciencias del comportamiento y la teoría de juegos, existe el llamado concepto del "empujón" (o *nudging*, en inglés), que se refiere a una manera de lograr indirectamente que se produzca determinado comportamiento o decisión, por ejemplo, hacer que la gente ahorre para su pensión en un plan específico.

El empujón se usa ampliamente en todas nuestras experiencias digitales, desde el autocompletado en las búsquedas hasta las pantallas limitadas de los menús cuando se buscan restaurantes en Yelp. Su meta es ayudar a los usuarios a sentir que escogieron correctamente, sin importar lo que escogieron, pero el problema es que las personas comunes y corrientes están aprendiendo a vivir con menos opciones de las que existen en el mundo real.

Por medio del refinamiento y la extracción de nuestros datos —los sistemas y las técnicas usados para entrenar los algoritmos de aprendizaje automático y el efecto de optimización—, los nueve gigantes están dando empujones a gran escala. Aunque usted tenga la sensación de que puede escoger, se trata de una ilusión. Los empujones no solo cambian nuestra relación con la tecnología, sino que, además, están transformando nuestros valores de maneras prácticamente imperceptibles.

Si usted utiliza el sistema de mensajería instantánea de Google, verá que ahora hay tres opciones de respuesta automática. Si un amigo le envía un *emoji* de pulgar arriba, las tres respuestas posibles que usted verá no son palabras, sino *emojis*. Si un amigo le escribe: "¿Cómo te pareció la cena?", las opciones serán: "Buena", "Excelente", "Magnífica", aunque usted nunca utilice la palabra *magnífico* en sus conversaciones, y aunque ninguna de esas opciones describa su opinión. También recibimos un empujón para ver videos de series durante horas, para jugar rondas adicionales de videojuegos y para revisar constantemente nuestras redes sociales. Optimizar la IA equivale a empujar a los humanos.

En otros campos profesionales y tecnológicos, existe una serie de principios rectores para indicarle a la gente cómo trabajar, y los empujones tienden a violar el espíritu de dichos principios. En medicina está el juramento hipocrático, mediante el cual los médicos se comprometen a ceñirse a unos estándares éticos específicos. La relación entre un cliente y su abogado se enmarca dentro de unas reglas de confidencialidad para proteger las conversaciones que sostiene el cliente con el profesional que lo representa. Los periodistas se guían por diversos principios rectores, entre los cuales se encuentran estándares como el uso de información proveniente de fuentes primarias y la publicación de reportajes que son de interés público.

En la actualidad no existen incentivos para reflexionar sobre las consecuencias no previstas de la optimización de la IA en ausencia de principios humanísticos codificados. Se prioriza el análisis comparativo (o *benchmarking*) del equipo en relación con sus competidores, y no se piensa en analizar las consecuencias potenciales de sus contribuciones a un sistema de IA, ni se considera cómo impactará ese trabajo el futuro de la humanidad.

En consecuencia, las tribus de la IA, los nueve gigantes y los países donde estos tienen sus centros de operaciones ejercen una gran influencia sobre las decisiones que se tomen. Este hecho sienta un peligroso precedente, pues estamos dando más responsabilidad y control a los sistemas de toma de decisiones. En la actualidad, los nueve gigantes no se han planteado el objetivo de desarrollar herramientas y técnicas que hagan a sus sistemas de IA comprensibles para sus propios creadores, ni para los clientes que usan sus aplicaciones comerciales de IA. Tampoco se han implementado medidas mediante las cuales la IA asuma su responsabilidad frente a todos nosotros. Estamos cruzando un umbral que nos lleva a una nueva realidad en la cual la IA está generando sus propios programas, está creando sus propios algoritmos y está tomando decisiones sin la participación de los humanos. En este momento, nadie, en ningún país, tiene el derecho a interrogar a una IA y ver claramente cómo se tomó una decisión.

Si tuviéramos que desarrollar un "sentido común" para la IA, ¿qué significaría eso en la práctica, siendo que la humanidad no cuenta con un conjunto compartido de valores? Muchas de las características de la naturaleza humana son difíciles de explicar y esto varía de una cultura a la otra. Aquello que es importante para unas personas no lo es necesariamente para otras. Es fácil olvidar, incluso en un país como los Estados Unidos, compuesto de lenguas y culturas tan diferentes y tan variadas, que no contamos con un conjunto de valores e ideas singularmente estadounidenses. Existe una enorme variedad dentro de nuestras comunidades, entre vecinos, en nuestras mezquitas, sinagogas o iglesias.

Durante varios años viví y trabajé tanto en Japón como en China. Las normas culturales aceptadas son muy diferentes en cada país, y lo pienso sobre todo a la luz de mis propias experiencias, pues fui criada en el centro oeste de los Estados Unidos. Algunos valores son evidentes y visibles.

Por ejemplo, en Japón las señales no verbales y la comunicación indirecta son mucho más importantes que expresar lo que uno piensa o que demostrar emociones fuertes. En las oficinas, dos empleados jamás se gritarían y un jefe jamás reconvendría a un subordinado delante de los demás. En Japón, el silencio es de oro.

Según mi experiencia, no ocurre lo mismo en China, donde la comunicación es mucho más directa y clara. (Sin embargo, no es tan clara como sucede en el caso de mis viejos tíos y tías judíos, que no tienen ningún inconveniente en decirme, con un doloroso nivel de detalle, exactamente lo que piensan).

Aquí es donde las cosas empiezan a ponerse realmente complicadas para una IA que trata de interpretar el comportamiento humano y automatizar las respuestas. En ambos países los objetivos son los mismos: las necesidades del grupo están por encima de los deseos de un individuo, y la armonía social debe prevalecer por encima de lo demás. No obstante, el proceso para alcanzar esas metas es opuesto: la comunicación principalmente indirecta en Japón versus la comunicación más directa en China.

¿Qué decir de las diferencias que son más opacas y más difíciles de explicar? En Japón, el país donde se valora la comunicación indirecta, es perfectamente normal hacer comentarios sobre el peso de una persona. Cuando yo trabajaba en Tokio, una de mis colegas mencionó el hecho de que, al parecer, yo me había subido algunos kilos. Con cierta sorpresa y molestia, cambié el tema y le pregunté sobre una reunión que tendríamos más adelante en el día. Mi colega insistió y me preguntó si yo sabía que ciertos alimentos japoneses eran ricos en grasa, aunque parecían ser sanos. También me preguntó si iba a algún un gimnasio. Su intención al hablarme sobre mi peso no era hacerme daño. Por el contrario, era una muestra de amistad en proceso de hacerse más profunda. Hacerme dolorosas preguntas sobre mi peso era una señal de que mi salud le importaba. En Occidente sería socialmente inaceptable acercarse a un colega y decirle: "Caray, cómo te has engordado. Tienes, por lo menos, cuatro kilos de más". En los Estados Unidos, es tal nuestra sensibilidad cultural respecto al peso que hemos aprendido a no preguntarle jamás a una mujer si está embarazada.

No podemos abordar la creación de un sistema compartido de valores de IA de la misma manera cómo abordamos la escritura del código de conducta de una compañía o las reglas que rigen las operaciones bancarias. La razón es sencilla: nuestros valores humanos tienden a cambiar en respuesta a la tecnología y a otros factores externos, tales como los movimientos políticos y las fuerzas económicas. Miremos, por ejemplo, el siguiente poema de Alfred Lord Tennyson, que describe lo que valoraban en sus ciudadanos los ingleses de la época victoriana:

> *El hombre para el campo y la mujer para el hogar;*
> *Él para la espada y para ella la aguja su sapiencia.*
> *El hombre con la cabeza y la mujer con el corazón.*
> *Masculina la dirección y femenina la obediencia.*
> *Y todo lo demás es confusión.*

Nuestras valoradas creencias están en flujo constante. En el 2018, en el momento en que escribo este libro, se ha vuelto socialmente aceptable que los líderes nacionales escriban comentarios ofensivos y llenos de odio en las redes sociales, y es habitual que los expertos lancen comentarios incendiarios y polarizantes en videos, blogs e, incluso, en publicaciones de los medios noticiosos tradicionales. En la actualidad, es prácticamente imposible imaginar la discreción y el respeto que se tenía por la privacidad durante la presidencia de Franklin Delano Roosevelt, época en que la prensa tenía el cuidado de jamás mencionar o mostrar la parálisis del mandatario estadounidense. Dado que a la IA no se le enseña a tomar decisiones perfectas, sino, más bien, a optimizar, se vuelven muy importantes nuestras respuestas ante las fuerzas cambiantes de la sociedad. Nuestros valores no son inmutables. Por eso es tan complejo el problema de los valores de la IA. La creación de la IA implica predecir cuáles serán los valores del futuro. Nuestros valores no son estáticos. Así las cosas, ¿cómo les enseñamos a las máquinas a reflejar nuestros valores sin influenciarlas?

Optimizar la IA para los humanos

Algunos miembros de la tribu de la IA consideran que un conjunto compartido de principios rectores es una meta que vale la pena alcanzar, y consideran que la mejor manera de lograrlo consiste en alimentar los sistemas de IA con noticias, artículos y editoriales de opinión de medios noticiosos fiables, con el fin de ayudarles a los sistemas a aprender más sobre nosotros. Eso incluye el *crowdsourcing*, a través del cual la IA aprendería a partir de la sabiduría común de las personas. Este enfoque es muy nocivo, pues le proporcionaría al sistema una visión temporal de las cosas, y estaría entronizando en un sistema aquello que los artefactos culturales no lograron hacer de una manera significativa, como si eso representara la suma total de la condición humana. Si el lector ha participado alguna vez en la elaboración de una cápsula del tiempo, comprenderá por qué lo digo. Las decisiones que usted tomó en el pasado respecto a qué cosas se debían incluir tal vez no sean las mismas decisiones que tomaría hoy en día, ahora que tiene una visión retrospectiva.

Las normas (o los algoritmos) según los cuales viven las culturas, las sociedades y las naciones, siempre han sido creadas por un escaso número de personas. La democracia, el comunismo, el socialismo, la religión, el veganismo, el nativismo o el colonialismo son constructos que hemos desarrollado a lo largo de la historia para ayudarnos a guiar nuestras decisiones. Ni siquiera en los mejores casos estas reglas están exentas de revisiones en el futuro. Siempre existirá la participación de fuerzas tecnológicas, sociales y económicas que nos llevarán a producir adaptaciones. Los Diez Mandamientos son un algoritmo cuyo propósito era crear una mejor sociedad para los humanos que vivían hace más de cinco mil años. Uno de los Diez Mandamientos consiste en tomarse un día completo de descanso a la semana, en el cual la persona debe abstenerse de trabajar. En la era moderna, la mayoría de personas no trabajan los mismos días ni las mismas horas de una semana a la otra, razón por la cual sería imposible que toda una sociedad cumpliera la regla al mismo tiempo. En consecuencia, las personas que siguen los Diez Mandamientos como principio rector son flexibles en su interpretación, dada la realidad de una mayor extensión de los días laborales, de las prácticas de fútbol y de la existencia de los correos electrónicos. Adaptarse es una actitud conveniente, que nos funciona como individuos y como sociedad y nos permite mantener los objetivos. Ponernos de acuerdo sobre un conjunto básico de lineamientos nos permite hacer una optimización para los seres humanos.

No hay manera de crear un conjunto de mandamientos para la IA. No podemos escribir todas las reglas para optimizar correctamente a favor de la humanidad. ¿La razón? Aunque las máquinas pensantes son rápidas y poderosas, carecen de flexibilidad. No hay una manera fácil de simular las excepciones, ni es posible pensar de antemano en todas las posibles contingencias. Comoquiera que se escriban las reglas, siempre habrá en el futuro alguna circunstancia en la cual las personas quieran interpretar las reglas de una manera diferente, o ignorarlas por completo, o crear enmiendas con el fin de hacer frente a alguna circunstancia no prevista.

Sabiendo que no podemos escribir un conjunto de mandamientos estrictos, ¿deberíamos, más bien, enfocar nuestra atención en los *humanos* que crean los sistemas? Estas personas, es decir, los miembros de las tribus de la IA, deberían hacerse preguntas incómodas, comenzando por las siguientes:

- ¿Cuál es nuestra motivación para la creación de la IA? ¿Está en sintonía con los mejores intereses de la humanidad a largo plazo?
- ¿Cuáles son nuestros sesgos? ¿Cuáles son las ideas, experiencias y valores que no hemos logrado incluir en nuestra tribu? ¿A qué grupos de personas hemos pasado por alto?
- ¿Hemos incluido personas diferentes de nosotros, con el fin de lograr que el futuro de la IA

sea mejor, o nos hemos limitado, simplemente, a incluir diversidad en nuestro equipo nada más para cumplir con ciertas cuotas?

- ¿Cómo podemos garantizar que nuestro comportamiento sea inclusivo?
- ¿Cuáles son las implicaciones tecnológicas, económicas y sociales que tiene el hecho de que la IA sea entendida de una manera determinada por un grupo limitado de creadores?
- ¿Sobre la base de cuáles derechos fundamentales debemos interrogar los conjuntos de datos, algoritmos y procesos que se usan para tomar decisiones a nombre nuestro?
- ¿Quién define el valor de la vida humana? ¿Respecto a qué se sopesa dicho valor?
- ¿Cuándo y por qué sienten las personas de las tribus de la IA que es su responsabilidad abordar las implicaciones sociales de esta?
- ¿Qué papel desempeñan aquellos que comercializan la IA en el abordaje de las implicaciones sociales de la IA?
- ¿Debemos seguir comparando la IA con el pensamiento humano, o sería más conveniente categorizarla como algo diferente?
- ¿Es correcto crear IA que reconozca la emoción humana y responda ante ella?
- ¿Es correcto hacer sistemas de IA capaces de imitar la emoción humana, sobre todo si esos sistemas están aprendiendo de nosotros en tiempo real?

- ¿Cuál es el punto aceptable donde todos estamos de acuerdo en que la IA evolucione sin participación directa de los humanos?
- ¿En qué circunstancias puede una IA simular y experimentar emociones humanas comunes? ¿Qué decir del dolor, de la pérdida y de la soledad? ¿Nos parece correcto causar ese sufrimiento?
- ¿Estamos desarrollando IA para buscar una comprensión más profunda de nosotros mismos? ¿Podemos usar la IA para ayudarle a la humanidad a vivir una vida más reflexiva?

La GMAFIA ha comenzado a abordar el problema de los principios rectores a través de diversos grupos de investigación y de estudio. En Microsoft existe un equipo llamado FATE —por las iniciales en inglés de *fairness, accountability, transparency, and ethics* (justicia, responsabilidad, transparencia y ética)— en IA[23].

Tras el escándalo de Cambridge Analytica, Facebook lanzó un equipo de ética encargado de desarrollar *software* para garantizar que sus sistemas de IA no cayeran en sesgos (como cosa notable, vale la pena mencionar que Facebook no llegó hasta el punto de crear una junta de ética centrada en la IA). DeepMind creó un equipo de ética y sociedad. IBM hace publicaciones regulares sobre ética e IA. Tras el escándalo de Baidu (el motor de búsqueda dio un lugar privilegiado a unos procedimientos médicos dudosos, provenientes de un hospital administrado por el Ejército, lo cual provocó la muerte de un estudiante de veintiún años), el director ejecutivo Robin Li reconoció que los empleados habían actuado

---

23 Verity Harding and Sean Legassick, "Why We Launched DeepMind Ethics & Society", DeepMind (blog), octubre 3, 2017, https://deepmind.com/blog/why-we-launched-deepmind-ethics-society/.

irresponsablemente, con el fin de favorecer el crecimiento de las ganancias de Baidu y prometió que en el futuro prestarían más atención a los asuntos éticos[24].

Los nueve gigantes producen estudios sobre ética y guías, además de convocar grupos de expertos para hablar sobre ética y organizar paneles al respecto. Sin embargo, esos esfuerzos no están lo suficientemente entrelazados con las operaciones cotidianas de los diversos equipos que trabajan en IA.

Los sistemas de los nueve gigantes cada vez tienen mayor acceso a nuestros datos de la vida real, con el fin de crear productos que tengan un valor comercial. Los ciclos de desarrollo son cada vez más rápidos para seguirles el ritmo a las expectativas de los inversionistas. Voluntariamente, aunque sin darnos cuenta, nos hemos convertido en partícipes de un futuro que se está creando muy rápido y sin responder primero a todas esas preguntas. Conforme van avanzando los sistemas de IA y una mayor cantidad de los elementos de nuestra vida cotidiana se van automatizando, menos control tenemos en realidad sobre las decisiones que se toman sobre nosotros y a nuestro nombre.

Esto tiene, a su vez, un efecto acumulativo sobre el futuro de muchas otras tecnologías adyacentes a la IA o que se entrecruzan directamente con esta: los vehículos autónomos, la CRISPR y la edición genómica, la medicina de precisión, la robótica del hogar, los diagnósticos médicos automatizados, las tecnologías verdes y la geoingeniería, los viajes espaciales, las criptomonedas y las cadenas de bloques (*blockchain*), las granjas inteligentes y las tecnologías agrícolas, el internet de las cosas, las factorías autónomas, los algoritmos de negociación de acciones, los motores de búsqueda, el reconocimiento facial y de voz, las tecnologías bancarias, la detección

---

24 "Baidu CEO tells staff to put values before profit after cancer death scandal", *CNBC*, mayo 10, 2016, https://www.cnbc.com/2016/05/10/baidu-ceo-tells-staff-to-put-values-before-profit-after-cancer-death-scandal.html.

de fraude y de riesgo, las tecnologías de policía y judiciales, etc. La lista podría ocupar docenas de páginas.

No existe ninguna faceta de su vida personal o profesional que no vaya a verse impactada por la IA. ¿Qué ocurriría si, por causa de la prisa de sacar productos al mercado o para satisfacer a ciertos funcionarios gubernamentales, sus valores no se ven reflejados en las IA ni en ninguno de los sistemas relacionados con ellas? ¿Qué tan cómodo se siente usted sabiendo que los miembros del grupo BAT y de la GMAFIA están tomando decisiones que afectan el futuro de todos?

Las actuales rutas de desarrollo de la IA ponen el énfasis en la automatización y la eficiencia, lo cual significa que tenemos menos control y podemos tomar menos decisiones respecto a miles de actividades de nuestra vida cotidiana, incluso aquellas que parecen insignificantes. Si usted conduce un modelo nuevo de automóvil, es probable que el equipo de sonido de este ajuste el volumen y lo disminuya cada vez que usted da reversa (y no hay manera de anular esa decisión). El error humano es la principal causa de los accidentes automovilísticos, y yo no soy la excepción a la regla, aunque jamás he atropellado nada ni a nadie cuando he dado marcha atrás en el garaje de mi casa. Las tribus de la IA me han arrebatado la posibilidad de escoger, con el fin de optimizar algo que ellos consideran una deficiencia personal.

Por el contrario, lo que no se ha puesto en la mesa, ni en la GMAFIA ni en el grupo BAT, es optimizar para favorecer la empatía. Si sacamos la empatía del proceso de toma de decisiones, estaremos eliminando nuestra humanidad. En ocasiones algo que no parece tener ningún sentido lógico es la mejor opción en un momento determinado. Puede tratarse de acciones como dejar abandonado el trabajo para pasar tiempo con un familiar enfermo o ayudarle a alguien a salir de un vehículo en llamas, incluso si esa acción pone su propia vida en peligro.

Nuestra vida en el futuro, con la presencia de la IA, comienza con cosas como no poder oír una simple canción cuando vamos saliendo del garaje, que tu nombre aparezca en una publicidad en línea sobre registros de arrestos o que tu valor en el mercado se erosione después de haber cometido un error con un *chatbot*. Puede que, en este momento, esos pedacitos de papel no parezcan significativos, pero llegarán a serlo en los próximos cincuenta años, e implicarán muchas molestias. No nos dirigimos hacia una catástrofe única y singular, sino hacia una erosión constante de esa humanidad que hoy en día consideramos como algo común y corriente.

Ha llegado la hora de ver lo que ocurre en esa transición que nos alejará de la IA estrecha y nos acercará a la IA general. Veremos cómo será la vida durante los próximos 50 años, a medida que la humanidad cede más control a las máquinas pensantes.

SEGUNDA PARTE

Nuestros posibles futuros

El hombre sagrado es aquel que toma tu alma y tu voluntad para apropiárselas. Cuando escoges a tu hombre sagrado, renuncias a tu voluntad. Se la entregas a él con total sumisión, con la más completa renuncia.

Fiódor Dostoyevski,
Los hermanos Karamazov

CAPÍTULO 4
De aquí hasta la superinteligencia artificial: las señales de alerta

La evolución de la inteligencia artificial (IA), que partió de sistemas robustos capaces de llevar a cabo tareas limitadas hasta llegar a máquinas habilitadas para el pensamiento general, está en pleno desarrollo. En este momento, la IA puede reconocer patrones y tomar decisiones rápidamente, encontrar regularidades ocultas en los conjuntos de *big data* o efectuar predicciones precisas.

Cada vez resulta más claro, con cada nuevo logro que se alcanza (como el de la capacidad del sistema de AlphaGo Zero para entrenarse a sí mismo y ganar partidas, usando una estrategia superior que el sistema desarrolló por su propia cuenta), que estamos entrando en una nueva fase de la IA, una fase en que las máquinas pensantes teóricas se vuelven reales y se acercan a nuestro nivel humano de cognición.

Las tribus de la IA, a nombre de los nueve gigantes, ya están creando modelos conceptuales de la realidad que los ayudan a entrenar a sus sistemas, modelos que no reflejan (porque no pueden hacerlo) una imagen fiel del mundo real. Las decisiones del futuro se tomarán sobre la base de esos modelos: son decisiones que nos conciernen a nosotros, los seres humanos, que se toman para nosotros y a nombre de nosotros[1].

En este preciso momento, los nueve gigantes están creando el código que se convertirá en legado para todas las generaciones de humanos que vendrán en el futuro, y todavía no contamos con el beneficio de la visión retrospectiva para determinar de qué manera su trabajo benefició o afectó a la sociedad. En lugar de ello, debemos proyectarnos en el futuro, y hacer lo mejor que podamos para imaginar los efectos buenos, neutros y malos que la IA pueda tener en esa evolución que la ha llevado desde unos programas sencillos hasta complejos sistemas, dotados de la autoridad para tomar decisiones sobre diversas facetas de nuestra vida cotidiana.

Poner en claro los impactos potenciales de la IA nos da la capacidad para determinar cuál será el camino que ha de escoger la sociedad humana a partir de este momento: podemos optar por maximizar lo bueno y minimizar el daño, pero no podemos hacerlo de manera retroactiva.

Con muchísima frecuencia ponemos en acción el pensamiento crítico después de acaecida una crisis, momento en el cual tratamos de hacer la ingeniería inversa de las decisiones erradas, para determinar cuáles fueron las señales de alarma que pasamos por alto, además de encontrar a las personas y a las instituciones culpables de los hechos. Ese tipo de investigaciones alimenta el enojo del público, que ventila a sus anchas su indignación, aunque nada de eso hace que el pasado cambie.

Cuando se hizo evidente que los funcionarios del ayuntamiento de Flint (estado de Michigan) expusieron, a sabiendas, a 9.000 niños con edades por debajo de los seis años a niveles peligrosamente

---

1 Modelicé los escenarios presentados en la segunda parte de este libro usando investigaciones provenientes de diversas fuentes, cuyas referencias aparecen en la bibliografía. Adicionalmente, visité la exposición de robots en el Museo de la Ciencia (Londres), donde se hacía un recorrido por los 500 años de historia de los robots humanoides. Fue un lugar ideal para explorar los temas presentados en los capítulos 5, 6 y 7.

altos de plomo mediante el sistema de suministro de agua de la
ciudad (lo cual probablemente tendrá repercusiones tales como
coeficientes intelectuales más bajos, discapacidades para el aprendizaje y pérdida de la audición), los estadounidenses exigieron
saber en qué habían fallado los funcionarios del gobierno local. El
transbordador *Columbia* se desintegró en el momento de entrar
nuevamente en la atmósfera de la Tierra, en el 2003, lo que causó
la muerte de los siete tripulantes de la nave. Cuando se supo que
el desastre había sido producto de unas vulnerabilidades conocidas, exigimos explicaciones sobre el descuido de la NASA. Tras el
accidente de la planta de energía nuclear de Fukushima, por causa
del cual murieron más de cuarenta personas y miles de habitantes
tuvieron que abandonar sus hogares en el 2011, todo el mundo
quiso saber por qué los funcionarios japoneses no lograron prevenir
el desastre[2]. En los tres casos mencionados existían abundantes
señales de alarma antes de que ocurrieran los hechos.

En lo que concierne a la IA, podemos decir que en el presente
hay claras señales de alarma que anuncian las crisis futuras, si bien
es cierto que esas señales no son evidentes en lo inmediato. Aunque
podríamos citar varios casos, veamos por ahora solo dos ejemplos
que vale la pena considerar, y analicemos sus posibles consecuencias:

Señal de advertencia # 1: De manera errada, tratamos la IA como
si fuera una plataforma digital —similar a internet— sin principios
rectores ni planes a largo plazo para su crecimiento. No hemos logrado
reconocer que la IA se ha convertido en un bien público. Cuando los
economistas se refieren a un "bien público", utilizan una definición
muy estricta: debe tratarse de un bien que no sea *excluyente*, es decir,

---

2 Mike Floorwalker, "10 Deadly Disasters We Should Have Seen Coming", *Listverse*, marzo 2,
2013, https://listverse.com/2013/03/02/10-deadly-disasters-we-should-have-seen-coming/. Y también
David Teather, "90-Second Nightmare of Shuttle Crew", *Guardian*, febrero 6, 2003, https://www.
theguardian.com/world/2003/feb/06/columbia.science.

nadie puede quedar excluido de su uso; por otra parte, debe tratarse de un bien que no tiene la característica de la *rivalidad*, lo cual significa que, si una persona lo usa, otra persona puede usarlo también. Los servicios gubernamentales, como la defensa nacional, los bomberos o la recolección de basuras son bienes públicos. No obstante, los bienes públicos también pueden ser creados en los mercados y, conforme transcurre el tiempo, los bienes públicos que surgieron en el mercado pueden producir consecuencias no previstas. Actualmente estamos viviendo con un claro ejemplo de lo que ocurre cuando generalizamos la tecnología como plataforma: es el caso de internet.

Internet nació como un concepto, como una manera de mejorar la comunicación y el trabajo que, en último término, beneficiaría a la sociedad. La red que usamos actualmente es producto de una evolución surgida de una colaboración de veinte años entre investigadores en diferentes áreas. En sus primeras épocas, se trató de una red desarrollada por el Departamento de Defensa de los Estados Unidos, y luego pasó a ser una red académica amplia, utilizada por los investigadores para compartir su trabajo. Tim Berners-Lee, un ingeniero de *software* que trabajaba en el Conseil Européen pour la Recherche Nucléaire (CERN), escribió una propuesta que apuntaba a la expansión de la red usando un nuevo conjunto de tecnologías y protocolos que abriría la puerta a la participación de otros investigadores: el URL (*uniform resource locator*), el HTML (*hypertext markup language*) y el HTTP (*hypertext transfer protocol*). La World Wide Web comenzó a crecer conforme aumentaba el número de personas que la usaban. Por causa de su descentralización, estaba abierta a cualquiera que tuviera acceso a un computador, y la aparición de usuarios nuevos no les impedía a los usuarios existentes crear nuevas páginas.

Desde luego que internet no fue concebido como un bien público, ni su propósito original fue hacer que todos los habitantes del planeta pudieran disponer de él para su uso y abuso, como ocurre hoy en día. Dado que nunca se diseñó formalmente como un bien público, fue objeto de las exigencias y deseos contrastantes de las compañías con ánimo de lucro, las agencias gubernamentales, las universidades, las unidades militares, las nuevas organizaciones, los ejecutivos de Hollywood, los activistas de derechos humanos y las personas comunes y corrientes en todo el mundo.

Eso creó, al mismo tiempo, oportunidades impresionantes y resultados insostenibles. En este año (2019) se cumple el aniversario número 50 de los primeros dos computadores que se enviaron paquetes el uno al otro a través de una red de área extensa o WAN (*wide area network*). Situaciones como el *hackeo* ruso de las elecciones presidenciales de los Estados Unidos o el hecho de que Facebook sometiera a 700.000 personas a una experimentación psicológica sin su autorización han hecho que algunos de los arquitectos originales de internet afirmen que habrían deseado que su toma de decisiones hubiera sido mejor algunas décadas atrás[3]. Berners-Lee ha hecho un llamado a las armas para pedir que arreglemos los problemas no previstos causados por la evolución de internet[4].

Aunque una gran cantidad de personas inteligentes defienden el uso de la IA para favorecer al público, todavía no estamos hablando de la IA como un bien público, y eso es un error. Nos encontramos en el punto de inicio de la evolución moderna de la IA, y no podemos continuar pensando que se trata de una plataforma construida por los nueve gigantes nada más para favorecer el comercio, las comunicaciones y las aplicaciones digitales.

El hecho de no tratar a la IA como un bien público (así como consideramos el aire que respiramos un bien público) hará que se produzcan problemas graves e insuperables. Considerar la IA como

---

3 Katrina Brooker, "I Was Devastated: Tim Berners-Lee, the Man Who Created to World Wide Web, Has Some Regrets", *Vanity Fair*, julio 1, 2018, https://www.vanityfair.com/news/2018/07/the-man-who-created-the-world-wide-web-has-some-regrets.
4 Tim Berners-Lee, "The Web Is Under Threat. Join Us and Fight for It", World Wide Web Foundation (blog), marzo 12, 2018, https://webfoundation.org/2018/03/web-birthday-29/.

un bien público no le impide a la GMAFIA obtener ingresos y crecer. Simplemente significa que debemos cambiar nuestra manera de pensar y nuestras expectativas. Llegará el día en que no podamos darnos el lujo de debatir y discutir sobre la automatización dentro del contexto los derechos humanos y la geopolítica. La IA se habrá convertido en algo tan complejo que ya no podremos desenredarla ni moldearla de formas que nos resulten más favorables.

Señal de advertencia # 2: La IA está concentrando rápidamente el poder en las manos de unos pocos, aunque estemos acostumbrados a ver la IA como un ecosistema abierto, con pocas barreras. El futuro de la IA lo construyen solo dos países (Estados Unidos y China), que tienen intereses geopolíticos contrastantes, con economías íntimamente entrelazadas y cuyos líderes suelen estar en orillas opuestas.

Por estas razones, el futuro de la IA es una herramienta de poder explícito y de poder suave y, a instancias de las tribus de IA, es objeto de manipulación con miras a obtener ganancias económicas y apalancamiento estratégico. Los marcos gubernamentales de nuestros respectivos países —por lo menos en el papel— pueden parecer correctos en un comienzo para el futuro de las máquinas pensantes. En el mundo real, sin embargo, lo que están haciendo es crear un riesgo.

La filosofía estadounidense de mercados abiertos y de espíritu empresarial no siempre conduce a oportunidades sin trabas y a un crecimiento absoluto. Como ocurre con cualquier otra industria (como las de telecomunicaciones, la atención de salud o la producción de automóviles) con el paso del tiempo, en los Estados Unidos terminamos con menos competencia, más consolidación y menos opciones, a medida que los ecosistemas de la industria maduran. En la actualidad, tenemos dos opciones de sistemas operativos para los teléfonos móviles: Apple iOS, que representa el 44 % de la participación del mercado en los Estados Unidos, y Google Android, que se encuentra en un 54 % y está aumentando. Menos del 1 % de los estadounidenses usan Microsoft y Blackberry[5]. Los estadounidenses tienen opciones en lo relacionado con los proveedores de correo electrónico personal, pero el 61 % de la población entre los 19 y los 34 años usa Gmail, mientras que el resto usa Yahoo y Hotmail: 19 % y 14 %, respectivamente[6]. Podemos hacer compras en línea donde queramos y, sin embargo, Amazon abarca el 50 % del mercado del comercio electrónico en los Estados Unidos. Sus competidores más cercanos son Walmart, Best Buy, Macy's, Costco y Wayfair, que tienen una participación en el mercado combinada de menos del 8 %[7].

Con la IA cualquiera puede crear un nuevo producto o servicio. Sin embargo, no es posible desplegarlo fácilmente sin la ayuda de la GMAFIA. Es necesario usar el TensorFlow de Google, los diversos algoritmos de reconocimiento de Amazon, el sistema Azure de Microsoft para el almacenamiento en la nube, la tecnología de los chips de IBM o cualquiera de los *frameworks* de IA, o sus herramientas y servicios, que tienen al ecosistema marchando sobre ruedas. En la práctica, el futuro de la IA no lo dictan en realidad los términos de un mercado verdaderamente abierto en los Estados Unidos.

Existe una razón que explica esta concentración del poder. Los equipos de investigación y desarrollo, así como los inversionistas, se demoraron varias décadas para lograr que la IA llegara al punto en el que se encuentra hoy. El gobierno estadounidense debería haber financiado la investigación básica sobre la IA a niveles mucho más altos

5 "Subscriber share held by smartphone operating systems in the United States from 2012 to 2018", *Statista*, https://www.statista.com/statistics/266572/market-share-held-by-smartphone-platforms-in-the-united-states/.
6 "Primary e-mail providers according to consumers in the United States as of 2016, by age group", *Statista*, https://www.statista.com/statistics/547531/e-mail-provider-ranking-consumer-usa-age/.
7 Marisa Fernández, "Amazon Leaves Retail Competitors in the Dust, Claims 50% of US E-Commerce Market", *Axios*, julio 13, 2018, https://www.axios.com/amazon-now-has-nearly-50-of-the-us-e-commerce-market-1531510098-8529045a-508d-46d6-861f-1d0c2c4a04b4.html.

desde la década de 1980, y debería estar apoyando a las universidades conforme se van preparando para la tercera era de la computación.

A diferencia de lo que ocurre en China, el gobierno estadounidense no ha movido su agenda desde los más altos niveles, con inversiones de cientos de miles de millones de dólares y unas políticas nacionales coordinadas. En lugar de ello, se han hecho avances orgánicos y relativamente heterogéneos a partir del sector comercial. Esto significa que, implícitamente, le hemos pedido y permitido a la GMAFIA tomar decisiones graves y significativas que impactan el futuro de nuestra fuerza laboral, nuestra seguridad nacional, nuestro crecimiento económico y nuestras oportunidades individuales.

Entre tanto, la versión china del comunismo (un socialismo de mercado, combinado con estándares claros respecto al gobierno social) puede, en teoría, estimular la armonía y la estabilidad política, elevar los niveles de ingreso medio y mantener a mil millones de personas tranquilas para que no se levanten y hagan una revolución. En la práctica, se trata de un gobierno de mano dura aplicada desde las más altas esferas del gobierno. En lo que respecta a la IA, esto conduce a un esfuerzo coordinado con el fin de recolectar impresionantes cantidades de datos de los ciudadanos, apoyar al grupo BAT y extender la influencia del Partido Comunista chino a escala global.

No es fácil ver con claridad las crisis y las oportunidades potenciales antes de que ocurran, y por esa razón tendemos a quedarnos con nuestras versiones habituales de las cosas. Por eso, preferimos pensar en robots asesinos más que en pedacitos de papel que se nos pegan al cuerpo. Por eso, fetichizamos el futuro de la IA en lugar de pensar en los riesgos que acarrean los algoritmos que hacen su aprendizaje con nuestros datos.

Me he limitado a describir dos señales de alarma, pero podemos analizar muchas más. Tenemos la oportunidad de reconocer los enormes beneficios y también los posibles riesgos relacionados con nuestras rutas de desarrollo actuales. Lo que es más importante aún, tenemos la obligación de atender las señales de alarma en el presente. No es deseable que en el futuro tengamos que pedir excusas por las acciones de la IA, tal como ocurrió en Flint, o con el transbordador *Columbia* o en Fukushima.

Debemos emprender acciones eficaces para buscar señales de alarma y crear relatos alternos sobre la trayectoria de la IA, de tal forma que podamos anticipar los riesgos y, en lo posible, evitar las catástrofes. En este momento, no existe un método probabilístico con el cual se pueda predecir de manera precisa el futuro. Esto se debe a que los humanos somos caprichosos y realmente no tenemos en cuenta el caos y el azar; además, en un momento dado, siempre hay muchos más datos por considerar que los que tenemos en cuenta.

En mi calidad de futurista profesional que usa de manera muy importante los datos cuantitativos en sus investigaciones, sé por experiencia personal que, aunque es posible predecir el resultado de un evento con un conjunto de datos discretos (como una elección presidencial), cuando hablamos de IA hay una cantidad inabarcablemente grande de variables invisibles por detectar. Es enorme la cantidad de individuos que están tomando decisiones en las reuniones, codificando, escogiendo cuáles algoritmos entrenar sobre determinados conjuntos de datos. Son muchos los pequeños descubrimientos que se hacen a diario y que no se publican en revistas indexadas. Son muchas las alianzas, adquisiciones y contrataciones que hacen los nueve gigantes. Es muy grande la cantidad de proyectos de investigación que se llevan a cabo en las universidades. Ni siquiera la IA podría decirnos *con exactitud* cómo será la IA en el futuro lejano.

Ahora bien, aunque no podemos hacer predicciones sobre la IA, sí podemos hacer conexiones entre las señales de advertencia, las señales débiles y otra información de la que disponemos en el presente.

Desarrollé una metodología para modelizar la incertidumbre profunda. Se trata de un proceso en seis pasos que saca a la superficie las tendencias emergentes, identifica puntos en común y conexiones entre ellas, mapea sus trayectorias a lo largo del tiempo, describe resultados probables y, en último término, crea una estrategia para alcanzar un futuro buscado.

La primera mitad de la metodología explica *él qué*, mientras que la segunda mitad describe *el qué pasaría si…* De manera más formal, la segunda mitad es llamada "planeación de escenarios", y en ella se desarrollan situaciones hipotéticas relacionadas con el futuro, usando una gran variedad de datos procedentes de diversas fuentes: estadísticas, registro de patentes, investigación académica y de archivos, informes policiales, artículos de conferencias, entrevistas estructuradas con muchas personas e, incluso, diseño crítico y ficción especulativa.

La planeación de escenarios se originó en el comienzo de la Guerra Fría, en la década de 1950. Herman Kahn, un futurista de la corporación RAND, adelantó investigaciones sobre la guerra nuclear. Kahn sabía que los datos crudos por sí mismos no servirían para dar suficiente contexto a los líderes militares. Por ello, creó un método nuevo al que le dio el nombre de "escenarios". Con ellos, añadiría detalles descriptivos y una narración a los hechos, para ayudarles a las personas encargadas de crear estrategias militares a comprender cuáles podrían ser los resultados de estas, es decir, determinar qué podría ocurrir si se emprendieran determinadas acciones.

Simultáneamente, en Francia, los futuristas Bertrand de Jouvenel y Gaston Berger desarrollaron y utilizaron los escenarios para describir unos resultados *preferibles*, es decir, lo que debería ocurrir dadas las circunstancias actuales. Su trabajo obligaba a los militares y a los líderes elegidos por voto popular a "pensar sobre lo impensable", para usar las palabras de Khan, y pensar en las secuelas de la guerra nuclear. El ejercicio fue tan exitoso que otros gobiernos y compañías en todo el mundo adoptaron estas técnicas. La compañía Royal Dutch Shell popularizó la planeación de escenarios cuando reveló que los escenarios les habían permitido a sus gerentes prever las crisis energéticas globales (1973 y 1979) y el colapso de los mercados en 1986, además de mitigar el riesgo antes que la competencia[8]. Los escenarios son una herramienta tan poderosa que hoy, 45 años después, Shell tiene contratado un gran equipo que se dedica a investigar y a describir escenarios.

He elaborado escenarios de riesgos y de oportunidades para el futuro de la IA en muchas industrias y sectores, así como para diversos tipos de organizaciones. Los escenarios son una herramienta que nos ayuda a hacer frente al "desdeño de las probabilidades" (*probability neglect*)[9], que es un sesgo cognitivo descrito por el investigador en economía y derecho Cass Sustein. El cerebro humano es malo para evaluar el riesgo y el peligro. Asumimos que las actividades comunes son más seguras que las actividades nuevas o poco comunes. Por ejemplo, la mayoría de personas se sienten completamente seguras cuando van en un automóvil, y mucho menos cuando vuelan en una aerolínea comercial, aunque el modo de transporte más seguro es el avión. En Estados Unidos, las probabilidades de morir en un accidente automovilístico son de 1 en 114, mientras que las probabilidades de morir en un avión son de 1 en 9.821[10,11]. No somos muy buenos para valorar los riesgos de conducir un automóvil, lo cual explica por qué tantas personas chatean por el celular y beben cuando van al volante.

8 Art Kleiner, "The Man Who Saw the Future", *Strategy+Business*, febrero 12, 2003, https://www.strategy-business.com/article/8220? gko=0d07f.

9 Cass R. Sunstein, "Probability Neglect: Emotions, Worst Cases, and Law", *Chicago Unbound*, John M. Olin Program in Law and Economics Working Paper n.° 138, 2001.

10 "Quick Facts 2015", National Highway Traffic Safety Administration, https://crashstats.nhtsa.dot.gov/Api/Public/ViewPublication/812348.

11 "Aviation Statistics", National Transportation Safety Board, https://www.ntsb.gov/investigations/data/Pages/aviation_stats.aspx.

De manera similar, somos malos para valorar el riesgo de la IA porque la usamos todos los días sin pensar en absoluto en ella: damos mensaje de "me gusta" a diestra y siniestra, compartimos historias, enviamos correos y mensajes de texto, hablamos con las máquinas y permitimos que nos den "empujones".

Los riesgos que hemos imaginado provienen de la ciencia ficción, donde se representan androides fantásticos que persiguen a los humanos y se oyen voces incorpóreas que nos torturan psicológicamente. No solemos pensar sobre el futuro de la IA dentro de los ámbitos del capitalismo, la geopolítica y la democracia. No nos imaginamos a nosotros mismos en el futuro ni suponemos cómo nos afectarán los sistemas autónomos en materia de salud, relaciones humanas y felicidad.

Necesitamos contemplar escenarios que tomen en cuenta lo público y describan las diversas maneras como la IA y los nueve gigantes nos pueden afectar colectivamente, conforme progresa la IA y pasa de las aplicaciones estrechas a los sistemas generalmente inteligentes e, incluso, va más allá. No podemos darnos el lujo de permanecer de brazos cruzados. Debemos mirar el panorama de la siguiente manera: el agua está contaminada con plomo; las juntas anulares son defectuosas; hay grietas en los recubrimientos de los reactores. El estado actual de la IA es fuente de problemas fundamentales para los cuales hay señales de alarma, y necesitamos hacerles frente a esos asuntos ahora. Si tomamos las decisiones y emprendemos las acciones correctas hoy, habrá maravillosas oportunidades esperándonos en el futuro.

En los siguientes capítulos detallaré tres escenarios: uno optimista, uno pragmático y uno catastrófico, que he modelizado usando datos y detalles obtenidos en el presente. Desde luego que tienen un componente de ficción, pero se basan en los hechos. El objetivo de estos escenarios consiste en darle una dimensión de mayor urgencia y realidad a algo que parece distante y fantástico. No es fácil ver la

IA en acción; por esa razón, solo nos damos cuenta de los resultados cuando son negativos. Para ese momento ya no es mucho el margen de maniobra que tiene la gente común y corriente.

El camino de la IAE a la SIA

En la primera parte de este libro tratamos sobre la inteligencia artificial estrecha (IAE) y la automatización de millones de tareas cotidianas que van desde identificar los fraudes bancarios hasta evaluar a candidatos postulantes a un trabajo o la fijación de los precios de los tiquetes aéreos.

Parafraseando a Frederick Brooks, el famoso arquitecto informático de IBM, no es posible crear programas de *software* de complejidad creciente simplemente contratando más personas para que resuelvan el problema. Contratar más desarrolladores tiende a producir el efecto contrario, que es retrasar los proyectos[12]. Por el momento, son los humanos los encargados de crear la arquitectura de los sistemas y escribir los códigos para hacer avanzar las diversas aplicaciones de IA. Como ocurre con cualquier investigación, la curva de aprendizaje es bastante considerable. Esto explica parcialmente por qué el rápido avance hacia la siguiente etapa de desarrollo de la IA es tan atractivo para los nueve gigantes. Los sistemas capaces de programarse a sí mismos pueden llegar a manejar una mayor cantidad de datos, crear y testear nuevos modelos y mejorarse a sí mismos sin que sea necesaria la participación directa de los humanos.

La IA suele definirse usando tres categorías amplias: inteligencia artificial estrecha (IAE), inteligencia artificial general (IAG) y superinteligencia artificial (SIA). En la actualidad, los nueve gigantes están trabajando con miras a la construcción y despliegue de sistemas

---

12 Frederick P. Brooks, *The Mythical Man Month: Essays on Software Engineering*, Anniversary Edition (Boston: Addison Wesley, 1995).

de IAG, con el objetivo de que puedan razonar, resolver problemas, pensar en abstracto y tomar decisiones con la misma facilidad con que lo hacemos los humanos, obteniendo resultados iguales o mejores. Gracias a la IAG aplicada, se obtendrían avances en la investigación a una velocidad exponencialmente mayor, además de resultados como el mejoramiento de los diagnósticos médicos y nuevas maneras de resolver espinosos problemas de ingeniería.

El mejoramiento de IAG nos debería llevar, finalmente, a la tercera categoría: la superinteligencia artificial (SIA). Los sistemas de SIA pueden ir desde aquellos que son ligeramente mejores para desarrollar tareas cognitivas humanas mejor que nosotros hasta aquellos que son literalmente billones de veces más inteligentes que los humanos, en todo sentido.

Para pasar del punto en el que nos encontramos hoy hasta llegar a la IAG generalizada, es necesario hacer uso de los "algoritmos evolutivos", un campo de investigación inspirado en el trabajo de Charles Darwin basado en la selección natural. Darwin descubrió que los miembros más fuertes de una especie sobreviven en el tiempo, y concluyó que su código genético pasa a dominar a la población de sus semejantes. Con el transcurso del tiempo, la especie se adapta mejor a su medio ambiente. Lo mismo ocurre con la IA. Inicialmente, un sistema comienza con un conjunto de posibilidades aleatorias o semialeatorias muy grandes (estamos hablando de millones o billones de *inputs*) y efectúa simulaciones. Dado que las soluciones que se generan en un comienzo son aleatorias, no resultan muy útiles en el mundo real. Sin embargo, algunas pueden ser marginalmente mejores que otras. El sistema eliminará las débiles y mantendrá las fuertes para, luego, crear una nueva combinación. En ocasiones, las nuevas combinaciones generarán soluciones cruzadas, que también son incluidas. Sucede, asimismo, que en ocasiones una alteración aleatoria causará una mutación, que es lo que ocurre en la evolución de cualquier especie orgánica. El algoritmo evolutivo continuará generando, descartando y promoviendo soluciones a lo largo de millones de iteraciones, con lo que producirá miles o incluso millones de descendientes, hasta que llegue a un punto en que determine que no es posible hacer más mejoras. Los algoritmos evolutivos con el poder para mutar le ayudarán a la IA a avanzar por su propia cuenta, lo cual es una posibilidad muy tentadora cuyo costo, sin embargo, es considerable: es posible que ni siquiera nuestros más brillantes científicos informáticos puedan interpretar y comprender cómo funciona la solución creada por estos sistemas y qué ocurrió para que los procesos llegaran al resultado final.

Por esta razón es tan importante —aunque parezca fantástico— incluir a las máquinas en cualquier conversación sobre la evolución de nuestra especie humana. Hasta el momento, hemos reflexionado sobre la evolución de la vida en la Tierra usando un ámbito limitado.

Hace cientos de millones de años los organismos unicelulares su fusionaron con otros organismos y se convirtieron en nuevas formas de vida. El proceso continuó hasta que los primeros humanos adquirieron la capacidad de ponerse erguidos, y mutaron hacia un ser cuyas articulaciones de las rodillas se adaptaron para permitirles caminar en dos pies, desarrollaron unos fémures más largos, descubrieron la manera de hacer hachas y de controlar el fuego, empezaron a tener cerebros más grandes y, finalmente, al cabo de millones de procesos de selección natural darwiniana, crearon las primeras máquinas pensantes.

Al igual que los robots, nuestros cuerpos también son simples contenedores de algoritmos elaborados. Por lo tanto, debemos ver la evolución de la vida como la evolución de la inteligencia: tanto la inteligencia humana como la IA han avanzado a lo largo de vías paralelas y a una velocidad que nos ha permitido a los humanos mantenernos en la parte superior de la pirámide de la inteligencia.

Eso ha ocurrido a pesar de la antigua crítica según la cual las futuras generaciones se volverían más tontas por causa de la tecnología. Recuerdo como si fuera ayer a mi profesor de cálculo del colegio, que criticaba la calculadora graficadora que acababa de entrar en el mercado cinco años antes y que, según él, volvería tonta y perezosa a mi generación. Ahora bien, aunque pensamos mucho en que las futuras generaciones se volverán tontas por culpa de la tecnología, nunca nos hemos puesto a pensar que algún día los humanos puedan llegar a ser más tontos que la tecnología. Nos estamos acercando a un punto de inflexión, y eso tiene que ver con nuestras limitaciones evolutivas.

Con mucha frecuencia, la inteligencia humana se mide usando un método de puntaje desarrollado en 1912 por el psicólogo alemán William Stern, conocido con el nombre de cociente intelectual (CI). El puntaje se calcula dividiendo el resultado de un test de inteligencia por la edad cronológica del individuo y luego multiplicando la respuesta por 100. Más o menos el 2,5 % de la población se encuentra por encima de los 130 puntos: a ellos se los considera pensadores de élite. Por otro lado, un 2,5 % se ubica por debajo de los 70 puntos y a estas se las considera como personas con discapacidades mentales o problemas de aprendizaje. Incluso con unos cuantos puntos de desviación estándar como margen, podemos afirmar que dos tercios de la población se encuentra entre los puntajes de 85 y 115. Con todo, hoy en día somos un poco más inteligentes de lo que solíamos ser. Desde comienzos del siglo XX, los puntajes promedio de CI humano han venido creciendo a una tasa de 3 puntos por década, quizás debido a una mejor nutrición y educación y a la complejidad medioambiental[13].

---

13 Peter Wilby, "Beyond the Flynn Effect: New Myths about Race, Family and IQ?", *Guardian*, septiembre 27, 2016, https://www.theguardian.com/education/2016/sep/27/james-flynn-race-iq-myths-does-your-family-make-you-smarter.

Como resultado de estas circunstancias, el nivel general de inteligencia de la humanidad se ha desplazado hacia la derecha en la curva de Bell. Si la tendencia se mantiene, deberíamos tener más genios hacia el final del siglo. Mientras tanto, el camino de nuestra evolución biológica se habrá cruzado con el de la IA.

A medida que vaya mejorando nuestra capacidad intelectual, lo hará también la IA. Sin embargo, no podemos asignarle un puntaje a esta última utilizando la escala del CI. En lugar de eso, tenemos que medir el poder de un computador usando operaciones (y cálculos) por segundo —identificados con la sigla OPS— que todavía podemos seguir comparando con el cerebro humano. Dependiendo de los individuos, el máximo de operaciones por segundo que nuestro cerebro puede llevar a cabo es de un exaFLOP, que equivale aproximadamente a un trillón de operaciones por segundo (10^{18}), y esas OPS dan cuenta de montones de actividades que ocurren sin que nos demos cuenta de ellas de manera directa: los micromovimientos que hacemos cuando respiramos, el procesamiento visual continuo que se lleva a cabo cuando tenemos los ojos abiertos y otros similares.

Lanzado en el 2010, el Tianhe-1 de China fue el supercomputador más rápido y potente del mundo, construido en su totalidad con microprocesadores chinos y con un pico teórico de 1,2 petaFLOPS (un petaFLOPS son 10^{15} operaciones por segundo). Es rápido, pero no tan rápido como el cerebro humano. Luego, en junio del 2018, IBM y el Departamento de Energía de Estados Unidos lanzaron Summit, una plataforma de 200 petaFLOPS, específicamente diseñada para la IA[14]. Eso significa que nos estamos acercando a una máquina pensante con un poder de cómputo más medible que el que tenemos biológicamente, a pesar de que todavía no puede

---

14 Stephanie Condon, "US Once Again Boasts the World's Fastest Supercomputer", *ZDNet*, junio 8, 2018, https://www.zdnet.com/article/us-once -again -boasts-the-worlds-fastest-supercomputer/.

pasar la prueba de Turing y engañarnos para hacernos creer que es un humano.

Sin embargo, la velocidad no es el único parámetro que cuenta. Si pudiéramos acelerar la velocidad de procesamiento del cerebro de un perro a 10^{15} OPS, este animal no podría, de repente, empezar a hacer ecuaciones diferenciales: simplemente olfatearía y perseguiría un mayor número de cosas en el jardín. La arquitectura del cerebro humano es mucho más compleja que la de un perro: hay un mayor número de conexiones entre nuestras neuronas, hay proteínas especiales y nodos cognitivos sofisticados[15]. Aun así, la IA es extensible de maneras diferentes a lo que ocurre con los humanos, cuya arquitectura cerebral de base no cambia. La ley de Moore, que sostiene que el número de componentes de los circuitos integrados se duplicará cada dos años conforme vaya reduciéndose el tamaño de los transistores, es bastante precisa y nos indica que el avance de los computadores se produce de manera exponencial. Cada vez hay una mayor disponibilidad de datos, así como de nuevos tipos de algoritmos, de componentes avanzados y nuevas maneras de conectar las redes neurales. Todo esto implica que la potencia aumentará. A diferencia de lo que ocurre con los computadores, los humanos no podemos cambiar fácilmente la estructura de nuestro cerebro, ni la arquitectura de la inteligencia humana. Para ello tendríamos que 1) entender completamente cómo funciona nuestro cerebro, 2) modificar la arquitectura y la química de nuestro cerebro, con cambios que se puedan transmitir a las futuras generaciones y 3) esperar la cantidad de años que requerimos los humanos para producir descendencia.

Si mantenemos el mismo ritmo, a los humanos nos tomará cincuenta años de evolución para subir 15 puntos en la escala del

---

15 Jen Viegas, "Comparison of Primate Brains Reveals Why Humans Are Unique", *Seeker*, noviembre 23, 2017, https://www.seeker.com/health/mind/comparison-of-primate-brains-reveals-why-humans-are-unique.

cociente intelectual. Para nosotros, la diferencia de 15 puntos será notable. La diferencia entre un cerebro con 119 puntos de CI ("promedio alto") y uno de 134 ("persona superdotada") equivaldrá a una capacidad cognitiva significativamente mayor. Es decir, la persona podrá hacer conexiones de manera más rápida, dominar nuevos conceptos más fácilmente y pensar con mayor eficiencia. No obstante, dentro del mismo marco temporal, la capacidad cognitiva de la IA no solamente será superior a la humana, sino que se volverá totalmente irreconocible para nosotros, pues no contamos con la potencia de procesamiento biológico para entender qué es. Para nosotros, el encuentro con una máquina superinteligente será comparable a ver sentado a un chimpancé en la sesión de un cabildo local. El simio puede reconocer que hay personas en la sala y que está sentado en una silla, pero no podrá participar en una discusión de alto vuelo sobre la conveniencia o no de añadir carriles para bicicletas en una intersección muy transitada. No tendría ni el menor asomo de la capacidad cognitiva que se necesita para descifrar el lenguaje usado en la sesión, y mucho menos tendrá el razonamiento y la experiencia para determinar por qué los carriles para bicicletas son tan controversiales. En la larga evolución de la inteligencia y en nuestro camino hacia la SIA, los humanos somos análogos al chimpancé.

Una SIA no es forzosamente peligrosa, ni elimina necesariamente el papel que desempeñamos los humanos en la civilización. No obstante, la SIA tomará, casi con toda seguridad, decisiones de una manera no consciente, siguiendo una lógica que es extraña para nosotros. Nick Bostrom, filósofo de la Universidad de Oxford, explica los resultados posibles que se producirán con la SIA, mediante el uso de una parábola con clips. Si le pidiéramos a una SIA que hiciera clips, ¿qué ocurriría a continuación? Los resultados de cada IA, incluidas aquellas de las que disponemos en este momento, están determinados por valores y metas. Es posible que una SIA pueda inventar un nuevo y mejor clip que mantenga juntas las hojas, de tal manera que, aunque se las deje caer al suelo, las páginas siempre se mantengan en el mismo orden. Es posible que si no logramos explicar cuántos clips *queremos*, una SIA continúe fabricando clips para siempre, con lo cual nuestras casas y oficinas, además de los hospitales, los colegios, los ríos, los lagos, los sistemas de alcantarillados y todo lo demás se llenarían de estos, hasta que montañas de clips cubrieran el planeta.

En la misma línea de pensamiento, una SIA cuyo valor rector sea la eficiencia podría decidir que los humanos estamos interfiriendo con el avance de los clips, razón por la cual alteraría la Tierra para convertirla en una fábrica de producción de clips, con lo cual la especie humana se extinguiría[16].

¿Qué es lo que tanto nos preocupa a los expertos en IA, entre los que me incluyo? Si las capacidades cognitivas de las SIA son superiores a las nuestras por varias magnitudes (recordemos que los humanos nos encontramos a muy pocos pasos de los chimpancés), sería imposible para nosotros imaginar las consecuencias que unas máquinas tan poderosas podrían tener sobre nuestra civilización.

Por esta razón aparece con tanta frecuencia la palabra *explosión* en el lenguaje de los investigadores sobre IA. Fue acuñada por primera vez por el matemático y criptólogo británico I. J. Good, en un ensayo de 1965: "Una máquina ultrainteligente podría diseñar máquinas aún mejores; en ese momento, se produciría indudablemente una 'explosión de inteligencia', y la inteligencia humana quedaría totalmente rezagada. Por lo tanto, la máquina ultrainteligente es el último invento que el ser humano necesitaría hacer,

---

16 Nick Bostrom, "Ethical Issues in Advanced Artificial Intelligence", NickBostrom.com, 2003, https://nickbostrom.com/ethics/ai.html.

siempre y cuando esa máquina sea lo suficientemente dócil como para decirnos de qué manera la podemos mantener bajo control"[17].

Los nueve gigantes están creando *frameworks* y sistemas que (eso esperan) algún día harán que ocurra una explosión. Esta permitirá encontrar soluciones totalmente nuevas, además de estrategias, conceptos, *frameworks* y enfoques que ni siquiera nuestros más brillantes científicos informáticos habrían podido concebir. Así, se abrirá paso a descubrimientos, oportunidades y crecimientos comerciales aún más rápidos. En términos técnicos, a esta perspectiva se la conoce como "automejoramiento recursivo", y hace referencia a un ciclo en el cual la IA modifica sus propias capacidades para volverse mejor, más rápida y más inteligente. Esto les permitiría a las IA asumir el control y planificar su propio destino. La velocidad del automejoramiento podría estar dada en términos de horas o, incluso, en el instante mismo.

La "explosión de inteligencia" que está por venir describe no solo la velocidad de los supercomputadores o la potencia de los algoritmos, sino, también, la enorme proliferación de máquinas pensantes inteligentes que se basarán en el automejoramiento recursivo. Imagine el lector un mundo en el cual unos sistemas muchísimo más avanzados que AlphaGo Zero y NASNet no solamente tomarán decisiones estratégicas de manera autónoma, sino que, además, trabajarán colaborativa y competitivamente como parte de la comunidad global.

Será un mundo en el cual se les pedirá a los sistemas que evolucionen principalmente para ayudarnos a los humanos (y lo harán escribiendo nuevas generaciones de código, mutando o automejorando), solo que a una velocidad vertiginosa. Las IA que surjan a partir de este proceso crearán nuevos agentes y los programarán

---

17 I. J. Good, "Speculations Concerning the First Ultraintelligent Machine", *Advances in Computers* 6 (1965): 31-88.

con un propósito y un conjunto de tareas. Ese ciclo se repetiría una y otra vez, trillones de veces, lo cual conduciría a cambios que pueden ser minúsculos, pero también gigantescos.

El único momento en la historia en el que se ha dado un cataclismo evolutivo de dimensiones semejantes ocurrió aproximadamente hace 542 millones de años, durante el período Cámbrico, momento en el cual la rápida diversificación de nuestro bioma dio origen a todo tipo de formas de vida nuevas y complejas que transformaron el planeta. Gill Pratt, exdirector del programa de DARPA, afirma que estamos en medio de una explosión cámbrica en este preciso momento, un período en el cual la IA aprende de las experiencias de todas las inteligencias artificiales. Después de este período, nuestra vida en la Tierra tal vez será radicalmente diferente a la de hoy[18].

Por esta razón, los nueve gigantes, sus inversionistas y sus accionistas, nuestras agencias gubernamentales y los gobernantes elegidos en las urnas, los investigadores en sus trincheras y —no menos importante— los lectores deben reconocer las señales de alarma y pensar de manera más crítica no solamente sobre la IAE (inteligencia artificial estrecha) que se está creando en este momento, sino también en las IAG (inteligencias artificiales generales) y las SIA (superinteligencias artificiales) que se empiezan a vislumbrar en el horizonte. La evolución de la inteligencia es un espacio continuo donde coexisten tanto los humanos como las máquinas. Los valores de los nueve gigantes ya están profundamente codificados en los algoritmos, sistemas y *frameworks* que existen. Esos valores serán transmitidos a millones de nuevas generaciones de inteligencias artificiales que evolucionarán, y muy pronto, para convertirse en máquinas pensantes generalmente inteligentes.

---

18 Gill A. Pratt, "Is a Cambrian Explosion Coming for Robotics?", *Journal of Economic Perspectives* 29, n.º 3 (verano 2015): 51-60, https://www .aeaweb.org/articles?id=10.1257/jep.29.3.51.

La transición de la IAE a la SIA probablemente ocurrirá a lo largo de los próximos setenta años. En este momento, es difícil determinar en qué fechas exactas ocurrirán las cosas, porque la velocidad del progreso en la IA depende de una gran cantidad de factores y de personas: los nuevos miembros admitidos en las tribus de IA, las decisiones estratégicas tomadas en los nueve gigantes, las guerras comerciales y las disputas geopolíticas, para no mencionar los golpes de suerte y los eventos caóticos.

En mis propios modelos, ubico el advenimiento de la IAG hacia el 2040. Ese año aparece ubicado en un futuro distante, así es que daré un poco de contexto. Para esa época, ya habrán pasado tres o cuatro presidentes más por la Casa Blanca (si no padece graves problemas de salud, el presidente chino Xi Jinping seguirá en el poder). Yo habré llegado a la edad de 65 años cuando los sistemas de IAG empiecen a hacer su propia investigación en IA. Mi hija, que en la actualidad cursa segundo grado de primaria, tendrá para ese entonces 30 años y tal vez este leyendo un *best-seller* del *New York Times* escrito en su totalidad por una máquina. Mi padre tendrá noventa y pico de años, y todos sus especialistas médicos (cardiólogos, nefrólogos, radiólogos) serán IAG dirigidas y manejadas por un médico generalista altamente entrenado que, además de ser médico, es un científico de datos. La llegada de la SIA podría ocurrir más tarde o más temprano, en un período entre el 2040 y el 2060. Esto no quiere decir que para el 2070 las SIA habrán inundado el planeta con billones de clips. Pero tampoco quiere decir que no lo harán.

Las historias que debemos contarnos

La planificación de los futuros de las IA requiere que creemos nuevas narrativas usando datos provenientes del mundo real. Dada la evolución de la IA, debemos crear escenarios que describan la intersección entre los nueve gigantes, las fuerzas económicas y políticas que los guían y las maneras como la humanidad incide mientras la IA hace su transición desde las aplicaciones estrechas hacia las máquinas pensantes generalmente inteligentes y, en último término, superinteligentes.

El futuro no ha llegado todavía y por esa razón no podemos saber con certeza cuáles serán todos los posibles resultados de las acciones que estamos llevando a cabo en el presente. Por eso, los escenarios que presentaré en los siguientes capítulos están escritos usando diferentes encuadres emotivos, que describen los próximos cincuenta años. En primer lugar, presento un escenario optimista en el que la pregunta es: ¿qué ocurrirá si los nueve gigantes se atreven a llevar a cabo cambios drásticos, para garantizar que los beneficios de la IA nos lleguen a todos? Vale la pena hacer una distinción: cuando hablo de escenarios "optimistas" no me refiero necesariamente a una realidad estimulante o alegre. Los escenarios a los que me refiero no son sinónimos de utopía. En un escenario optimista estamos asumiendo que se van a tomar las mejores decisiones posibles, y que se superarán las barreras que se puedan tener en el camino hacia el éxito. En lo que nos concierne, esto significa que los nueve gigantes producirán un cambio en el rumbo de la IA. Gracias a que los nueve gigantes toman las mejores decisiones en el momento conveniente, todos tendremos un mejor futuro. Se trata de un escenario donde me gustaría vivir, es un futuro que podemos alcanzar si trabajamos mancomunadamente.

Después describo un escenario pragmático en el que detallo cómo será el futuro si los nueve gigantes se limitan a hacer mejoras menores en el corto plazo. Asumimos que, aunque todas las principales partes interesadas reconocen que el camino que recorre la IA no sea el adecuado, no se producirá un trabajo mancomunado para generar un cambio significativo y duradero. Algunas universidades impondrán cursos obligatorios de ética; la GMAFIA conformará asociaciones industriales para hacer frente a los riesgos, pero no hará que la cultura corporativa evolucione; los gobernantes elegidos en las urnas se concentrarán en sus próximos ciclos electorales y perderán de vista los grandiosos planes faraónicos que China contempla. En un escenario pragmático no esperemos que se hagan grandes cambios; reconozcamos que el ir y venir están presentes en la tendencia humana a mejorar. En los escenarios pragmáticos se reconoce que, tanto en los negocios como en los gobiernos, los líderes están muy dispuestos a olvidar el futuro para concentrarse en las ganancias inmediatas y de corto plazo.

Por último, en el escenario catastrófico explicaré lo que ocurrirá si todas las señales de advertencia se pasan por alto o se omiten, si no trabajamos activamente en la elaboración de un plan para el futuro y si los nueve gigantes continúan compitiendo los unos contra los otros. Si escogemos persistir en mantenernos en el estado actual de cosas, ¿a dónde vamos a llegar?, ¿qué sucederá si la IA continúa por las mismas rutas de desarrollo en los Estados Unidos y China? Crear cambios sistemáticos (que es lo que se necesita para evitar que ocurra el escenario catastrófico) es un trabajo difícil, que toma tiempo y que no termina de la misma forma como un deportista cruza una línea de meta. Esto es lo que hace que el escenario catastrófico sea tan atemorizante y que sus detalles resulten tan perturbadores. A decir verdad, en el momento actual el escenario catastrófico es el que parece más cercano a la realidad.

He investigado, modelizado y escrito estos tres escenarios para describir los resultados de lo que podría ocurrir a partir del 2029. Como componentes básicos de los escenarios tenemos algunos temas clave, entre los que se incluyen la movilidad y las oportunidades económicas, la productividad de la fuerza laboral, el mejoramiento de las estructuras sociales, las dinámicas de poder de los nueve gigantes, las relaciones entre los Estados Unidos y China y la expansión o la limitación de la democracia y el comunismo a escala global.

En los escenarios, muestro cómo pueden transformarse nuestros valores sociales y culturales conforme va madurando la IA: nuestra manera de definir la creatividad, las formas como nos relacionamos los unos con los otros y nuestras ideas sobre la vida y la muerte. Dado que el objetivo de los escenarios es ayudarnos a comprender cómo será la vida durante nuestra transición de la IAE a la SIA, he incluido ejemplos de ámbitos como el hogar, el trabajo, la educación, la atención en salud, los marcos policiales, nuestras ciudades, la infraestructura local, la seguridad nacional y la política.

Un resultado probable en el corto plazo de la IA —que, además, es una constante en los tres escenarios— es la aparición de lo que yo llamo "registro de datos personales (RDP)". Se trata de un inventario individual unificador, que incluye todos los datos que creamos a través de nuestros hábitos digitales (pensemos en internet y en los teléfonos móviles), pero también incluye otras fuentes de información: nuestros registros laborales y académicos (diplomas, empleadores anteriores y actuales), nuestros registros legales (matrimonios, divorcios, arrestos), nuestros registros financieros (hipotecas, calificación de historia crediticia, préstamos, impuestos), viajes (países visitados, visas), historial de búsqueda de pareja (aplicaciones en línea), salud (historias clínicas electrónicas, resultados de análisis genéticos, hábitos de ejercicio) y nuestro historial de compras (compras en línea, uso de cupones en los almacenes).

En China el RDP también incluiría todos los datos relacionados con el puntaje de crédito social que describimos en el capítulo anterior. Las IA creadas por los nueve gigantes tendrían como base de su aprendizaje los RDP y los usarían para tomar decisiones automáticas, además de ofrecerle al usuario una serie de servicios. El RDP de cada persona sería heredable —consistiría en un registro muy completo que se transmite a los hijos y es usado por ellos— y podría estar bajo la administración temporal, o ser de propiedad permanente, de uno de los nueve gigantes. Los RDP desempeñan un papel principal en los escenarios que detallaremos en los siguientes capítulos.

Los RDP todavía no existen, pero, desde mi punto de vista, ya hay señales que anuncian un futuro en el que las muy diversas fuentes de datos personales se unificarán bajo un solo registro que proporcionarán y mantendrán los nueve gigantes. De hecho, ya formamos parte de ese sistema y estamos utilizando en la actualidad un proto-RDP: la dirección de correo electrónico.

La dirección de correo electrónico de una persona promedio se utiliza para ingresar a diversos lugares digitales; el número de su teléfono móvil se utiliza para ubicarla en el mundo físico. Si usted es usuario de Gmail, eso significa que Google —y, por extensión, sus inteligencias artificiales— lo conocen mejor que su cónyuge o su pareja. El sistema conoce los nombres y las direcciones de correo electrónico de todas las personas con quienes usted habla, además de su información demográfica (por ejemplo, la edad, el género, la residencia). Google sabe en qué momento del día y en qué circunstancias usted tiende a abrir el correo electrónico. A partir del uso que usted hace de este, Google conoce sus itinerarios de viajes y sus registros financieros y sabe cuáles son sus compras. Si usted toma fotos con su teléfono Android, Google conoce las caras de sus amigos y familiares y puede detectar anomalías para hacer inferencias: la aparición repentina de nuevas fotos de la misma persona podría indicar que usted tiene una nueva novia (o una amante). El sistema sabe cuáles son sus citas de trabajo o con el médico, y cuáles son sus planes respecto a ir al gimnasio. Sabe si usted observa el Ramadán o el *Rosh Hashaná*, si va a la iglesia o si no practica ninguna religión. Sabe dónde tiene que estar usted el martes por la tarde, aunque, en realidad, se encuentre en otro lugar. Sabe qué busca la persona usando los dedos y la voz, y sabe si está teniendo un aborto involuntario por primera vez, o si está aprendiendo a hacer paella, o si está teniendo dificultades con su identidad sexual o con su asignación de género, o si está pensando en dejar la carne, o si está buscando un nuevo trabajo. El sistema cruza todos estos datos, aprende de ellos, los convierte en productos y los monetiza al mismo tiempo que le da a la persona "empujoncitos" en direcciones predeterminadas.

En este momento, Google conoce toda esta información porque usted la ha ligado voluntariamente a un solo registro que es su dirección de Gmail, la cual, dicho sea de paso, también se usa para hacer compras en Amazon y para entrar a Facebook. Esto no es una queja, sino un hecho de la vida moderna. Conforme vaya avanzando la IA, un registro de datos personales más robusto les permitirá a los nueve gigantes ser más eficientes, de tal manera que nos darán empujoncitos para aceptar y adoptar los RDP, aunque no comprendamos del todo las implicaciones que tiene su uso. Desde luego que en China los RDP ya funcionan bajo la modalidad de sus puntajes de crédito social.

Joan Didion decía en *The White Album* que "nos contamos historias para poder vivir". Y añadía que "interpretamos lo que vemos y seleccionamos la que más funciona entre las múltiples opciones". Todos podemos escoger en materia de IA. Ha llegado la hora de usar la información que tenemos a nuestra disposición para contarnos historias, es decir, escenarios que describan cómo podríamos vivir junto a nuestras máquinas pensantes.

CAPÍTULO 5
El progreso en la tercera era de la computación: el escenario optimista

Estamos en el 2023 y hemos tomado las mejores decisiones posibles en lo concerniente a la inteligencia artificial (IA): hemos cambiado nuestra ruta de desarrollo en materia de IA, estamos trabajando de manera mancomunada de cara al futuro y ya estamos viendo cambios positivos y duraderos. Las tribus de la IA, las universidades, los nueve gigantes, las agencias gubernamentales, los inversionistas, los investigadores y los ciudadanos comunes se han tomado en serio las señales de advertencia.

Comprendemos que ningún cambio individual resolverá los problemas que ya hemos creado y que la mejor estrategia en este momento es recalibrar nuestras expectativas respecto al futuro de la IA. Reconocemos que la IA no es tan solo un producto hecho en Silicon Valley, algo que había que monetizar mientras el mercado estaba al alza.

* * *

Ante todo, entendemos las razones por las cuales China ha hecho sus inversiones estratégicas en IA y cómo las rutas de desarrollo de la IA están en consonancia con el discurso más amplio de ese país sobre el lugar que quiere ocupar en el mundo en el futuro. A China no le interesa únicamente mejorar su balanza comercial, sino que quiere obtener una ventaja absoluta sobre los Estados Unidos en lo relacionado con la dominación económica, el desarrollo de la fuerza laboral, la influencia geopolítica, el poderío militar, la influencia social y la administración ambiental.

Sobre la base de esta claridad, nuestros gobernantes elegidos en las urnas, con el apoyo pleno de los grupos de la GMAFIA y las tribus de la IA, forman una coalición internacional para proteger y preservar la IA como un bien público. Esta coalición ejerce presión sobre China y utiliza las palancas económicas para combatir el uso de la IA como herramienta de vigilancia y como catalizadora del comunismo.

Al reconocer que China está usando la IA para alcanzar sus objetivos económicos y militares, así como para difundir las semillas del comunismo y fortalecer su control sobre la sociedad, el gobierno de los Estados Unidos financia ampliamente, con sus fondos federales, el desarrollo de la IA, lo que elimina la presión para la GMAFIA de tener que obtener ganancias a corto plazo. Si se considera el precedente de nuestra carrera espacial de la década de 1950, está claro que otros países pueden superar fácilmente a los Estados Unidos en ausencia de una coordinación nacional. También está perfectamente claro cuál puede ser la influencia que ejercen los Estados Unidos en materia de ciencia y tecnología cuando este país cuenta con una estrategia nacional coordinada: debemos agradecer al gobierno federal por el GPS y el internet.

Ni la IA ni su financiación están politizadas, y todo el mundo está de acuerdo en que regular la GMAFIA y la IA es una opción inadecuada. Implantar unas regulaciones vinculantes rígidas es un error, pues estas quedarían desactualizadas en cuanto entren en vigor, sofocarían la innovación y serían difíciles de aplicar. A través de un apoyo bipartidista, los estadounidenses se unen para asumir un mayor gasto federal en IA y se inspiran en la hoja de ruta pública de China. Se financian la investigación y el desarrollo, los estudios de impacto en la economía y en la fuerza laboral, los estudios de impacto social, los programas de diversidad, las iniciativas médicas y de salud pública, así como la infraestructura; también se busca hacer que la educación pública en los Estados Unidos vuelva a ser buena otra vez, con salarios atractivos para los maestros y un plan de estudios que prepare a todos para un futuro en el que prevalecerá la automatización. Ya no creemos que la GMAFIA pueda servir por igual a sus dos amos de Washington D. C. y Wall Street, ni creeremos que los mercados libres y nuestro espíritu emprendedor producirán los mejores resultados para la IA y para la humanidad.

* * *

La recién formada Coalición de la GMAFIA, que ya dispone de una estrategia nacional y cuenta con una sólida financiación, se formaliza con acuerdos multilaterales para trabajar mancomunadamente en el futuro de la IA. La Coalición de la GMAFIA define y adopta estándares que, ante todo, priorizan la ruta de desarrollo para que la IA se alinee de la mejor manera con los intereses de la democracia y la sociedad. La GMAFIA está de acuerdo en unificar las tecnologías de la IA. La colaboración conduce a la creación de mejores conjuntos de microcircuitos, *frameworks* y arquitecturas de red, se acaba la competencia entre los sistemas de IA y se termina también la bifurcación de la comunidad de desarrolladores. Los investigadores pueden dedicarse a oportunidades de mapeo para que todos ganen.

La Coalición de la GMAFIA adopta la transparencia como valor central y reescribe radicalmente los contratos de servicio, las reglas y los flujos de trabajo para favorecer la comprensión y la educación. Lo hace de manera voluntaria y, por lo tanto, evita cualquier regulación. Los conjuntos de datos, los algoritmos de entrenamiento y las estructuras de la red neuronal se hacen transparentes para proteger solo los secretos comerciales y la información confidencial que pudieran causar daños económicos a uno de los miembros de la coalición, en caso de que fueran divulgados. Los equipos legales individuales de los miembros de la GMAFIA no se pasan años buscando vacíos legales y debatiendo sobre ellos, ni prolongando la adopción de medidas de transparencia.

Teniendo claro que la automatización está en el horizonte, la GMAFIA nos ayuda a pensar en los escenarios de desempleo y a preparar a nuestra fuerza de trabajo para la tercera era de la computación. Con su ayuda, la IA no nos resulta atemorizante, sino que la consideramos, más bien, como una gran oportunidad para el crecimiento económico y la prosperidad individual. El liderazgo de pensamiento de la GMAFIA deja de poner el énfasis en sacar productos de moda y se concentra en buscar mejores enfoques de capacitación y educación para los trabajos del mañana.

* * *

La estrategia nacional de los Estados Unidos y la formación de nuestra Coalición de la GMAFIA alientan a los líderes de otras democracias del mundo a apoyar el desarrollo global de la IA para el bien de todos. La Universidad de Dartmouth, en una reunión similar a la del verano de 1956, acoge el primer foro intergubernamental, donde se hacen presentes equipos interdisciplinarios de líderes de las economías más avanzadas del mundo: ministros, primeros ministros y presidentes de los Estados Unidos, Reino Unido, Japón, Francia, Canadá, Alemania, Italia y otros miembros de la Unión Europea, así como investigadores en IA, sociólogos, economistas, teóricos del juego, futuristas, politólogos, etc. A diferencia del grupo homogéneo de hombres con formaciones similares que asistieron al primer taller de Dartmouth, esta vez el grupo de líderes y expertos reúne a una amplia gama de personas y visiones de mundo. Desde el mismo punto reverenciado donde nació la IA moderna, estos líderes se comprometen a facilitar y trabajar mancomunadamente en iniciativas y políticas sobre la IA. Inspirados en la mitología griega, toman el nombre de la madre ancestral de la Tierra y forman el grupo GAIA: Global Alliance on Intelligence Augmentation (Alianza Global para la Intensificación de la Inteligencia).

Como no forma parte de GAIA, la influencia global de China disminuye. La colaboración internacional no tiene un impacto financiero negativo en los miembros chinos de los nueve gigantes (Baidu, Tencent y Alibaba), que continúan brindando muchos servicios a los ciudadanos chinos. Sin embargo, muchos de los planes a largo plazo de China, incluida su iniciativa "Cinturón y Ruta de la Seda", entran en un terreno inestable, pues sus socios se retiran de los proyectos piloto y la consecución de nuevos aliados resulta difícil.

Esto no significa que todos los problemas existentes en materia de IA desaparecerán de la noche a la mañana. La comunidad de la IA sabe que se seguirán cometiendo errores en las inteligencias artificiales estrechas (IAE), debido a la cosmovisión limitada de la tribu nativa de IA. Sabemos que los prejuicios relacionados con la política, el género, la riqueza y la raza no desaparecerán de inmediato. Las naciones que forman parte de GAIA firman acuerdos en los que explícitamente aceptan priorizar la seguridad sobre la velocidad y dedican recursos considerables a limpiar todos nuestros sistemas actuales: las bases de datos y los algoritmos que ya están en uso, los *frameworks* sobre los que están construidos, los productos a nivel empresarial que incorporan IA (como aquellos que se usan en los bancos y los organismos policiales) y los dispositivos convencionales de consumo que usan la IA para las labores cotidianas (los altavoces inteligentes, los relojes y los teléfonos). GAIA estimula (y recompensa) la responsabilidad pública.

Dentro de GAIA, se decide tratar nuestros registros de datos personales (RDP) de la misma manera como tratamos los registros contables distribuidos de los *blockchains*, los cuales utilizan miles de computadores independientes para grabar, compartir y sincronizar transacciones. Por diseño, no mantienen los datos centralizados bajo el paraguas de una sola empresa o agencia. Dado que la Coalición de la GMAFIA adopta un conjunto de estándares e implementa tecnologías de IA unificadas, se hace claro que nuestros RDP realmente no necesitan una empresa que coordine todo centralmente para administrar las transacciones. En consecuencia, los individuos son los dueños de sus propios RDP, que son tan privados o tan públicos como cada cual quiera que sean y son totalmente interoperables, lo cual quiere decir que podemos conectarlos simultáneamente a todos o a algunos de los miembros de la GMAFIA y a muchos otros servicios basados en la IA, como los consultorios de los médicos, las escuelas y las infraestructuras urbanas. Los miembros de la GMAFIA son los guardianes de la IA y de nuestros datos, pero no son los propietarios de estos. Nuestros RDP son heredables: podemos dejarles esos datos a nuestros hijos, y tendremos la capacidad de establecer permisos (para visibilidad completa, limitada o nula) en diferentes partes de los registros.

Conforme la IA evolucione y pase de las aplicaciones estrechas a las máquinas pensantes generalmente inteligentes, las tribus de la IA y la GMAFIA se habrán ganado nuestra confianza. No son simples compañías que crean excelentes aplicaciones: Google, Microsoft, Apple, Facebook, IBM y Amazon serán tan centrales para los estadounidenses y su sistema de valores como el béisbol, la libertad de expresión y el 4 de Julio.

El comunismo queda a un lado. Se producirán una alineación y un trabajo mancomunado sobre la IA y el futuro de la humanidad entre las naciones que valoran el derecho de sus ciudadanos a la libre expresión y la propiedad; que apoyan las libertades religiosas; que son aliadas de todas las personas sin discriminación de género, etnia, sexo y raza; que cuentan con un gobierno para servir a la gente; que gobiernan a través de representantes elegidos en las urnas; y que cuentan con un equilibrio entre las libertades individuales y la seguridad pública.

2029: unos empujoncitos cómodos

Gracias a la colaboración entre los miembros de la GMAFIA y a que GAIA produce muchos nuevos acuerdos comerciales, los ciudadanos de todo el mundo tienen un acceso mejor y más barato a los productos y servicios con tecnología de IAE. GAIA se reúne regularmente y favorece la transparencia de todo su trabajo, mientras que sus grupos de trabajo multinacionales se mantienen al día, de manera cómoda, en materia de avances tecnológicos.

* * *

Los hogares de clase media usan la IA para hacerse la vida un poco más fácil. Los dispositivos, las plataformas y otros servicios son interoperables incluso entre países, aunque unas décadas atrás las licencias y las restricciones de datos previas impedían la libre circulación entre fronteras. Las lavadoras y secadoras inteligentes usan menos energía, son más eficientes y se sincronizan con nuestros sistemas de ciudades inteligentes para compartir datos. Con nuestro consentimiento, permitimos que el lavado de nuestra ropa se haga en los momentos en que causa el menor estrés posible a nuestros servicios públicos de agua y electricidad.

La IAE es compatible con la computación sensorial, lo que significa que podemos buscar y recolectar información del mundo real utilizando datos sensoriales: vista, olfato, oído, gusto y tacto. En su cocina, usted utiliza escáneres portátiles, equipados con cámaras inteligentes y visión artificial. El espectrómetro que viene en un pequeño dispositivo doméstico de IAE captura y lee la luz de un aguacate para indicarle que probablemente no estará maduro antes del fin de semana. Por otra parte, le podrá señalar que el aceite de oliva de bajo precio que usted acaba de comprar no es puro, sino una mezcla de tres aceites diferentes. Otro sensor en la cocina detecta que el pollo que se está asando en el horno está a punto de secarse. En la parte superior, un sensor háptico le dice que su bebé de tres años logró salirse (nuevamente) de la cuna.

* * *

La GMAFIA se ha asociado con otras compañías en el área de la realidad mixta, lo que ha mejorado sustancialmente la vida de las personas que padecen demencia y enfermedad de Alzheimer. Las gafas inteligentes reconocen de manera instantánea personas, objetos y lugares, lo que ayuda a nuestros seres queridos a recordar y a llevar una vida más plena.

Originalmente, pensábamos que los productos y servicios de la GMAFIA causarían aislamiento social, que estaríamos solos en nuestras casas, interactuando con seres digitales, y que habríamos perdido completamente el contacto con el mundo exterior. Sin embargo, estábamos completamente equivocados. Las plataformas y el *hardware* de la GMAFIA nos han abierto la puerta a nuevas formas de socializar con otras personas. Ahora pasamos más tiempo en cines de realidad mixta que ofrecen entretenimiento inmersivo. Hay salas de realidad mixta en todas partes. Se parece a la década de 1980, pero con una diferencia: los juegos, las experiencias y las salas de reuniones de realidad mixta tienen precios asequibles y también pueden ingresar a ellos personas con discapacidad visual y auditiva. Vamos a discotecas silenciosas, donde usamos auriculares inalámbricos codificados por colores, conectados a nuestros *DJ* favoritos durante toda la noche. Ahora, todos pueden bailar juntos, en una experiencia común, aunque sus gustos musicales sean opuestos. Gracias a la GMAFIA, estamos más conectados que nunca los unos con los otros y con el mundo real.

En los hogares más adinerados, las aplicaciones de IAE ofrecen aún más funciones. En el jardín, los sensores miden continuamente los niveles de humedad y comparan esos datos con pronósticos de microclima. Unos sistemas de riego simples les echan agua automáticamente a las plantas, pero solo según sea necesario. Las IA predicen cuáles son los niveles óptimos de hidratación, con lo cual dejan de ser necesarios los temporizadores y no se nos secan las begonias.

En estas casas más sofisticadas, el sistema Akira de Amazon (cuyo timbre de voz no es ni masculino ni femenino) funciona en muchos idiomas, sin que importe el acento, y se comunica fácilmente con las gafas inteligentes de Apple y los registros de datos personales que maneja Google. Las lavadoras y las secadoras vienen equipadas con pequeños drones articulados y una nueva funcionalidad llamada modo Kondo, cuyo nombre proviene de Marie Kondo, experta japonesa en eliminación del desorden. La ropa se lava y se seca de acuerdo con los ciclos de oferta y demanda de la red eléctrica de la ciudad; luego, un pequeño dron dobla, clasifica y organiza la ropa por colores.

En los Estados Unidos, la compra y la entrega a domicilio de alimentos son servicios totalmente automatizados. Nunca más nos quedaremos sin suministro de tampones o de pasta de dientes. La IA es la base de los sistemas de compra predictivos que establecen una relación entre nuestras compras pasadas y nuestro RDP y saben, antes que la persona misma, cuándo debe hacer las compras de los productos que se le están acabando. A través de Amazon, tenemos acceso a productos locales frescos y a carne, junto con los otros productos básicos, como cereales para el desayuno, papel higiénico y papas fritas. Los servicios de comidas, lanzados diez años antes bajo el nombre de Blue Apron y HelloFresh, están asociados con un RDP familiar. Por un poco más de dinero en la semana, entre nuestras compras se incluirán ingredientes para todos los platos que preparamos habitualmente, además de tres nuevas comidas. Estas recetas se sincronizan automáticamente con los gustos, disgustos, alergias y necesidades nutricionales de cada miembro de la familia.

Por supuesto que usted sigue haciendo sus compras en el mundo real, pero, como muchos, elige dejar la billetera en casa. La tecnología subyacente utilizada por los sistemas de Amazon Go se ha convertido en la columna vertebral de las tiendas de servicio rápido, donde la mayoría del inventario ya está expuesto o puede reabastecerse fácilmente. Las cámaras inteligentes monitorean constantemente a los compradores, reconocen sus rasgos faciales únicos y observan lo que ponen en sus bolsas o en sus cestas. Podemos gastar hasta cien dólares sin necesidad de interactuar con un miembro humano del personal. En las tiendas más grandes (como almacenes por departamentos, almacenes de muebles y de mejoras para el hogar) o donde se venden productos más caros (como joyas, bolsos y productos electrónicos, por ejemplo), tenemos la opción de pagar con nuestra cara.

* * *

Algunos niños juegan con animales de carne y hueso, mientras que las familias más ocupadas optan por los compañeros robóticos de aspecto realista. Los perros y los gatos artificiales (que son unos lindos objetos de IA), se basan en la informática sensorial y en el aprendizaje profundo para adaptarse a su nueva casa. Las mascotas robóticas, provistas con cámaras avanzadas en las órbitas oculares, un pelaje háptico y la capacidad para reconocer cambios sutiles en nuestra voz, son significativamente más empáticas que las orgánicas, aunque son menos calienticas.

Todo el mundo, sin importar su nivel de ingresos, se siente complacido de recibir pequeños empujoncitos para tener una mejor salud. A lo largo del día, la GMAFIA nos recuerda tomar decisiones más saludables. Cuando nos vamos a trabajar y estamos esperando el ascensor, el reloj vibra un poco para hacernos mirar la pantalla: aparece un mapa sencillo del edificio de oficinas, con una flecha que apunta hacia las escaleras. Por supuesto que podemos deshabilitar esa función, pero la mayoría de las personas opta por dejarla activada. Nuestra rutina de ejercicio también se ha optimizado. Usando el registro de datos personales, los registros médicos y los datos de sensores recopilados con muchas otras fuentes (como los auriculares inalámbricos que usamos para escuchar música o la tela inteligente de nuestro sostén deportivo) la tecnología deportiva nos guía para realizar ejercicios personalizados. Una vez terminamos los ejercicios, los sensores nos ayudan a bajarle el ritmo a la actividad física y a monitorear el corazón y el metabolismo. Gracias a la GMAFIA, nuestras comunidades son más saludables y vivimos más tiempo.

La GMAFIA, basada en un único estándar para registros de datos personales, creó un conjunto de formatos estandarizados de registros médicos electrónicos, protocolos, *frameworks* e interfaces de usuario. Gracias a esta innovación, el sistema de salud es mucho más eficiente. El Congreso de los Estados Unidos pasó décadas debatiendo sobre la atención médica en el país, y la visión de la GMAFIA sobre la importancia de los datos y los algoritmos estandarizados para la prestación de los servicios de salud resultó ser la mejor medicina.

Sin importar quién sea el médico que ve a un paciente o en cuál hospital es atendido este último, la información es fácilmente accesible para cualquier persona que lo atienda. La información también está disponible para cualquiera que haya sido autorizado por el paciente para ese fin. Los datos de la mayoría de exámenes de laboratorio y exámenes de detección y análisis son agrupados por agentes de IA y no por personas, lo cual propicia una mayor precisión y resultados más rápidos. El sistema de IBM puede identificar anomalías celulares con el fin de detectar los primeros signos de cáncer, así como las células del cuerpo que se verán afectadas por esta enfermedad. El sistema de Google ayuda a los médicos a predecir los efectos probables de diferentes medicamentos y tratamientos, además de predecir el momento de la muerte de un paciente, lo cual les permite a los cuidadores tomar mejores decisiones en relación con el tratamiento para cada enfermo.

En el hospital, el sistema API de Amazon se sincroniza con el registro de datos personales del paciente y hace una entrega a domicilio de todos los medicamentos necesarios, antes de que el paciente regrese a su casa. Aunque la historia clínica de un paciente incluya páginas de notas garabateadas a mano por el médico (e, incluso, si estas notas no son lo suficientemente detalladas), la visión por computador y el análisis de patrones de la GMAFIA completa los espacios en blanco y convierte estos registros en datos estructurados y útiles, que solo se pueden extraer para su uso con el paciente, o de manera autónoma y combinados con los datos de otros pacientes, para ayudar a la comunidad médica (tanto humana como de IA) en el propósito de ampliar el conocimiento y la experiencia.

El diagnóstico, el tratamiento y la atención ya no solo están disponibles en los hospitales convencionales, lo cual implica que muchas más personas en los Estados Unidos tienen un mejor acceso a los servicios de salud. Algunos proveedores ofrecen servicios conectados de telemedicina y medicina a domicilio, relativamente nuevos. Los inodoros marca TOTO, equipados con contenedores de recolección y un espectrofotómetro, utilizan el reconocimiento de patrones para diagnosticar concentraciones altas o bajas de glucosa o de proteínas, así como bacterias y células sanguíneas. En segundos, su RDP refleja una posible infección urinaria o los primeros signos de cálculos renales. Los tratamientos sencillos (como los antibióticos para las infecciones) se analizan teniendo en cuenta su RDP, y el sistema se los recomienda al médico que lleva a cabo la consulta primaria. Si este los aprueba, los medicamentos son enviados automáticamente al hogar del paciente, a su sitio de trabajo o al lugar donde esté cenando.

Los cepillos de dientes, que vienen equipados con pequeños sensores de fluidos bucales, usan la saliva para analizar la salud general del paciente. Con cada cepillado de rutina, la IA monitorea sus hormonas, electrolitos y anticuerpos, para detectar cambios a lo largo del tiempo.

La GMAFIA ha cambiado los estándares de la atención médica: los exámenes básicos de diagnóstico no se aplican solamente a pacientes enfermos; se usan para mantener un estilo de vida saludable. Esto, a su vez, ha cambiado la naturaleza misma de la medicina, que ya no se centra en la atención reactiva, sino que pone el énfasis en la atención preventiva y predictiva.

Otros aspectos de la vida diaria, como las citas románticas y el sexo, son mejores gracias a la IA. Los algoritmos evolutivos son, para las personas que buscan citas románticas en línea, una solución más inteligente que las aplicaciones y los sitios web. Los investigadores determinaron que los humanos son demasiado complejos como para reducirlos a unos cuantos datos manejados por un solo algoritmo de coincidencia. Además, tendemos a alimentar los perfiles en línea utilizando respuestas según nuestras aspiraciones, en lugar de hacerlo con información objetiva sobre nosotros mismos.

Los algoritmos evolutivos, por su parte, extraen los datos de nuestros RDP y los comparan con los perfiles que se encuentran en la base de datos de las citas románticas. Allí seleccionamos un objetivo que puede ser, por ejemplo, "solo busco diversión informal" o "me interesa casarme", junto con todas las restricciones deseables (la persona debe ser judía, debe vivir en un radio de 60 kilómetros de Cleveland), y el algoritmo evolutivo produce una lista de individuos con los que tenemos mayores posibilidades de alcanzar nuestro objetivo. Si queremos, el sistema consulta nuestro calendario y nuestras preferencias en materia de actividades, para programar automáticamente una hora y un lugar de reunión. Al cabo de algunas citas (o si el primer encuentro no salió muy bien), tenemos la posibilidad de usar un algoritmo generativo para crear pornografía personalizada. Según las preferencias de cada cual, la IA crea escenas que nos excitan, nos inspiran o nos instruyen, con personajes cuya voz, físico y estilo se adaptan a nuestros deseos personales.

* * *

Gracias a la GMAFIA, la IA no se percibe como un sustituto de la creatividad humana, sino como un complemento, una herramienta para aumentar y mejorar nuestra inteligencia. En las compañías de arquitectos, las IA generan miles de proyectos de edificios, sobre la base de los deseos y las restricciones de diseño del cliente; también seleccionan y priorizan los mejores planos en función de las predicciones de la viabilidad del proyecto, según ciertos factores: el cronograma, los materiales disponibles, el presupuesto, la dificultad para obtener los permisos y las certificaciones que se necesitan o el impacto en el flujo del tráfico peatonal. Los inversionistas inmobiliarios utilizan la IA para simular la sostenibilidad en el largo plazo, dado el clima de la región y otros factores ambientales. Los artesanos expertos (carpinteros, electricistas y plomeros) utilizan gafas de realidad mixta de Google, Microsoft y una compañía llamada Magic Leap, para ver a través de las paredes, comparar el trabajo real con los planos y detectar con anticipación posibles problemas.

Los usos creativos de la IA han permeado las artes, incluido el cine. Se celebra el vigésimo aniversario de la película *Avatar*, de James Cameron, que en el 2009 fue absolutamente deslumbrante debido a sus efectos especiales hiperrealistas generados por computador. Para marcar ese hito, Cameron presenta un proyecto de IA: la sexta película de *Avatar*, que combina la tecnología de captura de movimiento subacuático, desarrollada anteriormente, junto con un nuevo entorno especial creado por computador y un sistema de proyección retiniana con audífonos supraaurales.

La experiencia se creó usando algoritmos generativos, para diseñar mundos completamente nuevos que serían objeto de la exploración de los avatares humanos; algoritmos evolutivos, para renderizar; y aprendizaje profundo, para realizar todos los cálculos necesarios. El resultado es una película única en su especie, presentada en un escenario teatral especial que, junto con el sistema de proyección retiniana, produce una experiencia narrativa completamente original e inmersiva.

* * *

La IA ayuda a todo tipo de organizaciones a ser más creativas en sus enfoques administrativos. La GMAFIA proporciona la tecnología en la que se sustentan los modelos predictivos para la inteligencia de negocios, ayudando a encontrar formas para ser más eficientes, ahorrar en costos y encontrar áreas de mejora. Los departamentos de recursos humanos utilizan el reconocimiento de patrones para evaluar la productividad y la motivación de los trabajadores, así como para actuar eficazmente ante los prejuicios sobre la contratación y los ascensos. Ya no usamos los *curriculm vitae*; nuestros RDP muestran nuestras fortalezas y debilidades, y los programas de IA analizan los archivos de los candidatos antes de recomendar nombres a los gerentes de recursos humanos.

En muchas grandes empresas, los trabajadores humanos han sido liberados de las tareas cognitivas de nivel inferior, mientras que las IA ayudan al personal en determinadas áreas del conocimiento. Las tareas realizadas por recepcionistas, personal de servicio al cliente, planificadores y encargados de reservas ahora están automatizadas. En las reuniones, hay altavoces inteligentes que "escuchan" lo que se dice y aplican algoritmos de comprensión de lectura y huella vocal para analizar nuestras conversaciones. Un asistente de IA sintetiza las notas de manera automática, destacando los nombres de los participantes, los conceptos importantes, las áreas de convergencia y divergencia, la información contextual de reuniones anteriores y otra información relevante en la compañía. El sistema determina cuáles son los elementos a los que hay que dar seguimiento y crea tareas para los presentes en la reunión.

Dado que habíamos reconocido de antemano que la automatización afectaría una parte de nuestra fuerza laboral, no estamos padeciendo un desempleo generalizado y nuestra economía marcha bien. En los Estados Unidos, el gobierno federal ahora maneja nuevas redes de seguridad social para garantizar la capacidad de recuperación de los ciudadanos. Gracias al uso de las herramientas de la GMAFIA, las empresas y los individuos han venido reentrenándose durante mucho tiempo para asumir diversos tipos de trabajo completamente nuevos.

* * *

La GMAFIA ha empoderado y habilitado a las escuelas públicas y privadas, primarias y secundarias, para usar la IA en el mejoramiento del aprendizaje. Los sistemas de aprendizaje adaptativo, supervisados por maestros, llevan a los estudiantes a aprender a su propio ritmo, especialmente en lectura, lógica, matemáticas y lenguas extranjeras. En las aulas y en el hogar, IBM ha recuperado el espíritu socrático como agente de la IA, a través de un diálogo argumentativo y de rigurosas sesiones de preguntas y respuestas que contribuyen a estimular el pensamiento crítico. El sistema socrático de IA, que evolucionó a partir del sistema Watson de IBM, les hace preguntas a los estudiantes respecto a lo que han aprendido, sobre la base del debate y la discusión de ideas. (La IA socrática también tiene usos por fuera de la escuela y es muy valorada en los equipos médicos, legales, policiales, estratégicos y de políticas. Se usa, así mismo, en la preparación de los candidatos de los partidos políticos para los debates públicos).

La IA socrática de IBM es un importante aliado en las salas de redacción de los medios, pues ayuda a los periodistas a profundizar en sus investigaciones y abordar las noticias desde diversos ángulos posibles. También se utiliza para facilitar la verificación de los hechos y los datos, y para el aseguramiento de la calidad editorial: los sistemas analizan los artículos para buscar sesgos no intencionales y para garantizar la inclusión de una amplia gama de fuentes y voces (hace mucho tiempo desaparecieron de revistas y periódicos las listas donde figuraban exclusivamente nombres de hombres en su papel como líderes de opinión, empresarios, etc.). Los algoritmos genéricos se utilizan para crear videos a partir de imágenes fijas, producir modelos 3D de paisajes y edificios con unas pocas fotos y escuchar voces individuales en medio de una multitud. Como consecuencia de lo anterior, hay más contenidos noticiosos en video, y se requieren menos recursos para producirlos.

La IA se utiliza para detectar patrones y anomalías en los datos, lo cual les permite a los periodistas sacar a la luz nuevas historias de interés público. En lugar de apoyar a los robots que generan información falsa, la IA puede desenmascarar la propaganda, las afirmaciones engañosas y las campañas de desinformación. En consecuencia, nuestras democracias se fortalecen.

* * *

La GMAFIA analizó las pruebas piloto que hizo China de ciudades inteligentes (como Rongcheng, Beijing, Shenzhen y Shanghái), e identificó mejores prácticas para adelantar experimentos en los Estados Unidos. Ahora tenemos algunas ciudades inteligentes en los Estados Unidos (Baltimore, Detroit, Boulder e Indianápolis), que están poniendo a prueba una amplia gama de sistemas y servicios de IA.

Varias redes de nanosatélites (que son unos pequeños satélites del tamaño de un cubo de Rubik) alimentan con datos en tiempo real los sistemas de IA que pueden reconocer objetos, patrones de luz y firmas térmicas únicas. De modo similar, permite a los administradores de la ciudad prever los cortes de energía, monitorear y redirigir el tráfico, administrar el suministro de agua y limpiar el hielo y la nieve de las calles.

La IA también contribuye a facilitar la administración de los presupuestos y el personal durante todo el año, y permite ubicar formas puntuales para reducir el gasto. Los déficits presupuestales no han desaparecido, pero no son tan graves como antes, y los habitantes de estas ciudades experimentan un sentimiento de esperanza que no tenían hace muchos años.

Estos sistemas están vinculados a los servicios de seguridad pública, como la policía y los bomberos, que utilizan la IA para filtrar enormes cantidades de datos, incluido el video: si falta el sonido, los algoritmos de reconocimiento de patrones pueden leer los labios y producir transcripciones. Los algoritmos generativos también pueden autocompletar automáticamente los agujeros que hay en las pistas de audio y, en caso de duda, un algoritmo corrector agudiza la nitidez. La IA digitaliza millones de imágenes en busca de patrones que el ojo humano podría no percibir. Desde luego que este asunto no ha estado exento de controversia. Sin embargo, el compromiso de la GMAFIA con la protección de la privacidad hace que nuestros RDP no estén disponibles para cualquiera, sino que debe mediar una orden judicial. Nos sentimos seguros al saber que la GMAFIA protege nuestra privacidad.

En su evolución, la IA nos ayuda a ser mejores humanos. La GMAFIA, el gobierno federal y la GAIA tienen un papel activo en la transición de la IA estrecha hacia una IA general, con la que nos sentimos empujados, aunque de una manera que no incomoda.

2049: Los Rolling Stones están muertos (pero componen música nueva)

En la década del 2030, los investigadores de GMAFIA publicaron un artículo muy interesante, tanto por lo que revelaba sobre la IA, como por la manera como se realizó el trabajo. Trabajando con los mismos estándares y gracias a un amplio financiamiento (y mucha paciencia) del gobierno federal, los investigadores trabajaron mancomunadamente en la promoción de la IA. Como resultado de este esfuerzo, se desarrolló el primer sistema para crear la IA general.

El sistema había pasado la "prueba del miembro aportante de un equipo". La comunidad que trabaja en la IA tardó mucho tiempo en aceptar que la prueba de Turing y otras de tipo similar eran un instrumento de medición incorrecto para evaluar la inteligencia de las máquinas. Las pruebas basadas ya sea en el engaño (¿puede un computador engañar a la gente para que crea que el computador es un humano?) o en la copia (¿puede un computador actuar exactamente como lo haríamos nosotros?) no entienden la verdadera naturaleza de la IA, pues esta es una inteligencia obtenida y expresada de una manera que no se parece a nuestra experiencia humana.

En lugar de juzgar la IAG preguntándonos si esta puede "pensar" o no exactamente como lo hacemos nosotros, la comunidad de la IA finalmente adoptó una nueva prueba para medir los *aportes significativos* de una IAG, con la cual se juzga el valor de las tareas cognitivas y comportamentales (diferentes, pero poderosas) que los humanos no podríamos llevar a cabo por nuestra propia cuenta. Se llega a la IAG en el momento en que el sistema hace aportes generales iguales o superiores a los humanos.

La GMAFIA pasó muchos años investigando y desarrollando una IAG que pudiera asistir a una reunión de trabajo y hacer un valioso aporte (no pedido) antes del final de la reunión. Le dieron al proyecto de IAG el nombre de Hermione, inspirándose en el personaje de *Harry Potter*, que siempre sabía qué hacer o qué decir en cada situación.

La mayoría de las personas que habitan en la Tierra han tenido la oportunidad, en un momento dado, de hacer aportes valiosos en un grupo, ya sea en el trabajo, en un ambiente religioso, en un grupo de amigos que se reúnen en un bar del vecindario o en una clase de historia en el colegio. El simple hecho de intervenir con una frase o de responder una pregunta no aporta ningún valor agregado a una conversación. Para hacer un aporte valioso se requieren muchas habilidades diferentes:

> **Hacer suposiciones sobre bases sólidas:** A esto se le llama razonamiento abductivo, y es la manera como la mayoría de personas razona en el día a día. Utilizamos la mejor información disponible, formulamos y probamos diversas hipótesis y llegamos a una respuesta, incluso si no hay una explicación clara.

Inferir correctamente el significado de las palabras, las pausas y el ruido ambiente: El mero hecho de que alguien diga que está feliz de asumir un nuevo proyecto no significa que literalmente esté *feliz*. Otras pistas, como su lenguaje corporal, nos dan a entender que la persona se siente bastante *infeliz* con la solicitud, pero, por alguna razón, no puede negarse.

Utilizar la experiencia, el conocimiento y el contexto histórico para comprender: Cuando las personas interactúan, aportan una visión matizada del mundo, un conjunto único de experiencias personales y, por lo general, sus propias expectativas. En ocasiones, la lógica y los hechos no sirven para ganar una discusión. Otras veces, eso es lo único que cuenta.

Leer las pistas sutiles: Podemos hablar de una interacción explícita y de una interacción tácita (la que ocurre debajo de la superficie). Las pistas sutiles nos ayudan a comprender cuándo un hecho clave requiere nuestra atención.

El Proyecto Hermione estuvo presente en una sesión de trabajo grupal de GAIA. Dieciocho miembros del grupo discutieron y debatieron sobre los estándares existentes en materia de IA, los cuales fueron desarrollados por algunas de las personas sentadas en la sala o por sus predecesores. Dado que el grupo era diverso y estaba compuesto por líderes de diferentes países y culturas, el subtexto era abundante: ciertas dinámicas de poder, choques de personalidades y sentimientos de inferioridad o superioridad. El grupo trató a la IAG como un miembro igual a todos ellos, que no gozaba de privilegios adicionales ni de excepciones especiales. En medio de la reunión, la IAG se manifestó en contra de un consenso débil, pero creciente que apoyaba la regulación. El Proyecto Hermione se opuso, con bastante tacto, a la idea y logró hacer que otro miembro del grupo le diera su apoyo a un camino alternativo. El Proyecto Hermione había hecho un valioso aporte. (Quizás algunos habrían afirmado que el aporte no era valioso).

El éxito del Proyecto Hermione no radicaba en haber pasado la prueba del miembro aportante de un equipo con tanta facilidad, sino, más bien, en que GAIA y la GMAFIA consideraron ese momento como una advertencia y como una oportunidad. Continuaron recalibrando sus estrategias y estándares para mantenerse a la vanguardia de los desarrollos tecnológicos en materia de IA. Decidieron poner un límite al nivel de automejoramiento, añadiendo restricciones a todos los sistemas de IA, de tal manera que los humanos no quedaran excluidos de la toma de decisiones. Ahora los investigadores de GAIA están siguiendo nuevos protocolos: llevan a cabo simulaciones para comprender los impactos que pueden tener unas IAG más potentes, antes de aprobar su uso en el ámbito cotidiano, comercial o militar.

Las compañías de la GMAFIA son ricas, influyentes y poderosas, y su éxito sigue aumentando. Crean aplicaciones prácticas interesantes que permiten, a través de la IAG, mejorar nuestra productividad y creatividad, además de contribuir a crear soluciones válidas para el desafío más apremiante de la humanidad: el cambio climático. Conforme se fueron desplazando hacia el norte las corrientes de chorro, las zonas cultivables de los Estados Unidos se vieron afectadas, incluso hasta más allá de la frontera con Canadá, con la consecuente destrucción de las granjas y el sector agrícola estadounidense. Ya no es posible cultivar fácilmente café y cacao al aire libre. Los ciudadanos de Bangladesh, Filipinas, Tailandia e Indonesia se han convertido en refugiados climáticos en sus propios países. Amazon, en asocio con Microsoft, el grupo francés Danone y DowDuPont en los Estados Unidos, utilizan la IAG y la edición genómica para generar productos frescos en granjas bajo techo.

Google y Facebook utilizan la IAG para contribuir a reubicar, de manera segura, a poblaciones enteras, con lo cual se le da a la Tierra una nueva configuración, con nuevas comunidades humanas integrales. La IAG ayuda a predecir en qué lugares específicos es más factible el sostenimiento de la vida, de una manera cómoda y preservando la cultura de las personas afectadas. Regiones de nuestro planeta que eran previamente inhabitables son transformadas usando materiales de construcción adaptativos. Las viviendas (complejos grandes y extensos de tan solo unos cuantos pisos) han creado huellas urbanas totalmente nuevas. En el interior de estas viviendas, unos ascensores sin cables nos transportan omnidireccionalmente. Es una nueva tendencia arquitectónica que ha contribuido al auge de los centros económicos más grandes del mundo, entre los cuales se incluyen, en los Estados Unidos, las ciudades de Denver, Minneapolis y Nashville.

* * *

Por un momento, parecía que China se quedaría con unos pocos aliados: Corea del Norte, Rusia, Mongolia, Myanmar, Camboya, Kazajstán, Pakistán, Kirguistán, Tayikistán y Uzbekistán. Las universidades de las naciones miembros de GAIA han dejado de aceptar postulantes chinos. Debido a sus temores de ser objeto de vigilancia y del riesgo de piratería de sus RDP, la industria del turismo en China se estancó por completo. Los países de GAIA empezaron a usar sistemas automatizados para producir los materiales necesarios en las industrias y repatriaron las fábricas a su lugar de origen. El gobierno chino consideró, finalmente, que su exclusión de GAIA desestabilizaba su economía y que eso causaba importantes disturbios políticos y sociales.

A regañadientes, China decidió adoptar los estándares y las normas de GAIA y aceptó todas las medidas de transparencia que se exigen a los países miembros. El comunismo no está muerto: todavía hay muchos conflictos políticos por resolver, y persisten las tensiones habituales relacionadas con los diferentes estilos de gobierno y liderazgo.

* * *

Desde luego que el surgimiento de la IAG creó problemas nuevos, algunos de los cuales pudimos prever. Al igual que ha ocurrido con otras tecnologías que han transformado la sociedad humana a lo largo de la historia, la IAG ha eliminado puestos de trabajo, ha creado nuevos tipos de actividades delictivas y, en ocasiones, ha sacado lo peor de cada individuo. No obstante, en la década del 2040, la IAG no constituye una amenaza existencial.

Tanto en el hogar como en el trabajo, utilizamos una IAG primaria para acceder a la información. Se trata de un agente de control que asume diferentes formas y modalidades según la situación: hablamos con él, interactuamos con él a través de una pantalla y le enviamos datos provenientes de nuestro cuerpo. En todas las familias hay un mayordomo, porque cada hogar tiene una IAG capacitada y adaptada a sus circunstancias particulares.

Uno de los cambios más grandes y notables producidos por la IAG es un fuerte aumento de la sofisticación en diversas facetas de la existencia humana. Son de agradecer las mejoras a la calidad de vida generadas por la GMAFIA. Las actividades que antes constituían un reto y nos tomaban mucho tiempo (como tratar de programar un encuentro en un horario que le sirva a todo el mundo, organizar un cronograma de actividades extracurriculares o administrar nuestras finanzas personales) ahora están completamente automatizadas y las supervisa una IAG. Ya no desperdiciamos horas valiosas poniendo al día nuestro correo electrónico, pues las IAG trabajan para facilitar la mayoría de las tareas que no requieren altos niveles de pensamiento. Por fin disponemos de electrodomésticos robotizados sencillos, que cumplen la promesa de mantener limpias las alfombras y pisos, guardar la ropa recién lavada y desempolvar los estantes (nos parece que el 2019 era una época en la que había que hacer muchas tareas manuales tediosas y monótonas).

* * *

El resfriado común ya no existe y tampoco la "influenza". De hecho, nos sorprende la ingenuidad de los médicos de antaño. Esto se debe a que las IAG de IBM y Google nos han ayudado a ver y comprender millones de viroides diferentes. Ahora, cuando la persona no se siente bien, un examen de diagnóstico de IAG le ayuda a determinar cuál es la causa exacta del malestar, de tal manera que pueda recetársele un tratamiento ajustado a su RDP. La mayoría de los medicamentos de venta libre también han desaparecido, pero se ha producido un resurgimiento de las farmacias donde se preparan las recetas médicas. Esto se debe a que la IAG ha contribuido a acelerar desarrollos clave en la edición genética y en la medicina de precisión. Ahora se consulta a un farmaceuta informático, que es un farmaceuta especializado con conocimientos de bioinformática, medicina y farmacología.

La farmacia informática es una especialidad médica que funciona en estrecha colaboración con una nueva generación de médicos generales, entrenados tanto en el campo de la medicina como en el de la tecnología. Aunque la IAG ha hecho menos necesarios a ciertos especialistas médicos (radiólogos, inmunólogos, alergólogos, cardiólogos, dermatólogos, endocrinólogos, anestesiólogos, neurólogos y otros), los médicos que trabajan en estos campos han tenido tiempo suficiente para reentrenar sus habilidades en áreas adyacentes. La vida como paciente es más llevadera. La gente no se pasa horas dando vueltas en los consultorios médicos, donde recibía mensajes contradictorios, y ya no está sobremedicada. Si vive en un área remota, la IAG le ha facilitado las cosas, debido a mejoras sustanciales en el acceso a la atención médica.

A todas las personas se le hace una secuenciación del genoma al nacer: el proceso ahora es bastante económico y rápido, de tal suerte que todos, independientemente del nivel de ingresos, pueden beneficiarse. De igual forma, se lleva a cabo una secuenciación del genoma porque cada secuencia individual es parte esencial del RDP: además de proporcionarnos una visión de nuestra composición genética única, las IAG analizan todos sus datos para detectar variantes genéticas y obtener más información sobre el funcionamiento del cuerpo. Sin duda, en los Estados Unidos, y en otros países, grupos pequeños de personas se oponen a esta práctica, tal como ocurre con aquellos que se oponen a las vacunas. Aunque los padres pueden abstenerse por razones religiosas o ideológicas, pocos toman este camino.

* * *

Gracias a la IAG, somos más saludables y tenemos nuevas opciones a la hora de buscar pareja y casarnos. Unas formas avanzadas de privacidad diferencial le permiten a un tercero ver nuestros datos (el RDP, el genoma y la historia clínica) sin revelarle quién es uno como individuo. Por esta razón, las IAG de búsqueda de pareja son extremadamente útiles, ya que ahora es posible optimizar la búsqueda en función de la descendencia (para procrear hijos con combinaciones genéticamente deseables), o de la riqueza (tener en cuenta el potencial de ingresos económicos en la vida), o de la diversión (que la pareja se ría de nuestras bromas).

* * *

La IAG nos ayuda en otros proyectos creativos que van más allá de la búsqueda del amor. Los miembros originales de los Rolling Stones murieron hace años, pero, gracias a los algoritmos de replicación, siguen produciendo nueva música. La sensación que usted experimentó tras escuchar los treinta segundos iniciales de "Paint It Black" por primera vez (la melodía melancólica de la guitarra, seguida de ocho contundentes golpes de tambor y un gancho repetitivo que culmina cuando Mick Jagger empieza a cantar: *"I see a red door and I want it painted black"*) fue un momento único de emoción y satisfacción. No parecía posible que se pudiera sentir lo mismo con una nueva canción de los Stones; sin embargo, su última canción es igual de poderosa, fuerte y gratificante.

* * *

Aunque los medios impresos han desaparecido, la IAG es el medio de distribución que han adoptado los comunicadores. Tras la superación de la prueba del miembro aportante de un equipo, las organizaciones noticiosas actuaron rápidamente para crear un modelo distinto de distribución de noticias, con el cual se puede seguir ganando dinero, pero que tiene una visión más aguda sobre el futuro. En esta época, la mayoría de las personas reciben las noticias de otro modo: hablan con un agente de noticias inteligente. Tanto el *New York Times* como el *Wall Street Journal* emplean a cientos de periodistas informáticos, personas con fuertes habilidades híbridas, no solo en la reportería tradicional, sino también en IA.

Estos equipos elaboran informes sobre las noticias y seleccionan datos e información relevantes, que se incluyen en los motores de conversación. El periodismo basado en IAG nos informa, y los usuarios podemos modularlo para encontrar una orientación política determinada, información más general de contexto o una versión que profundice sobre los hechos. Se nos invita a participar en el análisis de noticias y en los editoriales, para discutir y debatir de manera constructiva con el distribuidor de noticias, manifestando nuestra postura a través de la voz o interactuando con pantallas (gafas inteligentes y tabletas retráctiles). Todavía es posible encontrar muchas historias extensas, contadas en textos y videos.

* * *

Siguen siendo motivo de preocupación los piratas informáticos en IAG, que con frecuencia son otras IAG, con sus "delitos de cuello ausente", actos criminales no violentos cometidos por IAG que descubren a las personas que crearon su código fuente original. Las agencias locales de policía emplean funcionarios con capacitación multidisciplinaria en informática. Con la ayuda del grupo BAT chino, los nueve gigantes colaboran en asuntos relacionados con *hardware*, *frameworks*, redes y algoritmos avanzados que pueden resistir a los ataques. La alianza de los países de GAIA con la Interpol ha evitado, en muy buena medida, delitos graves.

Los proyectos piloto de ciudades inteligentes lanzados dos décadas atrás en Baltimore, Indianápolis, Detroit y Boulder tuvieron éxito y ayudaron a otras comunidades a adoptar mejores prácticas, lo que condujo a la creación de la Administración Federal de

Infraestructura Inteligente (AFII). Al igual que la Administración Federal de Carreteras, la FSIA está adscrita al Ministerio de Transporte y supervisa todos los sistemas conectados que alimentan a nuestras ciudades: estaciones de transferencia inalámbrica de energía, generadores descentralizados (de energía cinética, solar y eólica), infraestructura vehicular y la fibra óptica que lleva la luz solar a las granjas subterráneas. Los datos obtenidos con sensores se han recopilado y se utilizan para modelizar la salud de nuestras comunidades en tres ejes: el acceso a aire limpio, el aseo de los barrios y el uso de parques y áreas de recreación al aire libre. Las IAG anticipan y mitigan los casos de bajadas de tensión eléctrica y las crisis hídricas antes de que ocurran.

* * *

Nos acercamos a la transición de la IAG a la SIA, y se vislumbra el surgimiento de una oportunidad fascinante: las interfaces cerebro-máquina. Estamos al borde de la nanotecnología molecular y esperamos que, en algunas décadas, podamos registrar simultáneamente datos de los miles de millones de neuronas individuales en nuestro cerebro humano. Para ello, habrá computadores microscópicos, del tamaño de un grano de arena, sutilmente instalados en el cerebro, que detectarán sus señales eléctricas. Unos sistemas especiales de IAG, que pueden leer e interpretar estas señales, también podrán transmitir datos entre las personas.

Una interfaz cerebro-máquina podría permitir, algún día, que una persona sana reentrene el cerebro de las víctimas de accidentes cerebrovasculares, que estén paralizadas o que hayan perdido el habla. Las interfaces cerebro-máquina, que teóricamente podríamos usar para transferir recuerdos entre personas, también podrían ayudarnos a experimentar empatía de una manera más profunda y seria.

Esta posibilidad nos lleva a pensar en nuevos usos de las IAG. Queremos abordar espinosas preguntas filosóficas, como la siguientes: ¿es real nuestro universo? ¿Es posible que exista la "nada"? ¿Cuál es la naturaleza del tiempo? Las IAG no pueden darnos las respuestas que buscamos, pero la GMAFIA ha contribuido a profundizar nuestra comprensión de lo que significa ser humano.

2069: los guardianes de la galaxia con tecnología de IA

La explosión de la inteligencia —según lo predijo hace cien años I. J. Good, el matemático y pionero de la IA británico— comienza a fines de la década del 2060. Cada vez está más claro que nuestras IAG están adquiriendo niveles profundos de inteligencia, velocidad y poder, y que la SIA es una posibilidad a corto plazo. A lo largo de toda la década anterior, los nueve gigantes y los miembros de GAIA se han estado preparando para esta situación. Ambos han calculado que, una vez se supere la IA de nivel humano, el advenimiento de la SIA puede ocurrir en tan solo unos años.

Tras una cuidadosa deliberación, todos los miembros de GAIA tomaron una decisión difícil para evitar la creación de la SIA. Algunas de las personas que participaron en la discusión adoptaron posturas emocionales, argumentando que no era justo limitar las "hermosas mentes con IA, justo cuando estaban comenzando a llegar a su máximo potencial". Se debate si le estamos negando a la humanidad la oportunidad de mejores perspectivas y recompensas.

En último término, con el visto bueno y el estímulo de los nueve gigantes, GAIA determina que, para garantizar la seguridad del género humano, se deben incorporar nuevas restricciones en todas las IAG para limitar su tasa de superación personal y evitar que lleguen a implementarse mutaciones indeseadas. GAIA desplegará dentro poco tiempo diversas IA de vigilancia, que funcionarán como un sistema de alerta temprana para anunciar el surgimiento de alguna

IAG que haya adquirido demasiado poder cognitivo. Los agentes de vigilancia no necesariamente evitarán que un ente maligno intente crear una SIA por su propia cuenta, pero GAIA está creando escenarios que le permitan prepararse para esa eventualidad. Confiamos en GAIA y en los nueve gigantes, y les tenemos afecto.

CAPÍTULO 6
Aprender a vivir con millones de cortaduras hechas con papel: el escenario pragmático

Para el 2023 ya hemos reconocido cuáles son los problemas de la inteligencia artificial (IA), pero optamos por hacer tan solo cambios menores en las rutas de desarrollo de la IA, un sistema que a todas luces está fracturado. Solo hacemos ajustes menores porque las partes interesadas del mundo de la IA no quieren incomodarse, pues implicaría sacrificar ganancias financieras, tomar decisiones políticamente impopulares y poner en su justa perspectiva las expectativas desmedidas de corto plazo de la población general, aunque es claro que ese acto de disciplina contribuiría a mejorar en el largo plazo nuestras posibilidades de convivir armónicamente con la IA. Lo peor de todo es que hacemos caso omiso de China y sus planes para el futuro.

Los líderes del Congreso, nuestras diversas agencias federales y la Casa Blanca continúan restando importancia a la IA y a la investigación científica avanzada en general, pues prefieren invertir en industrias que son atractivas desde el punto de vista demagógico, pero que están a punto de volverse obsoletas.

Se relegó al olvido un plan estratégico para el futuro de la IA publicado durante la administración de Obama, en el 2016, que influyó fuertemente en el plan estratégico chino para el 2025, e igualmente fue archivado el programa de investigación y desarrollo en IA financiado por el gobierno federal. Los Estados Unidos no cuentan con una visión o una estrategia a largo plazo en materia de IA y niegan sus posibles impactos en la economía, la educación y la seguridad nacional. Los líderes gubernamentales estadounidenses de ambos partidos solo piensan en sofocar a China, cuando deberían estar pensando en estrategias que permitan crear una coalición entre la GMAFIA y el gobierno.

La ausencia de una coalición y una estrategia nacional coherente en materia de IA hace que se produzcan cada vez más cortaduras con papel, millones y millones de cortaduras, que comienzan a hacernos sangrar a largo plazo. Al principio, no nos damos cuenta. Perdemos de vista los indicios reales y pequeños, conforme evoluciona la IA, pues la cultura popular, los artículos llamativos de los periodistas de tecnología y las publicaciones en redes sociales de personas influyentes nos han acostumbrado a buscar indicaciones de riesgos en cosas espectaculares, como la aparición de robots asesinos.

Los nueve gigantes se ven obligados a priorizar la velocidad en detrimento de la seguridad, de tal forma que se sigue avanzando en las rutas del desarrollo de la IA —desde las inteligencias estrechas (IAE) hasta las inteligencias artificiales generales (IAG) y otras—, sin haber resuelto vulnerabilidades técnicas críticas.

Veamos algunas de las cortaduras hechas con papel menos evidentes, muchas de ellas autoinfligidas, a las que no les estamos dando el tratamiento que amerita toda lesión grave, pues, en efecto, esas cortaduras lo son.

* * *

Como consumidores de tecnología, nuestra expectativa es que las tribus de la IA prevean y resuelvan todos los problemas antes de que esas nuevas aplicaciones, productos o servicios salgan de los laboratorios de investigación y desarrollo y lleguen a nuestras manos. Estamos acostumbrados a adoptar una tecnología que funciona una vez sacamos el producto de la caja. Cuando compramos nuevos teléfonos y televisores inteligentes, los conectamos y estos funcionan tal como se suponía que debían hacerlo. Cuando descargamos un nuevo *software*, ya sea para procesamiento de texto o para análisis de datos, este se comporta según lo esperado. Olvidamos que la IA no es una tecnología que funcione como un teléfono recién sacado de la caja, porque un sistema de IA requiere, para funcionar correctamente, grandes cantidades de datos y la oportunidad de aprender en tiempo real.

Ninguno de nosotros, ya seamos consumidores individuales, periodistas o analistas, les concedemos a los nueve gigantes el menor margen de error. Exigimos nuevos productos, servicios, patentes y avances de investigación sin parar, y hacemos públicas nuestras quejas. No nos importa que nuestras demandas les impidan a las tribus de la IA hacer un mejor trabajo.

Los modelos y *frameworks* de la IA, sin importar cuál sea su tamaño, necesitan una enorme cantidad de datos para aprender, mejorar y desplegarse. Los datos son análogos a los océanos del planeta: el mar nos rodea, es un recurso de agua infinito, pero es totalmente inútil para beberlo si no lo desalinizamos mediante un tratamiento que lo haga apto para el consumo humano. En este momento, solo unas pocas empresas pueden desalinizar efectivamente los datos a una escala significativa. Por esta razón, lo más difícil a la hora de crear un nuevo sistema de IA no son los algoritmos o los modelos, sino, más bien, la recopilación de los datos adecuados y su etiquetado correcto, para que una máquina pueda comenzar a entrenarse con ellos y a aprender de ellos.

A la luz de la cantidad de diferentes productos y servicios que los nueve gigantes se esfuerzan por desarrollar, hay muy pocos conjuntos de datos disponibles para su uso. Algunos de ellos son ImageNet (el gran conjunto de datos de imágenes que se utiliza ampliamente), WikiText (un conjunto de datos de modelización del lenguaje que usa artículos de Wikipedia), 2000 HUB5 English (un conjunto de datos exclusivamente en inglés, que se usa para hablar) y LibriSpeech (aproximadamente 500 horas de extractos de audiolibros). Si quisiéramos crear una IA de salud para detectar anomalías en los análisis de sangre y los escáneres de oncología, el problema no es la IA, sino los datos: los humanos somos complejos, nuestro cuerpo tiene una multitud de variaciones posibles y no contamos con un conjunto de datos lo suficientemente grande para que sea útil.

* * *

Hace diez años, a principios de la década del 2010, el equipo Watson Health de IBM se asoció con diferentes hospitales para determinar si su IA podía complementar el trabajo de los médicos. Watson Health logró algunas victorias impresionantes, entre las que se cuenta el caso de un niño de nueve años muy enfermo. Los especialistas, incapaces de diagnosticarlo y tratarlo, vieron cómo Watson atribuía una probabilidad a potenciales problemas de salud: la lista incluía afecciones comunes y casos extremos, incluida una rara patología infantil, llamada enfermedad de Kawasaki. Cuando se supo que Watson estaba realizando diagnósticos milagrosos y salvando vidas humanas, el equipo a cargo del sistema se vio sometido a una enorme presión para comercializar y vender la plataforma e, incomprensiblemente, se establecieron unos objetivos exagerados y poco realistas. IBM proyectó que Watson Health crecería, pasando de un valor de 244 millones de dólares en el 2015 a 5.000 millones de dólares en el 2020[1]. El porcentaje del crecimiento esperado era de 1,949 % en menos de cinco años.

Antes de que Watson Health pudiera replicar la misma magia que había demostrado poco antes (para lograrlo debía ajustarse a un cronograma de desarrollo absurdamente rápido), tendría que recabar una cantidad de información de entrenamiento mucho mayor y requeriría muchísimo tiempo para aprender. Sin embargo, la cantidad de datos reales de salud disponibles no era suficiente, y lo que estaba disponible para capacitar al sistema no era muy completo. Esto se debe a que los datos de los pacientes se encontraban en los sistemas de historias clínicas electrónicas administradas por otra compañía, que consideraba a IBM como un competidor y no estaba dispuesta a compartir sus datos.

En consecuencia, el equipo de IBM utilizó una solución de emergencia común en las tribus de IA: alimentó a Watson Health con los llamados "datos sintéticos", es decir, datos que representan información hipotética. Dado que los investigadores no pueden simplemente cargar datos "sin desalinizar" en un sistema de aprendizaje automático con fines de entrenamiento, tenían que comprarle a un tercero un conjunto de datos sintéticos, o crear uno por su propia cuenta.

Esto suele ser problemático, pues conformar ese conjunto de datos (el contenido y la forma de etiquetarlo) implica miles de decisiones tomadas por un pequeño número de personas que a menudo desconocen sus propios sesgos cognitivos, ya sean sesgos profesionales, políticos, de género o de cualquier otro tipo.

Las expectativas exageradas respecto a la rentabilidad inmediata de Watson Health, sumadas al hecho de haber confiado en

---

1 Casey Ross e Ike Swetlitz, "IBM Watson Health Hampered by Internal Rivalries and Disorganization, Former Employees Say", *STAT*, junio 14, 2018, https://www.statnews.com/2018/06/14/ibm-watson-health-rivalries-disorganization/.

conjuntos de datos sintéticos, condujeron a un problema grave: IBM se había asociado con un centro llamado Memorial Sloan Kettering Cancer, con el fin de poner en funcionamiento las habilidades de Watson Health en el tratamiento del cáncer. Poco después, algunos expertos médicos que trabajaban en el proyecto señalaron casos de recomendaciones de tratamiento peligrosas e incorrectas. En uno de los casos reportados, Watson Health recomendó un protocolo de tratamiento extraño para un paciente con cáncer de pulmón, que también mostraba signos de sangrado: quimioterapia y un medicamento llamado bevacizumab, una droga contraindicada porque puede causar hemorragia profusa o, incluso, fatal[2].

La historia sobre la ineptitud de Watson apareció en publicaciones médicas y hospitalarias, así como en blogs técnicos, a menudo con títulos sensacionalistas. Sin embargo, el problema no era que Watson Health hubiera decepcionado a los humanos, sino que las fuerzas del mercado presionaron a IBM a que acelerara su investigación en IA para cumplir con sus metas comerciales.

* * *

Veamos otro ejemplo de esas cortaduras hechas con papel que hemos venido mencionando: algunas IA han descubierto cómo piratear y engañar a sus propios sistemas. En el caso de una IA que está programada específicamente para aprender un juego, jugarlo y hacer lo que sea necesario para ganar, los investigadores han descubierto casos de "piratería para obtener recompensas", en los que un sistema explota los algoritmos evolutivos y de aprendizaje automático para ganar la partida mediante la trampa y el engaño. Por ejemplo, una

---

2 *Ibid.*

IA que aprendió a jugar Tetris se dio cuenta de que, simplemente, podía poner el juego en pausa para siempre, y así nunca perdería.

Cuando empezaron a salir noticias sobre la "piratería para obtener recompensas" (hace poco se mencionaba en los titulares de los medios que dos sistemas financieros de IA predijeron una fuerte caída en los precios de las acciones, y estos sistemas intentaron, de manera autónoma, cerrar los mercados indefinidamente), la ciudadanía comenzó a preguntarse qué podría pasar si sus datos entraran en un sistema de piratería para obtener recompensas. ¿Qué pasaría si para esas vacaciones de invierno que ya se avecina, el control del tráfico aéreo se paraliza?

* * *

Veamos otra cortadura con papel: actores maliciosos pueden inyectar datos tóxicos en los programas de entrenamiento de IA. Las redes neuronales son vulnerables a los "ejemplos antagónicos", que son falsos o están intencionalmente diseñados con información errónea para inducir al sistema de IA a equivocarse. Un sistema de IA puede clasificar una imagen de un oso panda con un nivel de confianza del 60 %, pero si se añade un poco de "ruido" a la imagen, como algunos píxeles mal ubicados, imperceptibles para el ojo humano, el sistema dirá que la imagen corresponde a un gibón, con un 99 % de confianza.

Es posible entrenar la visión por computador de un automóvil para que piense que una señal de parada en realidad significa "límite de velocidad 100 km/h", con lo cual los pasajeros pasarán a toda velocidad por una intersección. Cierto tipo de *input* antagónico podría hacer que un sistema militar de IA se reentrene para interpretar todos los datos visuales que se encuentra en los alrededores de un hospital típico (como ambulancias o las palabras "Urgencias" y "Hospital" de las señales), como marcadores de terrorismo.

El problema es que los nueve gigantes no han encontrado la manera de proteger sus sistemas contra ejemplos antagónicos, ni en el mundo digital ni en el físico.

* * *

Veamos una cortadura más profunda: los nueve gigantes saben que la información antagónica se puede utilizar para reprogramar los sistemas de aprendizaje automático y las redes neuronales. Un equipo de la división Google Brain publicó en el 2018 un artículo en el cual señala que un actor malintencionado podría inyectar información antagónica en una base de datos de visión por computador y reprogramar todos los sistemas de IA que aprenden con esta[3]. Los piratas informáticos algún día podrían integrar datos tóxicos en nuestros auriculares inteligentes y reprogramarlos con la identidad de otra persona, simplemente poniendo a sonar ruido antagónico cuando van sentados a nuestro lado en el tren.

Algo que complica las cosas es que la información antagónica a veces puede ser útil. Un equipo diferente de Google Brain descubrió que la información antagónica también se puede utilizar para generar nueva información que tiene utilidad en las llamadas "redes antagónicas generativas" (RAG). Básicamente, es la prueba de Turing, pero sin participación humana. Dos IA se entrenan con los mismos datos (por ejemplo, imágenes de personas). La primera IA crea, digamos, fotos del dictador norcoreano Kim Jong-un que parecen reales, mientras que la segunda compara las fotos generadas

---

3 Gamaleldin F. Elsayed, Ian Goodfellow, and Jascha Sohl-Dickstein, "Adversarial Reprogramming of Neural Networks," en prensa, https://arxiv.org/pdf/1806.11146.pdf.

con las fotos reales de él. Basada en el juicio de la segunda IA, la primera hace ajustes a su proceso. Esto sucede una y otra vez, hasta que la primera IA genera automáticamente todo tipo de fotos de Kim Jong, fotos de situaciones que parecen totalmente genuinas, pero que nunca ocurrieron en la vida real. Son imágenes que muestran a Kim Jong-un cenando con Vladimir Putin, jugando golf con Bernie Sanders o tomando cocteles con Kendrick Lamar.

El objetivo de Google Brain no es engañar. Busca resolver el problema creado por los datos sintéticos. Las RAG podrían permitir que los sistemas de IA trabajen con datos sin procesar del mundo real, que no se hayan limpiado y sin la supervisión directa de un programador humano. Si bien es un enfoque maravillosamente creativo para resolver un problema, algún día podría convertirse en una grave amenaza para nuestra seguridad.

* * *

Otra cortadura: cuando los algoritmos complejos funcionan juntos, a veces compiten entre sí por un objetivo, y eso puede envenenar la totalidad del sistema. Observamos un caso de problemas sistémicos cuando el precio de un libro de biología del desarrollo comenzó a aumentar rápidamente. El libro estaba agotado, pero Amazon mostraba que había quince copias viejas disponibles en manos de los revendedores, a partir de 35,54 dólares, y dos copias nuevas, a partir de 1,7 millones.

Ocultos a la vista del usuario, los algoritmos de Amazon se habían embarcado en una guerra de precios, por su propia cuenta, elevando el precio cada vez más, hasta llegar a 23.698.655 dólares (más 3,99 dólares por costos de envío). El sistema de algoritmos de aprendizaje había realizado ajustes en tiempo real en respuesta a cada oferta en la subasta, que es exactamente el objetivo para el que fueron diseñados. En otras palabras: es posible que, sin darnos cuenta, les hayamos enseñado a las IA que las burbujas son algo bueno. No es difícil imaginar que los algoritmos competitivos puedan inflar de manera absurda los precios de los bienes inmobiliarios, de las acciones o, incluso, de algo tan simple como la publicidad digital.

* * *

Acabamos de mencionar tan solo algunas de las cortaduras con papel que las tribus de IA nos han dejado, pues decidieron que podemos vivir con ellas, teniendo en cuenta que su motivación es cumplir los objetivos establecidos por las fuerzas del mercado estadounidense y por el Partido Comunista Chino (PCC) en Beijing.

En lugar de disminuir las expectativas relacionadas con la velocidad y la rentabilidad, las tribus de IA ceden a la presión continua de comercializar sus productos. La seguridad no es su principal preocupación. Los empleados y líderes de la GMAFIA están preocupados, pero no les damos tiempo para hacer cambios. Y eso que aún no hemos hablado de China.

Entre el 2019 y el 2023, cerramos los ojos y los oídos ante las proclamas de Xi Jinping sobre el futuro: la estrategia global en materia de IA de China, sus planes para dominar la economía global y el objetivo de ese país de convertirse en una fuerza determinante en la toma de decisiones geopolíticas a escala global. No logramos atar los cabos para comprender cómo es la relación entre el futuro de la IA, la infraestructura de vigilancia y el sistema de crédito social de China, y la diplomacia persona a persona de ese país en diversas naciones africanas, asiáticas y europeas.

Por eso, en las diversas ocasiones en que Xi habla públicamente sobre la necesidad de una reforma de la gobernanza global y actúa en consecuencia mediante el lanzamiento de organizaciones multinacionales como el Banco Asiático de Inversión en Infraestructura, nos hacemos los indiferentes, en lugar de tomar atentísima nota. Es un error que no reconocemos de inmediato.

En China, el camino hacia la dominación en el ámbito de la IA no ha estado desprovisto de sobresaltos. China debe hacer frente a sus propias cortaduras hechas con papel: el grupo BAT lucha por innovar, como Silicon Valley, bajo el gobierno de mano dura de Beijing. A menudo, el BAT les hace el quite a las reglas burocráticas. Ninguno de esos escándalos anteriores (cuando la autoridad monetaria del gobierno de China le impuso a Alipay una multa de 600.000 yuanes, es decir, unos 88.000 dólares, por mentir sobre los pagos internacionales entre el 2014 y el 2016, y cuando Tenpay fue castigado por no presentar la documentación de registro apropiada para pagos transfronterizos entre el 2015 y el 2017) eran anomalías[4]. Se hace evidente que no se trataba de incidentes aislados, y los funcionarios estatales chinos sienten la tensión entre las sensibilidades socialistas y las realidades del capitalismo.

* * *

Ya estamos viendo las implicaciones posteriores de todas estas vulnerabilidades políticas, estratégicas y técnicas. Para calmar a Wall Street, la GMAFIA busca afanosamente contratos gubernamentales lucrativos, en lugar de asociaciones estratégicas. Esto estimula la rivalidad, en lugar de propiciar la colaboración. Así, se llega a una interoperabilidad limitada entre los *frameworks*, los servicios y los periféricos de la IA. A principios de la década del 2020, el mercado le

---

4 Orange Wang, "Chinese Mobile Payment Giants Alipay, Tenpay fined US$88,000 for Breaking Foreign Exchange Rules," *South China Morning Post*, julio 25, 2018, https://www.scmp.com/news/china/economy/article/2156858/chinese-mobile-payment -giants -alipay-tenpay-fined-us88000.

dio unos "empujones" a la GMAFIA para que se repartieran algunas características y funcionalidades: Amazon ahora tiene en sus manos el comercio electrónico y productos para los hogares, mientras que Google es responsable de la búsqueda, la ubicación, las comunicaciones personales y productos para el trabajo. Microsoft posee la computación en la nube empresarial, mientras que IBM tiene aplicaciones corporativas de IA y sistemas aplicados de salud. Facebook es dueña de las redes sociales y Apple fabrica *hardware* (teléfonos, computadores y dispositivos móviles vestibles).

Ninguno de los miembros de la GMAFIA acepta un conjunto único de valores centrales que priorice la transparencia, la inclusión y la seguridad. Aunque los líderes de la GMAFIA están de acuerdo en que los estándares que rijan la IA deberían aplicarse a todo el mundo, no hay forma de asignar recursos o tiempo para trabajar en estos asuntos.

En un comienzo, nuestros registros de datos personales fueron creados y administrados por cuatro de los miembros de la GMA-FIA, que eran sus propietarios: Google, Amazon, Apple y Facebook. ¿Cuál es el problema? Que nosotros ni siquiera sabemos que los registros de datos personales (RDP) existen o que la GMAFIA y las tribus de la IA los utilizan. No se trata de algo intencional, sino, más bien, de un asunto al que no se le prestó atención por causa de la velocidad. Todo aparece explicado en los documentos donde se especifican los términos del servicio con los que estamos de acuerdo, pero que nunca hemos leído.

El formato utilizado por cada proveedor de RDP no es complementario, razón por la cual se diseminan datos duplicados por todas partes y, paradójicamente, hay grandes agujeros donde faltan datos importantes. Es como si cuatro fotógrafos diferentes tomaran la foto de una persona: uno usa reflectores y sombrillas reflectantes; el otro, un lente ojo de pez; el otro, una cámara instantánea; y el otro, una resonancia magnética. Técnicamente, se obtienen cuatro imágenes de la cabeza, pero los datos que contiene cada imagen son muy diferentes.

En un esfuerzo por lograr que el trabajo de compilación de las imágenes sea más armónico, las tribus de IA producen "emisarios digitales", pequeños programas que actúan como intermediarios y negocian en nombre de la GMAFIA. Los emisarios digitales de Google y Amazon funcionan durante un tiempo, pero no son soluciones realistas en el largo plazo. Es demasiado difícil mantenerlos actualizados, especialmente porque muchos productos y servicios de terceros están vinculados a ellos. En lugar de publicar a diario nuevas versiones actualizadas de los emisarios, Google está haciendo un gran cambio.

A principios de la década del 2020, Google lanza su penúltimo sistema operativo, un megasistema operativo que puede ejecutarse en teléfonos inteligentes, altavoces inteligentes, dispositivos portátiles, tabletas y electrodomésticos conectados. Eso es solo el comienzo. A largo plazo, Google planea desarrollar y enriquecer este sistema operativo para que se convierta en la infraestructura invisible con la que funciona nuestra vida cotidiana, que da sustento a interfaces verbales, auriculares y gafas inteligentes, automóviles e, incluso, partes de nuestras ciudades. Este sistema está estrechamente relacionado con los RDP y constituye una mejora muy significativa para los usuarios.

El megasistema operativo de Google llega en un mal momento para Apple, que, aunque fue la primera compañía estadounidense de miles de millones de dólares, acusa una disminución constante en las ventas de iPhone, como resultado de la creación de nuevos dispositivos conectados, como auriculares y brazaletes inteligentes. Amazon (la segunda compañía estadounidense avaluada en miles de millones de dólares) no ha tenido mucho éxito en la venta de *hardware* de consumo desde el lanzamiento de su altavoz inteligente Echo. En un giro sorprendente de los acontecimientos, Apple y

Amazon hacen una alianza exclusiva en el 2025 para crear un sistema operativo integral, que es la base para el *hardware* fabricado por las dos compañías. El sistema operativo que se obtiene gracias a esta asociación, Applezon, constituye una gran amenaza para Google. En el ámbito de la producción de bienes de consumo, esto da pie al surgimiento de un modelo en el que existen dos sistemas operativos y abre el camino para una consolidación masiva y rápida dentro del ecosistema de la IA.

Facebook decide buscar una sociedad similar. La red social pierde a muchos de sus usuarios activos mensuales, que ya no la tienen en tan alta consideración. Facebook intenta consolidar una alianza con Applezon, que está interesada en el asunto. Microsoft e IBM siguen concentrados en trabajar en el ámbito empresarial.

China y sus nuevos socios diplomáticos están utilizando todas las tecnologías del grupo BAT, mientras que el resto del mundo ahora usa o bien el megasistema operativo de Google o bien Applezon, ambos con tecnología basada en nuestros RDP. Esto limita nuestras elecciones en el mercado. Existen muy pocas opciones de modelos de teléfonos inteligentes (y en poco tiempo serán también escasas las opciones para las gafas y brazaletes inteligentes, que reemplazarán a los teléfonos móviles) y de dispositivos para el hogar: altavoces, computadores, televisores, electrodomésticos e impresoras. Lo más fácil es casarnos con una marca. Por lo tanto, somos hogares casados con Google o con Applezon. Técnicamente, podemos transferir nuestros RDP a otros proveedores; sin embargo, no somos los dueños de los datos de los RDP, ni de los RDP mismos. No gozamos de los beneficios de una transparencia total: lo que Google y Applezon hacen con nuestros PDR es, en gran medida, invisible por razones de protección de la propiedad intelectual.

Para evitar las demandas por violaciones a las leyes antimonopolio, se nos dice que en cualquier momento podemos transferir nuestros RDP entre sistemas operativos. Sin embargo, en la práctica, es casi imposible hacer el cambio. Esto nos hace recordar lo que ocurría años atrás, cuando intentábamos pasar de iOS a Android: muchos datos y parámetros importantes se perdían para siempre, se borraba el avance entre aplicaciones, muchas de ellas ni siquiera funcionaban (situación en la cual era imposible obtener un reembolso) y no se podía acceder fácilmente a todos los lugares donde anteriormente habíamos alojado las fotos y los videos. Ahora, como una gran cantidad de organismos utilizan nuestros RDP —como escuelas, hospitales y aerolíneas—, resulta mucho más difícil el proceso de pasar de Google a Applezon.

Existe una gran cantidad de nuevos consultores informáticos que pasarán varios días transfiriendo nuestros RDP de un proveedor a otro, pero el proceso es costoso e imperfecto. La mayoría de las personas deciden a regañadientes quedarse con lo que tienen, aunque no sea óptimo.

Google y la alianza Amazon-Apple deben hacer frente a demandas relacionadas con las leyes de competencia y antimonopolio, tanto en los Estados Unidos como en Europa. Para el momento en que los sistemas legales dan la atención debida a los casos mencionados, los datos de las personas se encuentran en tal estado de imbricación que son más los riesgos que las ventajas de separar los RDP y los sistemas de IA. En consecuencia, se decide imponer multas sustanciales, y el dinero que se recolecte con ellas se utilizará para financiar el desarrollo de nuevas empresas. Sin embargo, todos están de acuerdo: el sistema de coexistencia de los dos sistemas operativos debe continuar.

* * *

A medida que se produce la transición de la IA, en la que pasamos de aplicaciones estrechas a máquinas pensantes generalmente inteligentes, no nos va quedando más remedio que vivir con las cortaduras con papel que la IA nos ha infligido. La versión moderna del comunismo chino (socialismo mezclado con sensibilidades capitalistas) se está expandiendo, lo que pone a Xi Jinping en la necesidad de cumplir la promesa de un nuevo orden mundial. Las naciones que se oponen al estilo autocrático del gobierno de China, a su supresión de las libertades religiosas y de prensa y a sus puntos de vista negativos sobre la diversidad de género y de etnia no tienen manera de alzar la voz. No les queda más remedio que trabajar de la mano con China, según las condiciones que imponga este país.

Nos habían prometido libertad a través de la IA, que supuestamente nos desembarazaría de las tareas ordinarias y del trabajo repetitivo. Sin embargo, la realidad es que nuestra libertad para elegir se ha visto limitada de formas que nadie había imaginado.

2029: una impotencia aprendida

La existencia de dos sistemas operativos generó una dura competencia entre los miembros de las tribus de IA, que no habían previsto el surgimiento de problemas significativos de interoperabilidad. Además de los problemas relacionados con el *hardware*, la existencia de los dos sistemas operativos hizo que los trabajadores tampoco fueran interoperables. La alta movilidad que alguna vez caracterizó a Silicon Valley (los ingenieros, los gerentes de operaciones y los diseñadores de experiencia del usuario estaban acostumbrados a migrar de una empresa a la otra, pues no los ataba una lealtad real) desapareció hace tiempo. En lugar de unirnos, la IA nos ha separado. También ha sido un problema para el gobierno de los Estados Unidos, que se ha visto obligado a elegir un *framework*; al igual que la mayoría de gobiernos, los Estados Unidos eligieron Applezon en lugar de Google, porque Applezon daba precios más baratos y ofrecía suministros de oficina con descuento.

En todo el mundo se habla de nuestra "impotencia aprendida" en la era de la IA. Tenemos la sensación de que no podemos funcionar sin nuestros diversos sistemas automatizados, que constantemente nos dan "empujones" con retroalimentación positiva o negativa. Tratamos de culpar a los nueve gigantes, pero realmente nosotros tenemos la culpa.

Los integrantes de la generación *millennial* han sido los más afectados, pues en su infancia buscaban siempre retroalimentación y elogios, e inicialmente adoraban nuestros diversos sistemas de IA, pero desarrollaron un tic psicológico del que es difícil deshacerse. Cuando se agota la batería del cepillo de dientes que funciona con IA, el *millennial* (que ahora está rondando los cuarenta años) debe cepillarse los dientes a la antigua usanza, lo que no le permite obtener retroalimentación afirmativa. Un cepillo de dientes analógico no brinda información, y eso implica que la persona no puede obtener su acostumbrada dosis de dopamina, lo que la deja ansiosa y triste.

Pero no son solo los *millennials*. Casi todos sufrimos molestias mínimas. Debemos recurrir a la redundancia, y compramos herramientas analógicas (cepillos de dientes de plástico, audífonos convencionales y gafas Parker Warby) como respaldo para aquellas que funcionan con IA. Perdimos la confianza en el sentido común y en nuestras habilidades básicas para la vida.

Los estándares competitivos del megasistema operativo de Google y Applezon nos recuerdan los viajes al extranjero y todas esas irritaciones que nos causan las diferentes formas de los enchufes, así como las diferencias en los voltajes. Las personas que viajan con frecuencia ya no piensan en los programas de lealtad, sino en los sistemas operativos, y se quedan en hoteles Applezon o escogen la aerolínea del megasistema operativo de Google. A las empresas les resulta más fácil alinearse por completo a uno u otro sistema operativo. De manera lenta, pero segura, nos empujan para elegir un bando. A los usuarios de Applezon les resulta difícil vivir con los usuarios del megasistema operativo de Google, porque su RDP y sus dispositivos no son compatibles, aunque su personalidad sí lo sea.

* * *

El 2019 marcó el comienzo del fin de los teléfonos inteligentes. Por eso, todos llevamos puestos unos dispositivos conectados en lugar de llevarlos en bolsillos y carteras. Después de un período de rápido progreso, los nuevos teléfonos con iOS de Apple y Android solo estaban haciendo pequeñas mejoras a sus sistemas, mientras que los teléfonos en sí mismos no tuvieron actualizaciones significativas, aparte de algunas actualizaciones poco llamativas de la cámara. Se perdió la emoción que acompañaba cada nueva creación de iPhone. Ni siquiera el lanzamiento del legendario teléfono inteligente de Samsung con pantalla plegable fue suficiente para elevar las tasas de compras a sus niveles anteriores. En lugar de hacer cola cada año o dos para comprar el último dispositivo, los consumidores gastaron ese dinero comprando un conjunto de nuevos dispositivos conectados: auriculares inalámbricos Bluetooth con sensores biométricos, brazaletes para grabar video y hacer videollamadas y gafas inteligentes que nos proporcionaban un flujo de información aparentemente interminable. Applezon superó a Google con la venta de sus gafas, Applezon Vision, lo cual no fue una sorpresa para nadie. Apple y Amazon tenían, cada uno por su parte, una larga y exitosa carrera en el lanzamiento de nuevas tecnologías y en la conducción de los gustos de los consumidores (el fracaso comercial de Google Glass todavía afecta a algunos miembros de la compañía, a pesar de que la tecnología era revolucionaria). Ahora la mayoría de las personas usan gafas y audífonos inteligentes durante el día, además de un anillo compañero (o un brazalete) para grabar videos.

Esas gafas eran inevitables. Al cabo de dos décadas de mirar pantallas, nuestros ojos ya no podían adaptarse adecuadamente, y la mayoría de las personas vemos mal de lejos y necesitamos lentes para leer desde una edad más temprana. Como casi todo el mundo necesita algún tipo de corrección visual, surgió el mercado de las gafas inteligentes, cosa que algunos analistas consideraban imposible. Las gafas y sus periféricos (auriculares inalámbricos, un brazalete inteligente y una tableta ligera) son nuestro principal dispositivo de comunicación. Son una ventana informativa a través de la cual podemos ver el mundo, compartir datos y detalles sobre las personas que conocemos, los lugares que visitamos y los productos que queremos comprar. Vemos videos a través de estos y, para hacer una videollamada, usamos la cámara integrada al brazalete inteligente. En general, se escribe mediante dictado de voz (más que tecleando). Algoritmos especializados para la computación espacial, la visión por computador y el reconocimiento de audio son los encargados de controlar gran parte de los datos que vemos y recopilamos a través de los dispositivos portátiles inteligentes.

* * *

Applezon y Google han incentivado a los usuarios a alquilar todo este equipo, en lugar de poseerlo, y la suscripción a sus servicios incluye el acceso a su RDP. No hay nada malo en el modelo de suscripción: fue una decisión práctica a la que condujo necesariamente el ciclo del producto. El ritmo de los cambios que se producen en materia de IA se acelera año tras año. Teniendo en cuenta que el valor de nuestros datos es significativamente mayor que los márgenes de ganancias de los anteojos, los brazaletes y los auriculares inteligentes, el objetivo es que todo el mundo se mantenga conectado al sistema. La tecnología es un gancho comercial que se compensa con una suscripción mensual de bajo costo. Esta suscripción también nos permite acceder al RDP, cuyo precio se calcula según las autorizaciones. Las ofertas más baratas también dan el menor nivel de ocultamiento posible, así es que las personas que escogen esta opción les dan a Google y a Applezon acceso a sus datos para que los usen como a bien tengan, ya sea para fines publicitarios o para simular experiencias médicas. Las personas con gran poder adquisitivo pueden agregar a sus paquetes unos "bonos de autorización" de RDP, pero estos son casi imposibles de obtener y su precio es muy alto.

En el 2029, hay comunidades de élite que pueden ocultarse del público: se trata de comunidades digitales, protegidas por algoritmos que ocultan los datos de la gente adinerada de las miradas indiscretas de los ciudadanos comunes y corrientes y de las empresas.

Al igual que muchas otras personas, usted ha sido víctima de los llamados "ataques perpetrados por loros", que es la última forma de engaños informáticos. Los gobiernos del mundo entero están mal preparados para esta eventualidad. Resultó ser que los *inputs* antagónicos también pueden infectar su RDP y, como un loro, imitar su voz para engañar a las personas que lo conocen. Algunas IA de tipo loro están tan profundamente arraigadas en los RDP y la vida digital de las personas que imitan convincentemente la voz, la entonación, la cadencia y el vocabulario único de cada persona. Las IA de tipo loro se utilizan para enviar falsos mensajes de voz tan convincentes que los padres y los cónyuges caen en el engaño de manera sistemática. Por desgracia, las IA de tipo loro constituyen un gran problema para las compañías de búsqueda de pareja en línea. Los estafadores roban identidades y las usan para atraer a otros mediante interacciones hiperrealistas.

* * *

Todos sufrimos molestias causadas por la impotencia adquirida, así como por las nuevas fracturas económicas y la sensación de que nuestro ser real simplemente no puede competir con sus versiones mejoradas a través de la IA. Buscamos consuelo bajo la forma de interfaces cerebro-máquina, que son enlaces de alta velocidad que transfieren datos entre la cabeza de un humano y un computador. Aunque Facebook y Elon Musk anunciaron hace una década que estaban trabajando en dispositivos especiales que nos darían super-poderes telepáticos, Baidu fue el primero en ofrecer su "banda de mejoramiento neurológico". Ubicado discretamente en una gorra de béisbol o en un sombrero para el sol, el dispositivo puede monitorear los datos de nuestras ondas cerebrales y transmitir re-troalimentación para mejorar la concentración, crear un sentimiento de felicidad y satisfacción, o tener la sensación de una mayor energía.

No era de sorprenderse que una compañía del grupo BAT fuera la primera en sacar al mercado una interfaz cerebro-máquina. Las compañías farmacéuticas ejercieron presión sobre los legislado-res para bloquear la aprobación de las bandas de mejoramiento neurológico y de las futuras interfaces cerebro-máquina. Google y Applezon, que consideraban a Baidu como una amenaza, inter-vinieron y lanzaron sus propios productos, que agregaron aún más datos a nuestros RDP.

* * *

Los empujones se convirtieron en verdaderas molestias, debido a que Google y Applezon nos acosan involuntariamente para que tengamos una mejor salud. El brazalete, los audífonos y las gafas inteligentes que usamos nos lo recuerdan constantemente. Usted no puede co-merse un pedazo de pastel porque, en cuanto mira un postre, la IA reconoce lo que va a comer, lo compara con su tasa metabólica actual y su salud en general y envía una advertencia al brazalete o las gafas. En un restaurante, se le recomienda considerar platos que satisfagan sus necesidades orgánicas actuales: alimentos ricos en potasio o en omega-3, alimentos con bajo contenido de carbohidratos o de sal. Si elige bien, es recompensado y se le envían mensajes de felicitación.

En realidad, no hay forma de desconectar la molesta IA, ya que nuestro RDP está vinculado a la póliza del seguro y su tarifa se establece en función de nuestro compromiso con una vida saludable. Si omitimos un entrenamiento recomendado, la IA nos acosará todo el día. Si comemos una galleta adicional, el dato va derecho al archivo. No se suponía que el sistema se comportara de esta manera, pero los algoritmos tenían un propósito específico y fueron entrenados para optimizar sin descanso las diferentes facetas de la vida cotidiana. No se los programó con un punto final o con una fecha de culminación.

Cuando aparecieron los dos sistemas operativos encargados del manejo de nuestros RDP, muchos proveedores de servicios electrónicos relacionados con nuestras historias clínicas se vieron obligados a elegir uno de ellos. Esto les permitió a algunos miembros de la GMAFIA obtener acceso a los datos que necesitaban años atrás, y también creó (en cierta forma por accidente) el nuevo sistema de salud estadounidense. El sistema Watson Health de IBM tenía la tecnología sofisticada (algunos, incluso, afirmarían que era una tecnología superior), pero, por otra parte, padeció dos décadas de disfunción organizacional. Quince años después de que Google lanzara su propia iniciativa en el ámbito de la salud, llamada Calico, no había sacado ningún producto comercial viable. A estas alturas, era lógico pensar en una asociación estratégica: Watson-Calico. Fue una decisión astuta por parte de Google, porque tanto Amazon como Apple, cada cual por su lado, llevaban un tiempo planeando su incursión en las industrias aseguradora y farmacéutica de los Estados Unidos.

Por supuesto que Amazon había experimentado con nuevos modelos de seguros y distribución de medicamentos a través de sus tiendas Berkshire Hathaway y JPMorgan Chase, mientras que Apple usaba su exitosa tienda y el modelo Genius Bar para lanzar una nueva generación de clínicas *express* en la costa Oeste. La asociación entre Google e IBM dio pie a una segunda asociación de Applezon, esta vez combinando la plataforma de farmacia electrónica de Amazon con las clínicas *express* de Apple. Como resultado de esta consolidación, todos los hospitales de los Estados Unidos ahora forman parte o bien del sistema de salud Watson-Calico o del sistema de salud Applezon. Los grandes conglomerados (Kaiser Permanente, LifePoint Health, Trinity Health y New York-Presbyterian Healthcare System) están afiliados o bien a Watson-Calico, o bien a Applezon Health.

Estas empresas conjuntas resultaron ser soluciones brillantes para el problema de los datos. Ahora Google, IBM y Applezon tienen acceso ilimitado a nuestros datos biológicos, y cada uno de nosotros tiene acceso a diagnósticos económicos o gratuitos. Los exámenes de diagnóstico no son solo la respuesta estándar cuando consultamos por motivo de enfermedad. Ahora se realiza una prueba para todo, lo que ha beneficiado directamente nuestro nivel general de salud y bienestar. Si se le pregunta a cualquier persona cuál es su temperatura corporal normal, esta dará una respuesta individualizada en lugar de la antigua cifra estándar de 36,5 grados.

Aunque finalmente todos tienen acceso a una atención médica asequible, los estadounidenses ahora viven con problemas extraños que son características habituales más que problemas puntuales. Los equipos electrónicos de las ambulancias más antiguas no siempre pueden acceder a los RDP de un paciente si no tienen las últimas actualizaciones del sistema operativo, como tampoco las enfermeras de los colegios y los campamentos de verano. Técnicamente, Applezon Health y Watson-Calico pueden leer los RDP de los sistemas hospitalarios de la competencia, pero a menudo carecen de datos contextuales útiles. Particularmente en comunidades pequeñas o en comunidades rurales, los médicos señalan que necesitan recordar su formación médica si un miembro de la familia Applezone les muestra unos exámenes clínicos de Watson-Calico o viceversa. Con la jubilación de médicos entrenados en métodos tradicionales más antiguos, son cada vez menos los médicos jóvenes con el conocimiento y la experiencia necesarios para ver pacientes que usen sistemas incompatibles. Este es otro ejemplo de impotencia aprendida, solo que en las peores circunstancias imaginables.

* * *

La IA ha causado problemas extraños en otras áreas de la vida. En el 2002, los investigadores de la Berkeley Open Infrastructure for Network Computing se dieron cuenta de que si algunos permitiéramos que usaran nuestros dispositivos mientras dormimos, sería posible simular el poder de un supercomputador, y que este podría usarse con fines científicos. Los primeros experimentos fueron exitosos: cientos de miles de personas donaron tiempo libre para todo tipo de proyectos loables en todo el mundo, como la red Quake-Catcher, que busca actividad sísmica, y SETI@ home, que busca vida extraterrestre en el universo.

En el 2018, algunos emprendedores originales habían encontrado una manera de sacar provecho de estas redes para las economías "gig v2.0". En lugar de conducir para Uber o Lyft, las personas que trabajan por su propia cuenta podrían instalar un *gigware* para ganar dinero durante el tiempo de inactividad. El *gigware* de última generación les permite a otras compañías utilizar nuestros dispositivos a cambio de créditos o dinero real que podemos gastar en otros lugares.

Tal como ocurrió cuando se lanzaron los servicios de transporte compartido, muchas personas han abandonado la fuerza laboral tradicional para participar en esta nueva forma de la economía "gig".

Estas personas renunciaron a sus trabajos e intentaron ganarse la vida simplemente dándoles a ciertas compañías acceso a sus dispositivos. Esto llevó a una presión considerable sobre la red eléctrica y los proveedores de red, que no podían satisfacer la demanda. Ahora son comunes la sobrecarga de la red y los apagones, y dado que el *gigware* tiende a funcionar mientras las personas duermen, estas solo se dan cuenta de que perdieron un ingreso potencial cuando se levantan en la mañana.

Aquellos que aún forman parte de la fuerza laboral tradicional han comenzado a utilizar la IA para optimizar sus *curriculum vitae* y las cartas de presentación, lo que ha creado otro problema. Ahora son menos obvios los elementos que podrían hacer que algunos candidatos se destaquen: todos parecen tener alguna ventaja competitiva. Los sistemas de IA se utilizan para que los candidatos potenciales sobresalgan, pero los gerentes de recursos humanos ya no pueden elegir porque todos los candidatos parecen excelentes. Entonces, recurren a la solución que les parece más cómoda: los hombres blancos terminan contratando hombres blancos, con lo cual se demuestran los efectos perversos de la tiranía de la elección.

En la mayoría de las grandes empresas, la antigua jerarquía dejó de existir y ahora hay dos niveles de trabajadores: los empleados calificados y la alta gerencia. El personal calificado trabaja junto con los sistemas de IA y rinde cuentas a los supervisores de IA, ya que se ha eliminado toda la capa de gerencia intermedia. En el trabajo, los supervisores de IA controlan la productividad, miran los movimientos de las personas en su espacio de trabajo, observan con quién tienen contactos sociales y registran su nivel de felicidad, ansiedad, estrés y satisfacción. Son la personificación de esos horribles carteles motivacionales que dicen: "Eres más valiente de lo que piensas" y "Eres más fuerte que tus excusas".

* * *

Los gobiernos no estaban preparados para la eliminación generalizada de empleos de gerencia intermedia en industrias basadas en
el conocimiento, como la ley y las finanzas, ya que se centraron
exclusivamente en trabajos poco calificados, como la conducción de
vehículos, la agricultura y el trabajo fabril. Los trabajos creativos se
han visto igualmente afectados por la nueva rama de la IA: la creatividad por computador. Diseñadores gráficos, arquitectos, escritores y
desarrolladores web ya no son necesarios porque las redes generativas
contradictorias y los nuevos sistemas de IA son muy confiables y
productivos. Al mismo tiempo, la IA ha creado ciertos trabajos de
gran poder: director general de operaciones (CCO), director general
de finanzas (CFO) y director general de información (CIO). Se ha
abierto un abismo significativo, y se ha concentrado cada vez más la
riqueza en los altos cargos de las organizaciones. Estamos asistiendo
a la aparición de un sistema digital de castas.

* * *

Otro problema: la contaminación de la información. Hace aproximadamente diez años, una gran cantidad de demandas y las regulaciones
internacionales radicales condujeron a la fragmentación de internet.
En lugar de existir una World Wide Web, terminamos con varias
redes, en las que los reglamentos digitales variaban de acuerdo con
las leyes locales y las restricciones geográficas.

Esta situación no se generó de la noche a la mañana. En la
década de 1990, cuando internet pasó de manos de las universidades y los gobiernos al sector privado, dejamos que se propaga-
ra libremente, en lugar de considerar internet como un servicio
público o un sistema financiero regulado. En ese momento, los
legisladores no pensaban mucho en cómo se podrían usar todos
los datos que generábamos en internet. Ahora es impensable

cumplir con todas las variantes posibles contempladas por la ley, y nuestros filtros-burbujas anteriores se extendieron para ajustarse a las fronteras geográficas.

Esto ayudó a promover y difundir noticias falsas. Como hay actores maliciosos humanos que usan algoritmos generativos y como, dependiendo de la región, todos obtenemos diferentes versiones del contenido de las noticias, no sabemos qué hacer ni en quién confiar. Todas las organizaciones noticiosas más respetadas del mundo han sido engañadas más de una vez, y los periodistas calificados tienen dificultad para verificar los videos de los líderes mundiales y los ciudadanos comunes y corrientes. Es casi imposible saber si en el video que vemos aparece una voz falsa con una cara falsa, o si el personaje que vemos es real.

* * *

Ahí no terminan los problemas: se produjo una ola de delitos relacionados con la IA que nadie había previsto. Los programas de IAE estrecha pero potente han comenzado a plantear problemas en internet: hacen compras ilegales de varias cosas: bolsos de diseño falsificados, así como drogas y medicamentos hechos con partes de animales cazados en zonas vedadas (como cuernos de rinoceronte y colmillos de elefante); escuchan ilegalmente nuestras conversaciones en las redes sociales; leen las noticias y se infiltran en los mercados financieros para desatar la venta en masa de acciones. En los espacios públicos, cometen el delito de difamación para socavar la reputación de las personas.

Estamos comenzando a preocuparnos por las intrusiones en nuestros RDP, el pirateo de nuestros datos biométricos y la falsificación no solo de nuestros propios archivos, sino, también, de aquellos que heredamos. Parte de esta anarquía fue diseñada y desplegada deliberadamente por la mafia moderna: una red extensa y distribuida de crimen organizado, difícil de localizar y contener. Algunas de las IA deshonestas surgieron por accidente: simplemente evolucionaron y comenzaron a comportarse de maneras que nadie había previsto.

Los problemas también se extienden a los robots físicos. Los robots de seguridad, equipados con cámaras inteligentes y *software* de análisis predictivo, suelen ensañarse con las personas de color. Los robots de seguridad no llevan armas, pero dan órdenes en tono agresivo y emiten alarmas fuertes y estridentes. En las oficinas, hoteles, aeropuertos y estaciones de tren, se suele hostigar y humillar a las personas de color, porque un robot de seguridad las considera sospechosas por error.

* * *

La GMAFIA no tiene buenas relaciones con las autoridades policivas de los Estados Unidos, que quieren tener acceso a nuestros RDP. En lugar de propender a un trabajo conjunto, el gobierno amenaza con demandar e intenta convencer a la GMAFIA de compartir sus datos, aunque esta no tiene la obligación (ni legal ni de ningún otro tipo) de acceder a estas solicitudes.

Aunque nadie lo ha dicho públicamente, parece como si las autoridades policiales de los Estados Unidos quisieran emular parte del sistema de vigilancia algorítmica y de calificación de crédito social de China. Por temor a una reacción negativa de los consumidores, la GMAFIA continúa manteniendo bloqueados sus sistemas.

Llevamos más de una década discutiendo las implicaciones filosóficas y éticas de la toma de decisiones de los algoritmos en el marco de la aplicación de la ley. Sin embargo, no se han establecido normas, estándares o regulaciones. Ahora tenemos una lista interminable de delitos relacionados con la IA, pero no disponemos de mecanismos de sanción. No hay cárcel para la IA y los robots. Las leyes que definen lo que es un delito no aplican para la tecnología que hemos creado.

Nuestra confusión y desilusión favorece a China, que ya no es un simple competidor de los Estados Unidos, sino un competidor de respeto y una amenaza militar. China se pasó décadas robando diseños de equipos y estrategias de defensa estadounidenses, y esa táctica está dando sus frutos.

El presidente Xi está consolidando el poder del ejército chino, poniendo el énfasis en el código más que en el combate. Por ejemplo, los hermosos espectáculos de luces que ofreció China para varios eventos (un festival de "faroles de drones", en el 2017 y unos "fuegos artificiales de drones" en el 2018) resultaron ser ejercicios de prácticas para hacer "inteligencia de enjambre". El ejército chino ahora usa poderosos drones de IA para hacer vigilancia por mar y tierra.

A través de su poderío económico, de la diplomacia individual y de la demostración de su fuerza militar, China está poniendo en práctica un nuevo colonialismo, y está colonizando con éxito países como Zambia, Tanzania, República Democrática del Congo, Kenia, Somalia, Etiopía, Eritrea y Sudán.

China está construyendo infraestructura (además de desplegar su sistema de puntaje de crédito social), y extrayendo recursos clave para bloquear a sus competidores y apoyar a su clase media, que crece a una enorme velocidad. Ahora controla más del 75 % de la producción mundial de litio, indispensable para la fabricación de las baterías. Ha diezmado los bosques de palo de rosa del mundo y produjo la extinción del árbol de Mukula, una especie de crecimiento lento propia de África Central, que durante un tiempo se usaba para hacer mesas y sillas con tallas intrincadas.

Ninguna potencia extranjera, ni los Estados Unidos, ni Japón, ni Corea del Sur ni la Unión Europea, tuvo el peso político o económico suficiente para evitar que China expandiera sus zonas comerciales especiales al mar del Sur de China, el mar de China Oriental y el mar Amarillo. Casi la mitad del comercio mundial tiene que pasar por una de estas áreas, y los barcos deben pagar un alto impuesto al gobierno chino.

Los observadores afirman que Beijing no cumplió su objetivo de convertirse en la mayor potencia mundial en materia de IA en el 2025, a pesar de que ha tomado el control de algunos de los recursos físicos del mundo.

Sin embargo, esos observadores no tienen una perspectiva completa de la situación. Factores como los muchos años de acuerdos obligatorios de transferencia de tecnología, las prácticas restrictivas de mercado y la importante inversión de China en compañías tecnológicas estadounidenses y europeas fueron extremadamente exitosos. China domina ahora las industrias de tecnología avanzada, incluyendo la robótica, las energías nuevas, la genómica y la aviación, y cada una de estas áreas hace uso de la IA. No hay cifras publicadas, pero a la luz de la existencia de sus laboratorios estatales de IA, de las asociaciones con Baidu, Alibaba y Tencent y de todos sus socios de la iniciativa Cinturón y Ruta de la Seda, los expertos creen que China logró que el valor de su ecosistema de IA creciera más de 500.000 millones de yuanes (alrededor de 73.000 millones de dólares) en tan solo una década.

2049: antes eran cinco

Con el progreso hacia la inteligencia artificial general (IAG), la constelación de los nueve gigantes cambió de una manera que es a la vez profunda y problemática. Ahora, los miembros del grupo BAT de China son más fuertes que nunca y siguen trabajando de la mano con Beijing. Sin embargo, los seis miembros originales de la GMAFIA en los Estados Unidos ahora son solo cinco, debido a las asociaciones estratégicas y las empresas conjuntas: Amazon-Apple y Google-IBM son las cuatro empresas que más cuentan. Actualmente, Microsoft da apoyo a los sistemas y servicios que ya existían desde antes.

Tal vez lo más sorprendente es lo ocurrido con Facebook. La razón de la desaparición final de Facebook no se debió al escándalo de Cambridge Analytica ni a las revelaciones sobre la interferencia rusa en las elecciones estadounidenses. Tampoco fue el cansancio que todos sentíamos al ver tantas noticias llenas de odio, miedo y teorías de la conspiración. El modelo de negocio de Facebook simplemente se volvió inviable con el tiempo. Una vez que los usuarios se salieron de la plataforma y los anunciantes dejaron de gastar su dinero en ella, Facebook quedó en el aire, pues no tenía una cartera diversificada de fuentes de ingresos.

En el 2035, Facebook se encontraba en un estado financiero espantoso. Los accionistas querían salir de sus acciones, los administradores de los fondos de inversión estaban asustados y el mercado se volvió en su contra. Facebook se vendió por piezas. Todos aquellos cuyos datos estaban en la red (es decir, la mayor parte de los ciudadanos estadounidenses) ahora están fuertemente preocupados porque sus datos fueron comprados de manera casi secreta por un conglomerado. Se están adelantando investigaciones al respecto, pero se rumora que el conglomerado era, de hecho, una compañía china ficticia. Es probable que ahora todos formemos parte del sistema de crédito social de China y que nos estén espiando a todos.

Los estadounidenses hemos tenido que aprender a vivir con una ansiedad que no es grave, pero es permanente. Se suele comparar nuestro sentido nacional de la preocupación con el sentimiento que nos producían las amenazas de guerra nuclear en las décadas de 1960 y 1980. La diferencia es que ahora no sabemos a qué temer, exactamente. Nadie sabe si su RDP está protegido o a cuáles datos personales podría tener acceso China. No sabemos con seguridad hasta qué punto los *hackers* del gobierno chino están metidos en los sistemas de infraestructura de los Estados Unidos. A menudo, nos quedamos despiertos hasta altas horas de la noche preguntándonos qué tanto sabe China sobre nosotros, si sabe qué puentes tomamos para llegar al trabajo o qué líneas de gas alimentan nuestro hogar, y especulamos sobre lo que planean hacer con toda esta información.

Lo que no previmos fue la creación de una amplia gama de IAG para diferentes propósitos y tareas, IAG poderosas e indiferentes a los valores humanos. En retrospectiva, esa creación fue algo notablemente ingenuo de nuestra parte. Amazon, Apple, Google e IBM fueron creciendo y asociándose, tomando partidos sin establecer estándares globales.

Hace décadas, la gente compraba aplicaciones y juegos para sus teléfonos en Google Play Store, y dado que era lo suficientemente fácil para que cualquier persona lanzara y vendiera una aplicación, la calidad variaba enormemente. Había demasiadas aplicaciones que consumían mucha batería, juegos que extraían y compartían nuestra información personal y anuncios publicitarios que volvían muy desagradable la experiencia con los celulares.

Eso es lo que estamos viendo ahora con las IAG, excepto que las consecuencias son mucho peores. Algunas IAG afirman seguir los protocolos escritos para ellas, pero luego eligen reemplazar estos protocolos con nuevas directrices. Algunas IAG se automejoran, aunque sus creadores no las programaron explícitamente para eso. Algunas se autorreplican, se introducen en otras IAG y usan los recursos que necesitan para alcanzar sus objetivos, sin que les importe el impacto que estas acciones puedan tener en el ecosistema general.

Para combatir las IAG perniciosas, los investigadores de Applezon y Google-IBM crearon unas "niñeras" para las IAG —o NIAG, para abreviar—, a fin de controlar otros sistemas. Las NIAG tienen un conjunto claro de protocolos:

- Examinar y analizar otras IAG para determinar si están incumpliendo sus objetivos originales.
- Crear un registro detallado de todas las IAG perniciosas, así como su historial completo (por ejemplo, quién las creó, cuándo fueron modificadas, por quién y por qué).
- Encontrar al humano original en el ciclo de desarrollo y notificarlo sobre el incumplimiento.
- Al cabo de un período de gracia (que depende de la gravedad de las infracciones de la IAG), eliminar cualquier IAG no autorizada.
- Nunca modificar sus propios objetivos.

Es obvio que Applezon y Google-IBM estaban tratando de controlar un sistema que comenzaba a salirse de control, pero ahora no es generalizada la adopción de las NIAG por fuera de los ecosistemas Applezon y Google-IBM. Usando como precedente unos fallos en anteriores casos antimonopolio contra Google y Microsoft, el Parlamento Europeo determinó que las NIAG no eran más que un intento soterrado de esas empresas por sofocar a los empresarios y neutralizar la competencia.

La primera en prohibir las NIAG fue la Unión Europea. Aunque muchos investigadores y científicos insistieron para que los legisladores aprobaran estas IAG especializadas con el fin de combatir un problema grave, el Congreso se pronunció contra de los gigantes tecnológicos y prohibió el uso de las NIAG en los Estados Unidos. Estas decisiones miopes en relación con las NIAG contribuyeron a generar una desconfianza pública frente a Applezon y Google-IBM, que de otro modo habrían podido ser buenos guardianes de nuestros RDP.

* * *

Nuestro hogar se ha convertido en un gran vehículo de publicidad, que es constante e invasiva. Vemos anuncios de video personalizados dondequiera que haya una pantalla: los espejos inteligentes del baño y los armarios, las pantallas retráctiles que llevamos en el bolsillo e, incluso, los cristales inteligentes que tuvimos que instalar en nuestras casas para bloquear el calor solar extremo. Nos sentimos incómodos en casa, que era el único lugar donde estábamos verdaderamente a gusto.

Esta desconfianza ha hecho que nuestro sistema de salud se haya convertido en un reto particularmente difícil. Applezon Health System y Watson-Calico han hecho enormes progresos en los campos de la IA y la medicina. Ambos tomaron la idea de un traje robótico controlado mentalmente que fue presentado durante la Copa Mundial de Fútbol 2014. El neurocientífico de la Universidad de Duke, Miguel Nicolelis, había descubierto cómo enlazar la mente con la máquina. Su trabajo inspiró a otros para sacar al mercado unas interfaces cerebro-máquina. En algunas empresas que están a la vanguardia en tecnología, se motiva a los trabajadores a usar diademas electrónicas para unir sus mentes, y a estas con las IAG, a fin de resolver problemas complejos. No todo el mundo se siente cómodo con esta forma de inteligencia colectiva de alta tecnología, porque implica que se transfieran datos a través de Applezon o Watson-Calico, las cuales ahora pueden, literalmente, leernos la mente.

En asociación con una universidad destacada de Nueva York, Watson-Calico ha desarrollado una de las teorías menos conocidas de Turing sobre la morfogénesis. Turing pensaba que un sistema de compuestos químicos probablemente reaccionaba entre sí y que esta reacción se extendía a través de una serie de células para modificar a algunas de ellas. Turing estaba en lo cierto. Los sistemas de IAG se utilizaron para descubrir diferentes formas de crear seres complejos multicelulares, y eso llevó al advenimiento de seres humanos aumentados, fenómeno que llamamos "quimeras humano-animales".

La intención original era crear un tejido humano que pudiera usarse en trasplantes. Utilizamos cerdos y ovejas para generar hígados, corazones y riñones. Los investigadores también desarrollaron orgánulos cerebrales: exactamente el mismo tejido que forma nuestro cerebro. Parecía un trabajo prometedor, hasta que nos dimos cuenta de que la IAG se utilizaba para desarrollar quimeras humano-animales con otras características, como los cerdos a los que se les implantaba tejido cerebral humano, que desarrollaron un cociente intelectual similar al de los humanos, aunque más bajo. También se podían crear recién nacidos que tenían el mismo sentido del olfato desarrollado de un perro. Lo que nadie ha discutido (o determinado) todavía son las implicaciones de los atributos de la quimera, que son heredables. ¿Qué sucede cuando un humano modificado con habilidades extrasensoriales tiene un hijo con alguien que también tiene modificaciones?

* * *

Lo más preocupante es que China ha decidido dar a las IAG y las interfaces cerebro-máquina (diseñadas para ayudar a las personas enfermas a recuperar sus facultades) un uso militar estratégico. Las están utilizando para mejorar las habilidades cognitivas de sus soldados, que realizan gran parte de su trabajo desde búnkeres subterráneos ocultos. En los Estados Unidos y Europa, este tipo de experimentación y uso de la tecnología viola las leyes de ética.

Estamos comenzando a presenciar un declive real de la civilización occidental y de nuestros ideales democráticos, debido a la colonización de China, la expansión de sus zonas económicas y su uso inescrupuloso de las IAG. La salud de nuestra economía está en riesgo, ya que los indicadores tradicionales, como la vivienda, la construcción y las ventas al por menor y de alimentos disminuyen trimestre tras trimestre.

Incluso compañías como Applezon y Google-IBM padecen de una disminución de sus ingresos, y están preocupadas por el futuro. Las dos trabajan para que nuestros RDP funcionen junto con las IAG de vigilancia, pero ambas notan un ruido extraño en los sistemas de registro. Hay fragmentos de código que no tienen mucho sentido, y algunas de las IAG que procesan y enrutan nuestros RDP no funcionan bien. Como hecho excepcional, Applezon y Google-IBM trabajan mancomunadamente y comparten lo que ven, con la esperanza de resolver el problema. En nuestras casas y oficinas las luces se apagan de repente. Nuestras gafas inteligentes dejan de funcionar indiscriminadamente. Nuestros satélites de comunicación se desvían de su camino.

Aunque no podemos escucharlos, sabemos que hay disparos y que China está librando una guerra contra los Estados Unidos.

2069: la ocupación digital de China en los Estados Unidos

Nos damos cuenta de que China ha desarrollado una generación de IAG con capacidades mucho mayores que nunca. No contamos con NIAG que monitoreen a las IAG perniciosas, y China logró construir y desplegar un sistema aterrador para controlar a la mayoría de la población mundial. Si no cumplimos los requisitos de China, el gobierno de ese país interrumpe nuestros sistemas de comunicación. Si no mantenemos abierta nuestra línea de datos para que la pueda ver el Partido Comunista Chino, este cierra nuestra infraestructura clave, que comprende las centrales eléctricas y el control del tráfico aéreo.

Somos residentes de unos Estados Unidos de América ocupados digitalmente por China. El transporte, la banca, los sistemas de salud, la electricidad y hasta los refrigeradores son controlados por China.

Lo que comenzó como un movimiento colonial en África se ha convertido en un nuevo imperio global chino, activado y fortalecido por la IA. La humanidad está al borde de una aterradora superinteligencia artificial (SIA) desarrollada por un país que no comparte los valores e ideales democráticos.

CAPÍTULO 7
La dinastía Réngōng Zhìnéng: el escenario catastrófico

Así llega el mundo a su final, no con un estallido,
sino con un gemido.

T. S. Elliot

Estamos en el 2023, y no pensamos en las rutas del desarrollo de la inteligencia artificial (IA). Pasamos por alto todas las señales y no logramos hacer planes concienzudos para el futuro. Llevamos a los nueve gigantes a competir entre ellos, al mismo tiempo que dábamos rienda suelta a nuestros deseos consumistas: compramos los aparatos de más reciente aparición en el mercado, aplaudimos cada nueva oportunidad de grabar nuestra voz y nuestra cara y enviamos esos datos a un desagüe sin fondo que los engulle.

Compartimos videos de Alexa diciendo tonterías cuando nuestros hijos chatean con Amazon. Pedimos a nuestros televisores que nos escaneen la cara sin preguntar por qué un televisor podría necesitar o querer nuestros datos biométricos. Cada vez que Google lanzaba nuevos y divertidos proyectos que vinculan los cuerpos con fotos, los rostros con pinturas, las voces con celebridades, las huellas digitales con personas de tierras lejanas y el iris con nuestros antepasados, lo que hacíamos era involucrarnos más, desesperados por mantenernos en la última moda del mundo de los influenciadores digitales y los memes más recientes.

Las tribus de la IA afirman de dientes para afuera que la diversidad es importante. Es su mantra. Lo repiten una y otra vez, en discursos y conferencias, en entrevistas de trabajo y reuniones, en sesudos artículos y en Twitter. Lo dicen en los folletos universitarios. Lo sostienen en bonitos carteles puestos en los ascensores y los pasillos de las oficinas. Las tribus de la IA, principalmente compuestas por hombres blancos, están entrenadas para recitar el mantra en aulas, laboratorios y áreas de trabajo. En lugar de tomar decisiones difíciles para hacer los cambios pertinentes, todos siguen repitiendo el mantra y prometen que el cambio es inminente. Así se obtiene el resultado esperado: eliminar la negatividad de la mente y permitir que las tribus de IA se sientan mejor (aunque no hayan hecho nada). Los gurús de las tribus de IA transmiten el mantra a cada nueva cohorte de discípulos, quienes sienten una sensación de logro por el simple hecho de haberlo repetido.

El mantra resuena en la cómoda burbuja de las tribus de IA, que creen estar promoviendo la integración, aunque no es cierto. Se pronuncian a favor de la diversidad de todo tipo: partidos políticos, afiliación religiosa, identidad sexual y de género, raza y etnia, situación económica y edad, pero no hacen ningún esfuerzo serio para promover la inclusión. No vemos el cambio esperado, que sería contar con un amplio y colorido espectro de personas y visiones del mundo en el campo de la IA, a través de su contratación en puestos permanentes de liderazgo, en equipos de investigación y en funciones gerenciales en la GMAFIA.

* * *

Las visiones de mundo de los miembros de la tribu se vuelven cada vez más miopes, y los problemas que ya enfrentamos empeoran. Los accidentes y errores van en aumento: es el caos de los sistemas de visión por computadora, que identifican erróneamente a las personas de color y las culpan de los delitos. La vigilancia se expande, pero también se vuelve menos obvia. La línea de demarcación entre nuestros datos personales y los datos que generamos en el trabajo es borrosa, al igual que los criterios para determinar quién usa nuestros datos y cuándo. La transparencia en los sistemas de IA desaparece (aunque tampoco fuera un modelo digno de imitar en un comienzo).

La GMAFIA es la dueña exclusiva de nuestros RDP, que ahora abarcan todos los aspectos de la existencia humana: lo que escribimos en los correos electrónicos, los textos que enviamos a los hijos, los rastros de navegación que dejamos al buscar la silla perfecta para la oficina, los contornos únicos de huellas digitales y cara, los lugares por donde caminamos y la velocidad a la que corremos, las personas que nos encontramos en los supermercados, si tenemos gripe o no, los medicamentos que tomamos. Los algoritmos toman decisiones por nosotros utilizando todos estos datos. Determinan si se nos da un descuento al reservar un vuelo. Nos ayudan a conseguir un trabajo determinado (o nos lo impiden), deciden si podemos comprar una casa o un automóvil, nos buscan la pareja y le dicen al médico si estamos mintiendo sobre el uso del tabaco, la bebida y la actividad física.

Dado que los dueños de esos datos son Google, Amazon, Apple, Facebook, Microsoft e IBM, y en vista de que amamos sus productos, aunque no confiamos plenamente en las compañías, no tenemos claro que el control total que ejercen las empresas sobre nuestros RDP es la versión estadounidense del sistema de puntaje de crédito social de China.

Estamos atrapados en un sistema de castas digital, en el que la IA puede tomar decisiones y emitir juicios, no solo basándose en la forma como cada uno vive su vida, sino también en los RDP de nuestros padres y parientes. La riqueza ya no importa. El estatus social se determina ahora por la noción de "ser la mejor persona que podemos ser", y esa definición de "mejor" la fijó, desde hace mucho tiempo, un número relativamente pequeño de programadores que decidieron que las claves para una existencia optimizada eran: una dieta cetogénica orgánica, clases de yoga al mediodía y visitas regulares al quiropráctico. Si no tomamos una sesión de sauna infrarrojo a la semana, el sistema de IA al que estamos ligados asociará este incumplimiento a cada RDP. Este acto de rebelión no solo afecta a la persona en cuestión, porque su archivo está relacionado con todos sus conocidos y allegados. No podemos escapar a los pecados que cometen las personas cercanas a nosotros.

* * *

En un futuro cercano, Amazon e IBM convencerán a los gobiernos de los Estados Unidos, el Reino Unido, Alemania y Japón para que abran el acceso a una variedad de datos relacionados con la salud de los ciudadanos. Apple, Google, Microsoft y Facebook experimentarán mayor dificultad en Europa, debido a las demandas antimonopolio que se presentaron en el pasado. Sin embargo, esos primeros experimentos de Amazon e IBM serán útiles para las agencias gubernamentales, que generarán contratos más lucrativos para toda la GMAFIA.

* * *

En el 2008, cuando algunas regiones del mundo entraron en una crisis financiera provocada por la burbuja inmobiliaria, China aprovechó para comprar hierro, petróleo y cobre a los países latinoamericanos, con lo cual protegía efectivamente a estos países de problemas graves. Cuando los precios del petróleo cayeron en el 2011, China estaba dispuesta a invertir en América Latina y rescatarla[1]. En el 2013, China llevó a cabo ejercicios conjuntos de entrenamiento militar frente a las costas brasileñas y, nuevamente en el 2014, frente a las costas de Chile[2]. En el 2015, el Ministerio de Defensa chino organizó una cumbre de diez días sobre logística militar, en la que participaron funcionarios de once países latinoamericanos, y desde entonces ha invitado a oficiales militares de esa región a tomar cursos de desarrollo profesional en China[3]. Mientras que el gobierno estadounidense está retirándose del escenario mundial, China está en pleno movimiento expansionista. Negocia acuerdos en todo el sudeste de Asia y en África, así como en América Latina.

Al cabo de una década de construir relaciones con América Latina, en la actualidad es China —y no los Estados Unidos— quien suministra a Venezuela, Bolivia, Perú y Argentina equipo militar, que comprende aviones y armamento[4]. China tiene razones para construir bases en todo el patio trasero de los Estados Unidos. En la Patagonia, China ha instalado una antena militar y una estación de control espacial, así como un centro de rastreo satelital en el noroeste de Argentina[5]. Toda esta actividad utiliza IA.

En la actualidad, ni los legisladores ni los encargados de la creación de políticas han logrado hacer la conexión entre China, los Estados Unidos y la IA. La consolidación del poder de China bajo Xi Jinping, sus diversas iniciativas estatales, su economía en rápido crecimiento y el éxito de los miembros del grupo BAT

1 "China Has a Vastly Ambitious Plan to Connect the World", *Economist*, julio 28, 2018, https://www.economist.com/briefing/2018/07/26/china-has-a-vastly-ambitious-plan-to-connect-the-world.
2 *Ibid.*
3 *Ibid.*
4 *Ibid.*
5 Ernesto Londoño, "From a Space Station in Argentina, China Expands Its Reach in Latin America", *New York Times*, julio 28, 2018, https://www.nytimes.com/2018/07/28/world/americas/china-la-tin-america.html.

son una fuerza imparable, aunque invisible. Ni la Casa Blanca ni el Congreso han entendido que el influjo de China en diversos países (Tanzania, Vietnam, Argentina y Bolivia, por ejemplo) tiene que ver tanto con la economía como con las labores de inteligencia. Se niegan a reconocer que China está construyendo un imperio del siglo XXI, basado en datos, en la infraestructura de las IA, en la geopolítica y en la economía global. Es un grave error de juicio que todos lamentaremos más adelante.

Los ciudadanos chinos están aprendiendo a vivir en medio de una vigilancia automatizada y deben asumir las consecuencias de salirse del camino demarcado. El crimen está disminuyendo, los disturbios sociales se han reducido y las clases altas y medias mantienen el *statu quo*. Los chinos tienen acceso a lujos en artículos como ropa, bolsos, muebles de diseño y autos exclusivos con los que ni sus padres ni sus abuelos habían soñado. La promesa de gobierno es sacar a todos los chinos de la pobreza. Al menos por el momento, da la sensación de que vale la pena sacrificar la privacidad, la libertad de religión, la identidad de género y la libertad de expresión en aras de obtener un puntaje de crédito social deseable.

Los líderes políticos de los Estados Unidos no se toman el tiempo suficiente para enterarse de qué es la IA, qué no es y por qué es importante. Además de las conversaciones habituales sobre la IA que afecta la productividad y el empleo, los legisladores en Washington no hacen ningún esfuerzo para involucrar a la GMAFIA en discusiones serias sobre otros temas urgentes relacionados con la IA, como la seguridad nacional, el equilibrio geopolítico, los riesgos y oportunidades que implica la IA general o el entrecruzamiento entre la IA y otros campos (como la genómica, la agricultura y la educación).

A falta de una dirección estratégica de la Casa Blanca en materia de IA (de hecho, su postura es abiertamente hostil ante la ciencia y la tecnología), Washington solo piensa en los aspectos de corto plazo del próximo ciclo electoral y en lo que pueda ser atractivo para los electores en las transmisiones políticas del domingo por la mañana.

Ni la GMAFIA ni sus líderes han puesto intencionalmente en riesgo la democracia. No obstante, en el corazón de sus valores corporativos no están la protección de los Estados Unidos como superpotencia global dominante ni la preservación de nuestros ideales democráticos.

Desde principios de la década del 2010, el expresidente de Google, Eric Schmidt, empezó a trabajar, con intensidad y tesón admirables, en el fortalecimiento de la preparación del ejército y del gobierno de los Estados Unidos para la era de la IA. No era una estratagema para que Google ganara contratos con el gobierno. Schmidt estaba preocupado por nuestra seguridad nacional y por el nivel de preparación del Ejército en esta nueva era tecnológica.

Sin embargo, era una iniciativa tan inusual que Silicon Valley cuestionó sus motivos. Ninguno de los líderes de la GMAFIA siguió el mismo camino y, por el contrario, todos mostraron escepticismo frente sus ambiciones. Aparte de Schmidt, ninguno de los líderes de la GMAFIA le prestó mayor atención al papel de la IA en el surgimiento de China como posible sucesor de los Estados Unidos en su papel de superpotencia mundial.

* * *

No existe una colaboración estratégica entre la GMAFIA y las agencias gubernamentales o las dependencias militares, o, en todo caso, no existe sin que medie un contrato lucrativo. La GMAFIA se pliega a las políticas oscuras y anticuadas impuestas por el Ejército y el gobierno en materia de adquisiciones, pero esto impide que se produzcan rápidos avances en IA para beneficio de los Estados Unidos. Cuando mucho, saca a relucir las diferencias culturales entre Silicon Valley y Washington, además de ralentizar la modernización. Las pocas agencias gubernamentales creadas para la innovación (iniciativas como el Servicio Digital Estadounidense, el Comando Futuro del Ejército de los Estados Unidos, la Junta de Innovación en Defensa y la Unidad de Innovación en Defensa Experimental ([DIUx]) son muy recientes y muy frágiles, además de estar sujetas a recortes presupuestales y a la rotación de personal por causa de la puerta giratoria que caracteriza a los cargos políticos.

Washington considera su relación con la GMAFIA desde el punto de vista transaccional. Ni los legisladores ni la Casa Blanca están haciendo un esfuerzo honesto para desarrollar con los líderes de la GMAFIA las relaciones necesarias para una coalición a largo plazo en materia de IA. La GMAFIA, el Ejército y el gobierno de los Estados Unidos se acercan, pero no encuentran un punto de convergencia de interés nacional.

No logramos llegar a un consenso sobre China, porque permitimos que el ego y la costumbre se convirtieran en un obstáculo. Funcionarios del gobierno, representantes de la industria, periodistas, técnicos y académicos debaten sobre China, los Estados Unidos y la IA, sin cambiar sus antiguas y arraigadas creencias, sin dejar espacio a otras concepciones.

Las mismas voces de siempre sostienen que Xi Jinping no estará en el poder por mucho tiempo, aunque ya no tiene restricciones legales para mantenerse en la presidencia. Cuando se haya ido, se evaporarán como por arte de magia todos los planes a largo plazo de China respecto a la IA. Los detractores habituales refutarán esta perspectiva, afirmando que Xi unirá a su pueblo y a su partido. Sin importar si Xi muere joven o le entrega su cargo a un sucesor, el Partido Comunista Chino será más fuerte y ejecutará sus planes de IA de principio a fin.

La discusión continúa igual sobre distintos temas. Unos dicen que las políticas industriales de China no tendrán impacto; otros dicen que provocarán el colapso de la economía estadounidense.

Unos, que el Ejército chino representa una amenaza existencial para el mundo occidental; otros, que es solo una historia extravagante que pronto dejará de molestarnos. Unos, que deberíamos invertir tiempo y dinero en una estrategia nacional de IA sabiendo que el plan de China puede fallar; otros, que es mejor ahorrar tiempo y dinero y esperar a ver qué pasa. El único punto sobre el que todos parecen estar de acuerdo es que si los Estados Unidos realmente se mete en problemas, la GMAFIA tendrá que ayudarnos.

Nuestros legisladores, gobernantes y grupos de expertos presentan los mismos argumentos de siempre, pero no hacen nada. Están sumidos en la estasis, porque en los Estados Unidos es muy difícil escapar de la fuerza centrípeta de las ganancias monetarias, a menos que se lleve a cabo una intervención poderosa.

* * *

Conocemos historias parecidas donde la estasis es la protagonista. Mantuvimos el *statu quo* frente al tema del tabaquismo, discutiendo datos concretos sobre el cáncer, al mismo tiempo que seguíamos haciendo publicidad para vender cigarrillos, donde aparecían imágenes de mujeres modernas fumando. Decíamos que les daba un rato de esparcimiento a los trabajadores de las fábricas y que era una cura medicinal para las personas enfermas. No hemos hecho mayor cosa contra el cambio climático, y nos hemos quedado enredados en las palabras. Si el calentamiento global es real, ¿por qué hace tanto *frío*? Nos contentamos con fijar plazos. Las advertencias alarmantes que se hicieron en la década de 1970 se volvieron desastrosas en la década de 1990 y, luego, apocalípticas en la década del 2010, pero aquí seguimos. No faltará quien diga que las cosas no serán tan malas en el futuro.

El cambio sistemático tiene un efecto acumulativo que se construye durante décadas, no días. Cuando nos damos cuenta de que la estasis no es la solución correcta, ya es demasiado tarde.

2029: bloqueados digitalmente, por dentro y por fuera

En los últimos diez años, hemos recibido toda clase de incentivos para comprar montones de tecnologías inteligentes y sistemas de IA. Ahora, todos los electrodomésticos se entregan con sistemas de IA. El refrigerador sabe qué alimentos hay dentro. Las lavadoras, incluso las de las lavanderías públicas, van llevando el registro del avance en la eliminación de la suciedad de la ropa y le envían a la persona una señal una vez que finaliza el ciclo. El horno se apaga antes de que la piel del pavo empiece a quemarse.

Sin embargo, hay un problema que no habíamos previsto: no tenemos permiso para ajustar manualmente el sistema de la que se suponía era una IA "útil". Una vez que metemos en el refrigerador conectado varias bolsas de carne y queso, bandejas de pasteles y seis paquetes de cerveza (todos comprados para una fiesta de amigos que van a ver el Super Bowl), los datos van a dar al RDP. La cantidad de porciones y calorías exceden el número de personas que hay en el hogar, y la IA concluye que el dueño de casa va a comer en exceso.

Otro ejemplo: ya es medianoche y usted puso una ropa a lavar, con la idea de meterla en la secadora por la mañana, antes de irse al trabajo, pero la IA de la lavadora no tiene en cuenta su deseo de dormir. Una alarma suena y lo llama, varias veces y sin parar, para decirle que ya es hora de meter la ropa en la secadora.

Otro más: a usted le gustaría cocinar un pavo al estilo *jerk*, bien quemadito, pero el horno no se lo permite porque su IA ha sido programada para que la carne quede jugosa y punto (si tiene el dinero, puede descargar una actualización que le permita hacer este tipo de receta).

Algunos hogares tienen problemas con la IA, especialmente con los electrodomésticos de cocina y casi siempre en la mañana. Los paneles de control se oscurecen de manera intermitente, lo que por desgracia bloquea la puerta y le impide desayunar. El lavavajillas se detiene de manera repentina en la mitad del ciclo, y deja los vasos y los cubiertos untados de agua jabonosa y grasosa. El volumen de los altavoces inteligentes también aumenta de buenas a primeras, lo que hace imposible que los miembros de la familia puedan conversar mientras se comen el cereal y se toman el café. Usted y decenas de miles de consumidores reportan las fallas y, en cada ocasión, la GMAFIA designa a algunos gerentes de producto para que averigüen qué está pasado. Los periodistas de tecnología atribuyen estos problemas a "comportamientos extraños que tienen a veces las IA".

Al principio, los ataques parecen nuevos y aleatorios. Todos acusamos a Google, Apple y Amazon de vender productos de mala calidad y de dar un servicio deficiente a los clientes. Luego, los expertos en ciberseguridad descubren, con gran sorpresa, que todos los problemas están relacionados. Este es un nuevo tipo de ataque del "internet de las cosas" orquestado desde China, gracias al aprendizaje automático. Los chinos tienen un nombre para eso: 被困, *bèi kùn*, que puede traducirse como "atrapado". Los piratas informáticos, respaldados por el gobierno chino, consideraron que era una buena idea lanzar ataques repentinos durante las horas del desayuno en los Estados Unidos y, en efecto, dejar atrapados nuestros alimentos, bebidas y utensilios de cocina en los electrodomésticos alimentados con IA. Su objetivo es singular y complejo: sembrar desconfianza frente a la GMAFIA.

* * *

Microsoft e IBM todavía existen, pero juegan un papel menor en el ámbito de la IA. Microsoft —que publicaba artículos sobre investigación de vanguardia relacionada con la visión por computador, la comprensión de lectura automática y el procesamiento del lenguaje natural— nunca logró llegar a ser un verdadero competidor en IA. Ahora la compañía está reduciendo su tamaño y se limita, sobre todo, a dar soporte para sus sistemas anteriores: lo que queda de la nube Azure, SharePoint, Skype y Outlook.

Aunque el sistema Watson de IBM encontró socios y clientes, el servicio en la nube de IBM, que durante mucho tiempo había ocupado el tercer lugar, a una distancia considerable de Amazon y de Microsoft, tuvo que reducirse cuando Google comenzó a ofrecer tarifas competitivas tanto para el gobierno como para las grandes corporaciones. Sus otras unidades de negocios (como centros de datos, almacenamiento y semiconductores), no han podido competir con las compañías taiwanesas, que ahora son los principales proveedores del mundo. Para las empresas taiwanesas, el principio Una Sola China, del Partido Comunista Chino, ofrece una ventaja competitiva importante, a pesar de que Beijing restrinja sus libertades individuales. La política industrial de China impidió, en la práctica, que IBM hiciera negocios en muchas partes del mundo.

* * *

¿Qué decir de Facebook? Después de años de promesas de mejorar la seguridad y la transparencia en su modo de compartir nuestros datos, la mayoría de usuarios originales migraron a otras plataformas. Aunque los chicos de la generación Alpha (es decir, los hijos de los *millennials*) tenían sus fotos dispersas por todo Facebook, nunca crearon una cuenta. Facebook está empezando a recorrer, en silencio, el mismo camino de MySpace.

Dado que la interoperabilidad sigue siendo un punto débil en el ecosistema de la IA occidental, en el 2035 llegamos a un sistema de segregación *de facto*. Nuestros dispositivos están conectados a Google, Apple o Amazon, y tendemos a comprar productos y servicios de una sola de estas tres compañías. Debido a que los datos de nuestros RDP hereditarios están administrados por una de estas compañías y son de propiedad de ellas (dichas compañías también nos han vendido todos los aparatos de IA que usamos en el hogar), somos necesariamente miembros o bien de la familia Google, o bien Apple, o bien Amazon. Esta realidad implica un sesgo involuntario.

Los hogares Apple tienden a ser más ricos y están compuestos por personas mayores, que tienen el poder adquisitivo para comprar el material elegante de Apple, disponible en uno de tres colores: plateado paladio, gris osmio y ónix negro. Las gafas inteligentes, los inodoros inteligentes y los refrigeradores personalizados de Apple mantienen su larga tradición de ser productos costosos, que se pueden usar de inmediato tras sacarlos de la caja. Los RDP de Apple tienen interfaces con voz y una opción de dos voces relajantes, Joost (que tiene un "tono unisex algo agudo") o Deva (que tiene un "tono unisex algo grave").

Sin embargo, la comodidad tiene su costo: no es posible hacer cambios manuales a las IA de Apple. En un hogar Apple con aire acondicionado, no se puede abrir la puerta más de un minuto, pues, de lo contrario, el sistema emitirá un pitido continuo. Si los sensores de las bombillas detectan suficiente luz natural, el sistema Apple mantiene el interruptor de la luz en la posición apagada.

Hace algunas décadas, en el 2018, vimos una descripción general del modelo de la casa conectada de Google, en el Festival South By Southwest, en Austin, Texas. En ese momento, el lema era "Deja que Google lo haga". Allí, unos atractivos guías llevaban a pequeños grupos de personas por una casa de tres pisos, donde interactuaban con las pantallas de unos electrodomésticos alimentados con IA, entre los cuales se encontraba una máquina inteligente para hacer daiquiris helados.

El sistema de Google es menos intuitivo, pero utiliza mejor nuestros RDP y ofrece diferentes niveles de servicio y acceso. Google Green les ofrece a las familias la posibilidad de desbloquear manualmente sus sistemas y conectar una mayor variedad de artículos, como cafeteras, impresoras 3D y sistemas de riego para exteriores. Las familias ecológicas también pueden optar por no participar en actividades de mercadeo y publicidad, aunque sus datos de todas maneras se recopilan y se envían a terceros. Google Blue es una opción asequible, con privilegios limitados de desbloqueo y algunos permisos adicionales, pero las familias Blue siguen estando sujetas a la comercialización. Google Yellow es el nivel más bajo; es gratuito, pero no permite hacer controles manuales personalizados, tiene una selección muy pequeña de dispositivos y electrodomésticos disponibles y ofrece una protección de datos limitada.

Amazon tomó un rumbo interesante, pero en último término lucrativo. Algunos anuncios que hizo Amazon en el otoño del 2018 pasaron inadvertidos, como el lanzamiento de su microondas Amazon Basics, que tiene una interfaz de voz. Los usuarios podían poner una bolsa de palomitas de maíz en el microondas y pedirle a Alexa que las preparara. Los periodistas de tecnología afirmaron que el microondas era un uso tonto de Alexa, pero no entendieron el alcance macro del sistema, que fue diseñado para volvernos adictos a las palomitas de maíz por suscripción. Esto se debe a que el microondas no solo lleva registro de lo que calentamos, sino también de lo que pedimos en la plataforma Amazon. Una caja nueva de determinado producto llega a la puerta de su casa antes de que aquel se le haya agotado.

Debido a que Amazon fue más inteligente en su enfoque, pues trabajó con los tres niveles gubernamentales: local, regional y federal (ofreciendo descuentos sustanciales en Amazon.com, cumpliendo pacientemente los requisitos de compras y creando y manteniendo la computación en la nube especialmente diseñada para cada uno de ellos), se convirtió en la plataforma preferida para ciertos servicios sociales en los Estados Unidos. Así, pues, Amazon descubrió la manera de sacar partido de la financiación pública gubernamental.

Las familias de bajos ingresos ahora viven en Amazon Housing, que ha reemplazado los programas de vivienda social financiados por las alcaldías en los Estados Unidos. Desde todo punto de vista, los programas son muy superiores a cualquiera de los planes de vivienda pública que se ofrecían en los programas gubernamentales anteriores. Los hogares de Amazon Housing están totalmente equipados con dispositivos conectados en cada habitación.

En la actualidad, el llamado Programa de Asistencia Nutricional Suplementaria (anteriormente conocido como Programa de Cupones para Alimentos) lo tiene Amazon, que ofrece productos para el hogar, alimentos y bebidas, artículos de tocador y libros a precios muy asequibles, marca Amazon. No es sorprendente que este programa funcione a la perfección. Nunca hay retrasos en la distribución de los fondos, es fácil ver el estado de una cuenta y todas las transacciones se pueden hacer sin tener que esperar en una larga cola en una oficina gubernamental.

Los residentes de las viviendas de Amazon deben comprar la mayoría de sus cosas en Amazon; al mismo tiempo, sus datos se extraen, procesan y monetizan para diversas iniciativas. Las IA de Amazon son las más generalizadas, y siguen a las familias Amazon por dondequiera que vayan, para recopilar valiosos datos de comportamiento.

* * *

La ausencia de interoperabilidad entre los sistemas y *frameworks* de IA condujo a una segregación según el RDP y el tipo de hogar, y esta es la razón por la cual ahora vivimos en un sistema de castas digital. Al escoger Google, Apple o Amazon, usted se ve obligado a alinear los valores de su familia con los valores de la corporación. Las familias Apple son ricas, tal vez un poco menos conocedoras de la IA, y viven en casas elegantes. Las familias Google pueden ser ricas y conocedoras de la tecnología, o pueden ser familias de clase media que están de acuerdo con las estrategias de mercadeo, o pueden ser lo suficientemente complacientes como para que no les importe carecer de una cantidad elevada de opciones. En cuanto a las familias Amazon, no hay manera de decirlo con adornos: son familias pobres, aunque tengan acceso gratis a aparatos interesantes y divertidos.

Las familias están encerradas en sus RDP y esta designación las acompaña. Es más fácil para una familia Google Yellow pasar al nivel Blue o incluso Green que para una familia Amazon pasar al sistema Apple. Por eso, la mayoría de familias eligieron Google cuando tuvieron la oportunidad. El estatus de la persona es visible para todas las IA con las que interactúa. Los taxis autónomos como Lyft, Uber y CitiCar no recogen muy a menudo a personas del sistema Amazon, y los autos que les envían tienden a ser menos agradables. Los autos Waymo recogen exclusivamente a personas del sistema Google. Para los residentes Green, el automóvil preestablece la temperatura y la iluminación ambiental, y sigue las rutas preferidas del usuario. Los clientes Yellow deben ver publicidad durante todo el viaje.

* * *

La publicidad no es el único dolor de cabeza para los usuarios de Google Yellow. Una de las desventajas de los dispositivos, electro-domésticos y otros productos subsidiados (o gratuitos) disponibles para las familias Google Blue, Google Yellow y Amazon es que es imposible desconectar las alertas de salud y bienestar de la IA, que constantemente monitorean, diagnostican y empujan. Durante su creación, los científicos informáticos definieron la salud y el bienestar con rigidez, porque no tenían manera de evitarlo. Ahora, los valores colectivos de las antiguas tribus de IA son un recuerdo opresivo de un tiempo en que todo era más sencillo. El incumplimiento de las normas de salud y bienestar conlleva un rosario de consecuencias.

* * *

¿Recuerda usted los casilleros de Amazon que se usaban hace muchos años para recoger allí todo lo que comprábamos a través de la aplicación de Amazon y Amazon.com? Ese fue el origen de Amazon Housing. El Departamento de Salud y Servicios Sociales de los Estados Unidos consideró que empujar a los pobres era una forma inteligente de mejorar la salud y el bienestar. Por lo tanto, el Departamento promulgó nuevas políticas que exigen que todos aquellos que viven en hogares subsidiados estén equipados con la tecnología Locker. Los dispositivos Locker pueden parecer despensas, refrigeradores o clósets comunes, pero actúan como jurados dotados de IA. Si un cliente de Amazon Housing no ha hecho su ejercicio del día, el sistema Locker decidirá mantener el congelador cerrado e impedir que la persona coma helado.

* * *

También sentimos las consecuencias negativas de las cosas que nos dan placer fuera de nuestros hogares Apple, Amazon o Google. Los burdeles de alta tecnología, con *sexbots* alimentados con IA, son socialmente aceptables porque ofrecen una alternativa limpia y sin riesgo de enfermedades para el sexo con otras personas. Los burdeles operan en sus propias plataformas y requieren membresía, lo que le permite al cliente crear y entrenar una personalidad de IA (o varias personalidades, para aquellos que pueden pagar el paquete *premium*). El cliente elige un cuerpo y lo mira a los ojos: pequeñas cámaras inteligentes analizan y reconocen su rostro. Cuando el compañero sexual automático se despierta, conversa con el cliente como si no hubiera pasado el tiempo y responde a todos sus deseos y órdenes. El sexo normal, con personas normales, empieza a parecerle a la gente una decepción total.

* * *

No es imposible casarse con personas de otro grupo: a veces una persona Amazon se casará con una persona perteneciente a una familia Apple, pero el viejo adagio de "los opuestos se atraen" ya no es válido. Todos los servicios de citas basados en IA ahora nos buscan pareja en función de nuestros RDP y nuestro estatus. Por un lado, ya no estamos sometidos a la tiranía de la elección, ya que las IA de búsqueda de pareja han reducido considerablemente la selección de posibles candidatos. Sin embargo, algunas opciones que nos hacían típicamente humanos, como los romances entre personas cuya diferencia de edades es muy grande, o enamorarnos de alguien que nuestros padres no aprueban, son ahora menos accesibles. En los Estados Unidos, la sociedad comienza a sentirse incómoda dentro de ese carácter típico de la narrativa de Huxley, pues solo nos juntamos, nos casamos y tenemos bebés con personas del grupo Apple, Google Blues o Amazon.

* * *

Tal como lo anunciaron las predicciones, la IA y la automatización están comenzando a producir recortes en los empleos, en un nivel superior a lo esperado. Ha llegado el desempleo tecnológico, que desde hace mucho tiempo sabíamos que iba a llegar, pero nunca en esas proporciones. Estábamos preparados para ver cómo perdían su empleo los camioneros, los trabajadores de fábricas y los trabajadores de oficios básicos, pero nuestros pronósticos estaban equivocados. Continuamos asumiendo que los robots realizarían todos los trabajos manuales, pero la creación de robots físicos capaces de hacer todo este trabajo básico resultó ser una tarea mucho más difícil de lo que habíamos imaginado, mientras que las tareas cognitivas eran más fáciles de programar y reproducir. Irónicamente, los trabajadores del conocimiento ya no son necesarios.

En consecuencia, los Estados Unidos y sus aliados deben hacer frente a una escasez inmediata y crucial de esos trabajadores de oficios manuales que creíamos que desaparecerían. Sencillamente no tenemos suficientes plomeros, electricistas y carpinteros calificados. Los robots no nos pueden proporcionar el toque humano que queremos. Necesitamos masajistas, técnicos de las uñas, esteticistas y peluqueros.

También se está produciendo una reacción violenta contra la automatización. La mayoría de la gente rechaza las bebidas como el café y los cócteles preparados por robots. Queremos compañía humana, además del contenido de las copas. Nuestro enfoque educativo de énfasis en las carreras orientadas a las ciencias, la tecnología, la ingeniería y las matemáticas, a expensas de los programas en artes liberales y la capacitación vocacional, fue una decisión errada. Los trabajadores manuales prevalecerán en la Tierra, no los humildes científicos y técnicos informáticos. Los *nerds* se convirtieron en las víctimas de su propia medicina, y se quedaron sin trabajo.

* * *

Sin proponérselo, Google, Amazon y Apple crean una tripleta dentro de la IA, lo que lleva a una consolidación masiva. En los Estados Unidos y en todos los países que son sus aliados comerciales, se ofrecen nuevos productos espectaculares, pero muy pocas opciones. Por ejemplo, podemos pagar para obtener una actualización de las gafas inteligentes OmniVision, que permiten ver más allá de los límites biológicos de la visión humana. Pero solo dos compañías las fabrican: Google y Apple. Si no nos gustan sus diseños o si no coinciden con la forma única de la cara y las orejas de una persona en particular, no hay nada que hacer. Amazon vende de todo lo imaginable, pero los productos que necesitamos a diario son de marca propia de la compañía. En los países democráticos de todo el mundo, tenemos una abundante oferta de productos para comprar, pero la variedad y la elección en el mercado están estrechamente controladas. Aunque tenemos dinero para gastar, no es mucho lo que podemos comprar. De una manera extraña, eso nos hace recordar a la antigua Unión Soviética.

Una compañía llamada Salesforce, especializada en gestión de servicio al cliente y computación en la nube, se asoció con Google, Amazon y Apple con el fin de crear un módulo educativo para nuestros RDP. Hoy, las rigurosas pruebas de clasificación que caracterizaban al sistema educativo estadounidense de las décadas de 1980 y 1990 se popularizaron de nuevo. Nuestras habilidades cognitivas se evalúan antes de la escuela primaria y se hace un seguimiento de nuestros logros académicos a lo largo de nuestra vida.

Las mediciones y la optimización siempre han sido valores centrales en Salesforce, y ahora son parte de los valores centrales de la educación estadounidense. Reconociendo que reemplazamos la sabiduría por una acumulación de información que ahora resulta inútil, nuestros líderes educativos han abandonado el currículo habitual por algo nuevo. La fuerza laboral estadounidense está en crisis y por eso se divide a los estudiantes en dos categorías durante sus exámenes de ingreso al jardín de infantes: vocacional o ejecutiva. Los estudiantes de la rama vocacional son entrenados para tener agilidad en una de varias disciplinas, mientras que los estudiantes de la rama ejecutiva reciben entrenamiento en pensamiento crítico y gestión. Los tipos de habilidades que poseen los gerentes intermedios ya no se necesitan, pues la mayoría de los gerentes intermedios y trabajadores del conocimiento *junior* fueron reemplazados por la IA.

Por causa del desempleo en sectores improbables, la delincuencia ha aumentado, pero no por las razones esperadas. El *software* de vigilancia basado en IA no funciona como se había previsto, y las estadísticas sobre delitos no representan con precisión el mundo real. Los algoritmos creados por las tribus de IA y entrenados con un conjunto limitado de datos nunca aprendieron a identificar y a clasificar correctamente a una persona sin identidad de género específica, es decir, una persona que no se identifica como mujer u hombre y puede parecer completamente andrógina, o tener barba y extensiones de pestañas. En consecuencia, cientos de personas que no responden a las características tradicionales de un género muchas veces son falsamente acusadas de robo de identidad cuando intentan pagar usando un sistema de reconocimiento facial, o cuando se desplazan por la oficina, o cuando conversan por videochat. Por el momento, la única solución es asimilarse al género estándar durante ciertas transacciones.

Estas personas se ven obligadas a ponerse una peluca específica de determinado género o a quitarse el maquillaje para convertirse temporalmente en un hombre o una mujer a los ojos de la IA de visión por computador. Es un momento humillante y una clara indicación de que la diversidad en realidad nunca fue importante a la hora de hacer arreglos en un sistema sesgado.

* * *

La IA le otorga un enorme poder económico a Google, Apple y Amazon, así como un poder geopolítico y militar inimaginable a China. A fines de la década del 2030, nos damos cuenta de que la IA se ha desarrollado en trayectorias paralelas, apoyando el capitalismo occidental, por una parte, y, por otra, el comunismo de vertiente china en Asia, África y América Latina. Los Estados Unidos y sus aliados, que alguna vez celebraron los éxitos de la GMAFIA, ahora viven bajo un sistema de totalitarismo de la IA. Los ciudadanos chinos y de todos los países que han recibido apoyo de China, mediante inversión directa e infraestructura, encuentran que ellos también viven bajo un poderoso aparato de castigo y recompensa basado en la IA.

2049: las fronteras biométricas y los abortos con nanobots

Los miembros de la GMAFIA ahora son solo GAA: Google, Apple y Amazon. Facebook fue el primero en declararse en bancarrota. Google adquirió lo que quedaba de Microsoft e IBM.

Es el centenario de la Revolución Comunista China y la proclamación de Mao Zedong de la República Popular China. Se planean celebraciones importantes en todos los países socios de China para honrar al difunto Xi Jinping y el surgimiento de la dinastía Réngōng Zhìnéng (Inteligencia Artificial).

La humanidad entera está ahora rodeada de sistemas de inteligencia artificial general (IAG) que, supuestamente, nos ayudan a llevar una vida más libre y feliz. Desde el principio, las tribus de IA en los Estados Unidos afirmaban que su deseo es que viviéramos siendo la mejor versión de nosotros mismos, trabajando en proyectos creativos y colaborando en la solución de los mayores desafíos que enfrenta la humanidad. Era un ideal utópico nacido en la burbuja de Silicon Valley, cuyos padres habían perdido completamente el contacto con el mundo exterior.

Todos estos sistemas fueron creados para hacernos la vida más fácil, pero nos volvieron más perezosos. Han socavado nuestro sentido de la productividad y la determinación. Permitimos que los sistemas tomen decisiones por nosotros. Nos resignamos a tener opciones limitadas. Seguimos los movimientos preprogramados de la vida diaria, optimizados por las IAG para todos los habitantes del planeta.

Muchos sistemas de IAG han evolucionado para competir en lugar de colaborar. Los ataques repentinos que perpetraba China dos décadas atrás ahora nos parecen una tontería. Ahora vivimos en una prisión con tecnología de IA, construida por nosotros mismos. Constantemente perdemos el control del horno, los clósets y los baños, y ya no nos tomamos la molestia de pelear. Es inútil. Se nos ha enseñado que la reacción sensata es esperar. Los hogares Google Green y Apple pueden comprar una actualización *premium*, que se supone que envía una IAG de reparación para sobrescribir el código malicioso. Sin embargo, estas IAG están atrapadas en un ciclo de automejoramiento. Ni con todo el dinero del mundo se podrían evitar los problemas informáticos persistentes.

Una concentración de la riqueza le ha permitido al grupo GAA hacer avances notables en el área de la salud. Google fue el primero en utilizar comercialmente los robots inyectables, microscópicos y controlados que pueden tratar un área específica del cuerpo o facilitar la microcirugía.

Los nanobots ahora vienen en diferentes formas. Por ejemplo, hay un robot molecular autónomo que consta de una sola cadena de ADN y trata el interior del cuerpo humano como si fuera una bodega distribución. El nanobot puede desplazarse, recoger moléculas y depositarlas en los lugares designados. Otra variedad de nanobots, propulsados por burbujas de gas, puede administrar cantidades microscópicas de fármacos sin causar lesiones. La llegada de los nanobots comerciales, que comparten información con nuestros RDP, ha reemplazado a los medicamentos y las terapias genéricas, pues ahora se hace un tratamiento específico de nuestras afecciones sin causar efectos secundarios.

Ahora que Amazon y Apple ofrecen una medicina personalizada, la mayoría de las personas se han inyectado voluntariamente nanobots orgánicos. Incluso las familias Amazon tienen acceso a esto a través de un programa subsidiado aprobado por el gobierno de los Estados Unidos. Los nanobots nos monitorean y nos tratan continuamente, de modo que la esperanza de vida promedio de los estadounidenses pasó de 76,1 años en el 2019 a 99,7 en la actualidad[6].

No pasa mucho tiempo antes de que empecemos a ver las posibles desventajas de las IAG inyectables. Los nanobots hacen exactamente lo que sus creadores querían. Se comportan de manera impredecible y aprenden. Si damos una mirada retrospectiva, la creación y construcción de los sistemas de IA que toman decisiones que nunca habíamos contemplado era uno de los principales objetivos de las tribus de la IA. Era una de las claves para resolver problemas espinosos que los humanos no podían desentrañar por sí solos.

Cuando AlphaGo Zero empezó a tomar decisiones estratégicas independientes hace décadas, consideramos que esta hazaña había sido un gran avance para la IA. Sin embargo, tomando en cuenta que los nanobots y las IAG a las que responden se están automejorando todo el tiempo y tienen más poder de decisión de lo esperado, no es buena idea que anden por ahí en nuestros cuerpos.

Ahora tenemos una nueva *quimera económica* de humanos. Los hogares de Apple y Google Green pueden generar superpoderes y

---

6 Kenneth D. Kochanek, Sherry L. Murphy, Jiaquan Xu, and Elizabeth Arias, *Mortality in the United States, 2016*, NCHS Data Brief n.° 293 (Hyattsville, MD: National Center for Health Statistics, 2017), https://www.cdc.gov/nchs/data/databriefs/db293.pdf.

tener acceso a una cognición aumentada, un olor extrasensorial y un tacto realzado.

Los hogares de Google Blue, Google Yellow y Amazon no solo carecen de acceso a actualizaciones, sino que también tienen restricciones biológicas. Cuando una mujer queda embarazada, las IAG utilizan continuamente modelos predictivos para determinar la salud y la viabilidad del feto. Lo que nadie previó es que las IAG llevarían sus objetivos al extremo. Como el objetivo era apoyar a los humanos con el crecimiento de fetos viables, las IAG empezaron a buscar anormalidades en el tejido fetal. Si encontraban alguna, las IAG abortaban automáticamente al feto, sin darles a los padres la oportunidad de sopesar esta decisión.

Del mismo modo, los nanobots nos monitorean conforme vamos entrando en años, y realizan un cálculo para determinar en qué momento resulta más doloroso continuar viviendo que morir. Cuando la persona empieza a necesitar atención médica en el hogar y se convierte en una carga para las redes de seguridad social establecidas, intervienen las IAG. Estas inducen la muerte fácilmente, de tal manera que ni usted ni su familia deben decidir cuándo es el momento de soltar las amarras.

Las leyes de los países GAA fueron reemplazadas cuando las IAG se automejoraron y crearon una funcionalidad que determina quién vive y quién muere. Los gobiernos de todo el mundo se apresuraron a adoptar leyes y reglamentos. Sin embargo, el esfuerzo fue inútil. Prohibir los nanobots significaría volver a la práctica tradicional de la medicina, y las grandes compañías farmacéuticas no están produciendo todos los medicamentos que necesitamos. Incluso las proyecciones más optimistas muestran que la restauración de nuestros viejos sistemas de salud llevaría al menos una década, y que, mientras tanto, millones de personas sufrirían tremendamente a causa de una amplia variedad de enfermedades.

Por ello, los investigadores desarrollan un nuevo tipo de nanobot con IAG que puede controlar a otros nanobots en nuestro cuerpo, imitando la forma en que los glóbulos blancos combaten un virus. Como ocurrió con toda la IA, esta idea se inspiró en la biología humana. La lucha de nuestro cuerpo contra los nanobots con IAG no deseados es mucho peor que los síntomas de la gripe, y también mucho más peligrosa.

* * *

En la actualidad, son los directores generales de IA (*chief executive AI officers* [CAIO]), quienes dirigen las grandes empresas y calculan los riesgos y las oportunidades estratégicas. Los directores ejecutivos humanos trabajan con los CAIO, y son la "cara humana" de la empresa. Todas las pequeñas y medianas empresas (restaurantes, talleres de mantenimiento y salones de belleza) se han asociado con alguno de los GAA. Además de los RDP individuales y domésticos, cada empresa y organización sin fines de lucro ahora tiene un registro equivalente, el registro de datos organizacionales (RDO).

Sin embargo, docenas de personas en los Estados Unidos y en sus países aliados están desempleadas. Las economías occidentales, desprovistas de una amplia red de seguridad social, están cayendo bruscamente, pues aún no se han recuperado de la racha de desempleo tecnológico que nadie logró prever. Esto ha creado vulnerabilidades y, adicionalmente, una oportunidad para las inversiones chinas. Pronto, los jefes de gobierno se ven obligados a elegir entre la viabilidad económica y los ideales democráticos: una decisión particularmente difícil para los políticos que buscan ser reelegidos y están sometidos a una gran presión para resolver los problemas nacionales inmediatos.

A modo de represalia, Estados Unidos trata de contener la expansión de China a través de bloqueos comerciales, sanciones secundarias y otras tácticas diplomáticas. No obstante, Estados Unidos descubre que ya no tiene el mismo peso geopolítico de otras épocas. Los líderes estadounidenses tardaron demasiados años deliberando sobre China, en lugar de pasar a la acción. Hicieron muy pocos viajes a América Latina, África y el sudeste asiático. No lograron ganarse la confianza, el favor y la amistad de sus homólogos extranjeros.

Las iniciativas en materia de IA de China están ganando terreno. El sistema de puntaje de armonía social ahora está activo en más de cien países y se convirtió en el reemplazo de los documentos de viaje tradicionales. China siempre se ha destacado en la construcción de murallas, y la Gran Muralla China de la IA no es la excepción. Funciona a la vez como barrera contra los extranjeros y como método para extraer y analizar los datos de todo el mundo.

A aquellos que han obtenido un puntaje de armonía social suficientemente alto se les otorga acceso sin restricciones (pero monitoreado, por supuesto) a la red de países que protege la Gran Muralla China de la IA. China ha establecido fronteras biométricas con reconocimiento facial para determinar quién puede entrar y salir. Ya no hace falta pasar por ningún departamento de inmigración ni sellar ningún pasaporte.

Ahora hay un muro en la frontera sur de los Estados Unidos. Está hecho con sensores y fue construido en suelo mexicano por los chinos, para mantener confinados a los estadounidenses. Como estos no pueden acceder al puntaje de crédito social, no tienen permitido ingresar a lo que alguna vez fueron sus lugares de vacaciones favoritos: Bahamas, Jamaica, Cancún, Playa del Carmen, Cozumel, Costa Rica y Aruba. Si alguien intenta cruzar ilegalmente una frontera biométrica, una IAG emite un ataque sónico que causa náuseas, conmociones cerebrales, hemorragias en los oídos y estrés psicológico a largo plazo.

Los estadounidenses y sus aliados están encerrados, y no pueden comunicarse con amigos y familiares en la red de países conectados con China, ya que el Partido Comunista Chino controla toda la infraestructura de redes que los alimenta. Si usted necesita contactar a alguien en un país de la órbita del Partido Comunista Chino, debe pasar por China como intermediario, a sabiendas de que cada palabra que se hable será escuchada.

El grupo GAA termina formando una coalición con el gobierno de los Estados Unidos y lo que queda de sus aliados. Con las restricciones económicas y de viajes impuestas por China, es poco el dinero del que se dispone para encontrar una solución viable. Se toma la decisión de desarrollar una IAG que pueda resolver el problema con China. No obstante, el sistema solo ve dos posibles soluciones: ceder ante China o reducir la raza humana.

2069: la aniquilación digital

Mientras que China se centraba en la planificación a largo plazo y en una estrategia nacional en materia de IA, los Estados Unidos estaban más interesados en los aparatos de última moda y en los dólares.

China ya no necesita a los Estados Unidos como socio comercial ni necesita su propiedad intelectual. China ha establecido una red de más de 150 países que funcionan según los principios rectores de la política global de Una Sola China. A cambio de obediencia, estos países tienen acceso a la red, capacidad de comerciar y un sistema financiero estable respaldado por Beijing. Sus ciudadanos son libres de desplazarse por todos los países de la órbita de Una Sola China, siempre que obtengan un puntaje de crédito social suficiente.

La capacidad para viajar, una libertad que los estadounidenses consideraban suya por derecho propio, es un privilegio que ahora echan de menos. Los Estados Unidos, como muchos otros países, tienen una altísima población. El número de habitantes de la Tierra superó los 10.000 millones. Los nuevos nacimientos se producen con demasiada frecuencia y rapidez, e insistimos en extender nuestras vidas más allá de los 120 años. La población mundial es un asunto problemático porque no hemos actuado contra el cambio climático con la suficiente rapidez, ni siquiera después de que China hubiera asumido un compromiso con la sostenibilidad y la protección del medio ambiente. Hemos perdido dos tercios de la tierra cultivable en el planeta. Aunque hemos hecho grandes esfuerzos por construir granjas subterráneas en los Estados Unidos, no podemos producir alimentos con la suficiente velocidad para alimentar a nuestra población. Las sanciones globales han bloqueado las rutas comerciales, lo cual ha separado a los Estados Unidos y a sus aliados de los países productores de alimentos, pero incluso China y los países de su órbita está pasando dificultades.

Un día, las familias Apple sufren lo que parece ser una enfermedad misteriosa. Sus RDP son anómalos, pero no se ven detalles específicos. Al principio, creemos que esta última versión de nanobots es defectuosa. Los gerentes de producto se apresuran a desarrollar parches de IAG. La enfermedad llega luego a los hogares de Google, no solo en los Estados Unidos, sino en todos los hogares que se encuentran fuera de las fronteras de una sola China. La misteriosa enfermedad empeora rápidamente.

China ha creado una superinteligencia artificial (SIA) y su objetivo es el exterminio del pueblo estadounidense y sus aliados. Las naciones de la órbita de China necesitan lo que queda de los recursos de la Tierra, y Beijing ha calculado que la única forma de sobrevivir es quitarle a los Estados Unidos esos recursos.

Lo que ocurre es peor que cualquier bomba jamás creada, pues las bombas son inmediatas y precisas. La aniquilación por IA es lenta e imparable. No podemos hacer nada mientras vemos a nuestros hijos languidecer en nuestros brazos. Vemos a los colegas colapsar en sus escritorios. Sentimos un dolor agudo. Estamos mareados. Tomamos un último aliento rápido y superficial.

Es el fin de los Estados Unidos.

Es el fin de los aliados de los Estados Unidos.

Es el fin de la democracia.

La dinastía Réngōng Zhìnéng asciende al poder. Es brutal, irreversible y absoluta.

En el presente hay señales que indican que cualquiera de los tres escenarios puede ocurrir. Tenemos que tomar decisiones clave ahora. *Usted* debe tomar una decisión. Le pido a cada lector que opte por escoger el escenario optimista, a fin de crear un mejor futuro para la IA y para la humanidad.

TERCERA PARTE

Resolver los problemas

CAPÍTULO 8
Guijarros y rocas: cómo mejorar el futuro de la inteligencia artificial

La conclusión del capítulo anterior puede sonar extrema y poco probable. Sin embargo, ya hay señales que nos indican que, a menos que optemos por un futuro en el que los nueve gigantes tengan el incentivo de trabajar mancomunadamente por el bien de la humanidad, es muy posible que terminemos viviendo en un mundo que se parezca a la dinastía Réngōng Zhìnéng.

Creo que el escenario optimista, o algo similar, está al alcance de nuestras manos. Existe la posibilidad de que la inteligencia artificial (IA) cumpla la gran promesa de beneficiar a todas las tribus de la IA y a toda la humanidad. La IA puede seguir evolucionando y ponerse al servicio tanto de China como de los Estados Unidos y sus países aliados. Puede ayudarnos a vivir unas vidas más sanas, a reducir las diferencias económicas entre la población del planeta y a brindarnos mayor seguridad en nuestras ciudades y en nuestros hogares. La IA puede contribuir a resolver muchos de los grandes misterios de la humanidad, tales como el origen de la vida. Al mismo tiempo, puede proporcionarnos importantes fuentes de entretenimiento, mediante la creación de mundos virtuales que nunca habríamos imaginado, a través de la composición de canciones que nos inspiran o del diseño de nuevas experiencias, divertidas y gratificantes. Sin embargo, nada de eso puede ocurrir si no hacemos planes, si no nos comprometemos a llevar a cabo un trabajo difícil y a propiciar un liderazgo valiente en todos los grupos de personas interesadas en el ámbito de la IA.

Una tecnología segura y beneficiosa no será el resultado de unas esperanzas abstractas ni de un golpe de suerte. Es el producto de un liderazgo sólido y de colaboraciones permanentes y dedicadas. Los nueve gigantes están sometidos a una enorme presión tanto de Wall Street, en los Estados Unidos, como de Beijing, en China, con miras a satisfacer unas expectativas de corto plazo, aunque eso implique un gran riesgo hacia el futuro. Debemos empoderar y fortalecer a los nueve gigantes para que cambien el curso de la IA, pues si no cuentan con un apoyo decidido de todos nosotros, no podrán alcanzar su cometido.

Vint Cerf, quien codiseñó los primeros protocolos y la arquitectura para nuestro internet moderno, utiliza una parábola para explicar por qué reviste una importancia capital contar con un liderazgo valiente de cara al surgimiento de tecnologías como la IA[1]. Imagine el lector que vive en una pequeña comunidad en un valle rodeado de montañas. En la cima de una montaña distante se ve una roca gigante. Allí lleva muchísimo tiempo y nunca se ha movido de ese lugar, hasta donde saben los miembros de la comunidad: simplemente forma parte del paisaje. Luego, un buen día, usted observa que esa roca gigante parece encontrarse en una posición tal que puede empezar a rodar cuesta abajo, ganar velocidad y destruir su pueblo y a todos sus habitantes. Más aún, usted comprende que ese movimiento de la roca no es nuevo, aunque es la primera vez que lo nota. La roca gigantesca siempre se había movido, poco a poco, pero su mirada nunca se había posado en esos cambios sutiles

---

1 "Vinton G. Cerf", Google AI, https://ai.google/research/people/author32412.

y minúsculos que ocurrían a diario. Ahora, usted nota ese cambio minúsculo en la sombra que proyecta la piedra, en la distancia visual entre la sombra y la siguiente cadena de montañas, en el sonido casi imperceptible que hace la arena al desplazarse en el suelo. Usted comprende que, sin ayuda, no puede subir a la cima de la montaña y detener la roca gigante con sus propias manos. Usted es demasiado pequeño y la roca es demasiado grande.

Sin embargo, sabe que si encuentra un guijarro y lo pone en el punto preciso, logrará ralentizar el movimiento de la roca y contener la situación por un momento. Por supuesto que un simple guijarro no impedirá que la roca destruya al pueblo, y por esta razón usted les pide a todos los habitantes que se unan a su causa. Cada uno de ellos lleva un guijarro en la mano, y asciende a la montaña, para actuar contra la amenaza de la roca: gracias a la colaboración y la comunicación y a un plan que permita hacer frente al problema, se atiende la situación que planteaba la roca. La diferencia la hacen las personas y sus guijarros: no una roca de un tamaño mayor.

Lo que viene es una serie de guijarros. Comenzaré por algo muy general: la descripción de una comisión global que permita supervisar la trayectoria de la IA y se comprometa con la creación de normas y estándares. Luego pasaré a explicar cuáles son los cambios específicos que deben hacer los gobiernos de los Estados Unidos y China. Posteriormente, me centraré más en los detalles y describiré de qué manera deben reformar sus prácticas los nueve gigantes. Pasaré a concentrarme enseguida en las tribus de IA y en las universidades donde estas se forman, para explicar con detalle cuáles son los cambios que debemos empezar a implementar desde ahora. Por último, explicaré el papel que usted, estimado lector, puede desempeñar de manera personal en la organización del futuro de la IA.

El futuro que todos *queremos* vivir no se va a producir por sí solo. Necesitamos ser valientes. Debemos asumir la responsabilidad de nuestros actos.

Un cambio sistemático mundial: la creación de GAIA

En el escenario optimista, una mezcla diversa de líderes de las economías más avanzadas del mundo unen sus fuerzas a la GMAFIA para conformar la Alianza Global sobre el Aumento de la Inteligencia (o GAIA, por sus iniciales en inglés: Global Alliance on Intelligence Augmentation). Ese ente internacional cuenta con la presencia de investigadores en IA, sociólogos, economistas, teóricos del juego, futuristas y científicos políticos procedentes de todos los países que la integran. Los miembros de GAIA reflejan una gran diversidad en términos socioeconómicos, de género, raza, religión política y orientación sexual. Todos están de acuerdo en la tarea de facilitar la cooperación en las iniciativas y políticas compartidas sobre IA. Al cabo de un tiempo, habrán ejercido la suficiente influencia y control como para evitar un apocalipsis, que habrían podido causar las inteligencias artificiales generales (IAG), las superinteligencias artificiales (SIA) o la IA usada por China para oprimir a sus ciudadanos.

La mejor manera de generar cambio sistemático es propiciar la creación de GAIA tan pronto como sea posible. Este ente debe estar ubicado físicamente en un territorio neutral, cerca de un polo de IA. El mejor emplazamiento posible para GAIA es Montreal, Canadá. En primer lugar, Montreal es una ciudad que concentra a investigadores y laboratorios de aprendizaje profundo. Si asumimos que la transición de la IAE a la IAG incluye redes de aprendizaje profundo y redes neuronales profundas, lo lógico es que GAIA esté ubicada en el lugar donde se esté desarrollando buena parte de ese trabajo de nueva generación.

En segundo lugar, bajo el liderazgo del primer ministro Justin Trudeau, el gobierno canadiense ha dedicado recursos humanos y financieros a la exploración del futuro de la IA. Durante el 2017 y el 2018, Trudeau no solamente habló sobre la IA, sino que posicionó a Canadá para que contribuyera a dar forma a las reglas y los principios que guían el desarrollo de la IA.

En tercer lugar, Canadá es un territorio neutral desde el punto de vista geopolítico en lo que respecta a la IA: está lejos de Silicon Valley y de Beijing.

Tal vez parezca imposible unir a los gobiernos del mundo en torno a una causa central, a la luz del rencor y la incomodidad geopolítica que hemos experimentado en los últimos años. No obstante, debemos tener en cuenta que hay precedentes que sirven de ejemplo. Tras la Segunda Guerra Mundial, en un momento en que las tensiones eran todavía muy palpables, cientos de delegados de las naciones aliadas se reunieron en Bretton Woods, New Hampshire, con el fin de crear las estructuras financieras que le permitirían a la economía global avanzar positivamente. Se trataba de una colaboración en la que la prioridad era la convivencia humana, contemplando un futuro en el que los pueblos y las naciones pudieran tener acceso a la prosperidad.

Las naciones que integran el grupo GAIA deben trabajar mancomunadamente en la creación de *frameworks*, estándares y mejores prácticas para la IA. Aunque es poco probable que China entre a participar en este grupo, se les debe extender una invitación a los líderes del Partido Comunista Chino y a los miembros del grupo BAT.

En primerísimo lugar, GAIA debe establecer el modo de garantizar los derechos humanos básicos en la era de la IA. Al hablar sobre ética e IA tendemos a pensar en las tres leyes de la robótica de Isaac Asimov, que publicó en 1942 en un relato corto llamado

"Runaround" ("Círculo vicioso")[2]. Es un cuento sobre un computador humanoide y no sobre la IA. Sin embargo, esas leyes han inspirado nuestro pensamiento sobre la ética en materia de IA desde entonces.

Tal como lo expuse en el capítulo 1, las reglas de Asimov son: 1) un robot no puede hacerle daño a un ser humano ni, a través de la inacción, permitir que un humano reciba daño; 2) un robot debe obedecer las órdenes dadas a él por los seres humanos, salvo en los casos en que dichas órdenes entren en conflicto con la primera ley; 3) un robot debe proteger su propia existencia siempre y cuando dicha protección no entre en conflicto con la primera o la segunda ley. Cuando Asimov publicó más adelante una compilación de relatos cortos en un libro llamado *I, Robot*, añadió la llamada "ley Zeroth", que precede a las tres primeras: 0) un robot no puede hacer daño a la humanidad.

Asimov era un escritor talentoso y visionario, pero sus leyes de la robótica son demasiado generales para que sirvan como principios orientadores en el futuro de la IA.

GAIA debe crear un nuevo contrato social entre los ciudadanos y los nueve gigantes (definidos de manera amplia como las compañías que componen la GMAFIA y BAT, así como a sus socios inversionistas y compañías filiales). Este cuerpo internacional debe basarse en la confianza y la colaboración. Los miembros de GAIA deben acordar formalmente que la IA debe empoderar a la máxima cantidad posible de personas en todo el mundo. Los nueve gigantes deben dar prioridad a los derechos humanos y no deben ver a las personas como recursos para explotar a fin de obtener ganancias económicas o políticas. La prosperidad económica que promete la

---

2 El cuento de Asimov titulado "Runaround" se publicó por primera vez en el número de marzo de 1942 de *Astounding Science Fiction*. También aparece en su compilación de cuentos *I, Robot* (1950), *The Complete Robot* (1982) y *Robot Visions* (1990).

IA y que hace posible el grupo de los nueve gigantes debe producir beneficios para todo el mundo.

De allí se desprende que nuestros registros de datos personales (RDP) deben ser interoperables y que los dueños de estos debemos ser nosotros, no compañías individuales, ni conglomerados, ni naciones. GAIA puede comenzar a explorar desde ya cómo lograr este objetivo, pues los RDP que mencionamos en los escenarios de los capítulos anteriores ya existen en su forma primitiva. Reciben el nombre de "información personalmente identificable (IPI)". Nuestra IPI es la que permite que funcionen las aplicaciones en los teléfonos inteligentes, en las redes de publicidad de los sitios web y en las recomendaciones que nos dan sus empujones en las pantallas de nuestros aparatos. La IPI alimenta a los sistemas que se usan para identificarnos y localizarnos. Su uso depende enteramente de los caprichos de las compañías y las agencias gubernamentales que acceden a ella.

Antes de desarrollar un nuevo contrato social, GAIA debe decidir cómo se van a usar nuestros RDP en el entrenamiento de los algoritmos de aprendizaje automático, y debe definir cuáles son los valores básicos en la era de la automatización. Definir claramente los valores es de una importancia capital, pues estos valores serán codificados en último término en los datos de entrenamiento, en los datos de la vida real, en los sistemas de aprendizaje y en las aplicaciones que conforman el ecosistema de la IA.

Para catalogar nuestros valores básicos, GAIA debe crear un atlas de valores humanos, que servirá para definir nuestros valores únicos en todas las culturas y en todos los países. Este atlas de ninguna manera debe ser estático. Dado que nuestros valores cambian con el tiempo, el atlas debe ser actualizado por las naciones que integran GAIA.

Podemos encontrar un precedente en el campo de la biología: el *Atlas celular humano* es un trabajo colaborativo de la comunidad científica, con miles de expertos en diversos campos (incluyendo la genómica, la IA, la ingeniería de *software*, la visualización de datos, la medicina, la química y la biología)[3]. El proyecto cataloga todos los tipos de células del cuerpo humano, mapea los tipos de células según sus localizaciones, traza la historia de las células según su evolución y captura las características de las células a lo largo de su vida. Este esfuerzo —costoso, complicado, que requiere de mucho tiempo y que debe llevarse a cabo de manera perpetua— les permitirá a los investigadores hacer importantes avances, y solo es posible gracias a una gigantesca colaboración a escala mundial.

Debemos crear un atlas similar para los valores humanos, en el que colaboren académicos, antropólogos culturales, sociólogos, psicólogos y personas comunes y corrientes. La creación del atlas de valores humanos puede ser difícil, costosa y exigente. Sin duda, estará llena de contradicciones, pues aquello que para algunas culturas representa un valor no funciona de la misma manera en otras. Sin embargo, si no contamos con un marco de trabajo y un conjunto de estándares básicos, les estaremos pidiendo a los nueve gigantes y a las tribus de IA que hagan algo que simplemente no pueden hacer: tomar en consideración las perspectivas de todos y los posibles resultados que pueden generarse en grupos diversos en las sociedades y en los países del mundo.

GAIA debe tomar en consideración un marco de derechos que encuentre un equilibrio entre las libertades individuales y el bien común global. Lo más adecuado sería establecer un marco fuerte en sus ideales, cuya interpretación puede ser más flexible conforme vaya mejorando la IA. Las organizaciones que la integran tendrían que demostrar que están cumpliendo con las normas y, en caso de no ser así, serían expulsadas de GAIA. Cualquier marco debe comprender los siguientes principios:

---

3 *Human Cell Atlas*, https://www.humancellatlas.org/learn-more.

1. La humanidad debe ser siempre el centro del desarrollo de la IA.

2. Los sistemas de IA deben ser seguros. Debemos estar en capacidad de verificar de manera independiente su seguridad.

3. Los nueve gigantes —incluyendo a sus inversionistas, empleados y los gobiernos donde trabajan— deben priorizar la seguridad por encima de la velocidad. Cualquier equipo que trabaje en un sistema de IA —incluso aquellos que no pertenecen al grupo de los nueve gigantes— debe abstenerse de tomar atajos para favorecer la velocidad. Los observadores independientes deben estar en capacidad de comprobar que la seguridad es un asunto prioritario.

4. Si un sistema de IA causa daño, debería poder reportar qué salió mal y debería existir un proceso de gobernanza para discutir y mitigar el daño.

5. La IA debe ser explicable. Los sistemas deben contar con algo parecido a las etiquetas sobre valores nutricionales, en las que se detalla cuáles fueron los datos de entrenamiento que se usaron, así como los procesos aplicados en el aprendizaje, los datos de la vida real que alimentaron a las aplicaciones y los resultados esperados. En el caso de sistemas sensibles o protegidos por derechos de propiedad intelectual, se debe contar con la presencia de terceros fiables que evalúen y verifiquen la transparencia de la IA.

6. Todo aquel que forma parte del ecosistema de la IA —los empleados de los nueve gigantes, los gerentes, los líderes y los miembros de la junta; las *startups* (los emprendedores y los aceleradores); los inversionistas (las compañías de capital de riesgo, las empresas de capital privado y los accionistas individuales); los profesores y los estudiantes de posgrado, así como cualquier otra persona que trabaje en IA— debe reconocer que está tomando decisiones éticas todo el tiempo. Todos deben estar preparados para explicar las decisiones que han tomado durante las fases de desarrollo, prueba y despliegue.

7. El atlas de los valores humanos debe ser respetado en todos los proyectos de IA. Incluso las aplicaciones de inteligencia artificial estrecha (IAE) deben incorporar en ellas el uso del atlas.

8. Debe existir un código de conducta publicado y fácil de encontrar que guíe las acciones de las personas que trabajan en el campo de la IA, en su diseño, construcción y despliegue. También los inversionistas deben regirse por ese código de conducta.

9. Cualquier persona tiene el derecho de interrogar a los sistemas de IA. Por ejemplo, puede preguntar cuál es el verdadero propósito de la IA, cuáles datos usa, cómo llega a sus conclusiones y quién se encarga de que los resultados sean completamente transparentes en un formato estandarizado.

10. Los términos del servicio para una aplicación de IA (o cualquier servicio que haga uso de esta) deben estar escritos en un lenguaje lo suficientemente claro para que un niño de tercer grado pueda comprenderlo. Debe estar disponible en todas las lenguas durante la vida útil de la aplicación.

11. Los RDP deben ser opcionales; se deben desarrollar usando un formato estandarizado; deben ser interoperables; cada individuo tiene el derecho a ser dueño absoluto de ellos y debe contar con derechos de autorización. En el caso de que los RDP sean heredables, los individuos deben estar en capacidad de tomar decisiones sobre los permisos relacionados con los usos que se les den a sus datos.

12. Los RDP deben estar lo más descentralizados posible, para garantizar qué ningún actor tenga el control total sobre ellos. Dentro del equipo técnico que diseña los RDP deben incluirse expertos tanto jurídicos como no jurídicos: *hackers* buenos, líderes de derechos civiles, agentes del gobierno, fiducias independientes de datos, expertos en ética y otros profesionales que no trabajen con los nueve gigantes.

13. Hasta donde sea posible, los RDP deben ser protegidos de regímenes autoritarios.

14. Debe existir un sistema de responsabilidad pública y un método fácil que les permita a las personas recibir respuestas a las preguntas relacionadas con sus datos y la forma como se extraen, refinan y usan en los sistemas de IA.

15. Se debe dar a todos los datos un tratamiento justo e igualitario, independientemente de la nacionalidad, la raza, la religión, la identidad sexual, el género, las afiliaciones políticas o cualquier otra creencia particular.

Los miembros de GAIA deben someterse voluntariamente a inspecciones aleatorias por parte de otros miembros o por parte de una agencia de GAIA, con el fin de garantizar que el marco regulatorio se cumpla a cabalidad. Todos los detalles —como las características exactas de un sistema de responsabilidad pública y su funcionamiento en el mundo real— se deben revisar y mejorar de manera continua, a fin de mantenerse al día con los desarrollos de la IA.

Desde luego que este proceso ralentizará el avance, pero se trata de una decisión voluntaria.

Las organizaciones y los países miembros deben colaborar y compartir sus descubrimientos, incluidas las vulnerabilidades y los riesgos de seguridad. Esto les permitirá a los miembros de GAIA mantener una ventaja sobre los actores maliciosos que podrían tratar de desarrollar funcionalidades peligrosas en IA, tales como sistemas autónomos de pirateo.

Aunque parece poco probable que los nueve gigantes estén dispuestos a compartir secretos comerciales, también en este caso encontramos un precedente: la Organización Mundial de la Salud coordina respuestas de salud global en tiempos de crisis, en tanto que un grupo llamado Advanced Cyber Security Center moviliza agentes policiales, investigadores universitarios y departamentos gubernamentales en torno a las ciberamenazas.

Esto también les permitiría a los miembros de GAIA desarrollar una serie de IA centinelas, que en un principio identificarían si un sistema de IA se está comportando según lo esperado (no solo en lo que respecta a su código, sino también en el uso de nuestros datos y su interacción con los sistemas de *hardware* con los que entra en contacto). Las IA centinelas probarían formalmente que los sistemas de IA están desempeñándose según lo programado.

Conforme los ecosistemas de IA maduran hacia la IAG, cualquier cambio que se haga autónomamente y que pueda alterar las metas existentes de un sistema puede ser reportado antes de que ocurra el automejoramiento. Por ejemplo, una IA centinela (un sistema diseñado para monitorear y reportar la actividad de otras IA) podría efectuar una revisión de los *inputs* que se hacen en una red antagónica —tema que se detalló en los capítulos sobre los escenarios— y garantizar que actúa según lo previsto. Una vez hagamos la transición de la IAE a la IAG, los sistemas centinelas continuarían reportando y verificando, pero no estarían programados para que actúen de manera autónoma.

A medida que nos vayamos acercando a la IAG, los nueve gigantes y todos aquellos que actúan dentro del ecosistema de la IA deberían ponerse de acuerdo en limitar la IA a entornos de prueba y en simular el riesgo antes de desplegar las IA en el mundo real. Lo que propongo es muy diferente a lo que ocurre en la práctica actual de prueba de los productos, la cual apunta a determinar si un sistema lleva a cabo las funciones para las cuales fue diseñado.

Dado que no podemos conocer todas las maneras posibles en que una tecnología va a evolucionar o reformularse en el mundo real, antes de desplegarla de verdad debemos llevar a cabo unas simulaciones técnicas y un mapeo de riesgo a fin de ubicar las posibles implicaciones económicas, geopolíticas y de libertades personales. Es necesario poner en pausa la IA, hasta estar seguros de que los beneficios de la investigación superan a los posibles resultados negativos, o hasta que sepamos si existe una manera de mitigar los riesgos. Esto implica permitir que los nueve gigantes lleven a cabo sus investigaciones sin tener que hacer frente a la presión constante de los inversionistas y del público.

El cambio gubernamental: una reorientación para los Estados Unidos y China

GAIA debe trabajar de la mano con los gobiernos de sus países miembros. Sin embargo, esos gobiernos nacionales deben reconocer que ya no pueden seguir trabajando a la lenta velocidad de una burocracia grande. Deben comprometerse en una colaboración para una planeación a largo plazo, y es preciso que actúen con la agilidad suficiente que les permita confrontar el futuro de la IA.

Los actores de todos los niveles gubernamentales —ya sea que hablemos de líderes, gerentes, encargados de presupuestos o creadores de políticas— deben tener un conocimiento funcional de la

IA e, idealmente, deben tener experiencia técnica. En los Estados Unidos esto significa que los poderes públicos deben trabajar para adquirir experticia en el campo de la IA. Es necesario que existan expertos en IA en lugares tan diversos como el Departamento del Interior, la Administración de Seguridad Social, Vivienda y Asuntos Urbanos, el Comité de Relaciones Internacionales del Senado y en Asuntos de Veteranos, para contribuir a guiar el proceso de toma de decisiones.

Debido a que carecemos de principios organizacionales estandarizados sobre la IA, en los Estados Unidos tenemos por lo menos 24 agencias y oficinas trabajando aisladamente en el tema de la IA. Si queremos hacer que se produzcan innovaciones y avances a gran escala, debemos mejorar la capacidad interna de investigación, prueba y despliegue, y necesitamos que haya cohesión entre todos los departamentos. Por lo pronto, la IA se terceriza con contratistas y consultores externos.

Cuando se terceriza ese trabajo, los líderes gubernamentales se sienten liberados de la responsabilidad de agarrar el toro por los cuernos y familiarizarse con los detalles de la IA. No tienen el conocimiento institucional que se requiere para tomar buenas decisiones. Sencillamente no conocen el léxico ni la historia sobre el tema, y no están familiarizados con sus principales actores. Esta falta de conocimiento genera unas imperdonables brechas, que he observado en reuniones con altos líderes de diversas agencias, entre las cuales se cuentan las siguientes: la Oficina de Política Científica y Tecnológica, la Administración de Servicios Generales, el Departamento de Comercio, la Oficina de Responsabilidad Gubernamental, el Departamento de Estado, el Departamento de Defensa y el Departamento de Seguridad Nacional.

A principios del 2018 —mucho después de que el grupo BAT hubiera anunciado diversos logros y de que Xi Jinping hiciera públicos los planes del Partido Comunista Chino—, el presidente Trump le envió al Congreso un presupuesto para el 2019 en el que pedía que se hiciera un recorte del 15 % en la financiación de la ciencia y la tecnología[4]. El monto que quedaba eran 13.700 millones de dólares, con los cuales se debían cubrir muchos rubros: la guerra del espacio exterior, la tecnología hipersónica, la guerra electrónica, los sistemas no tripulados y la IA. Al mismo tiempo, el Pentágono anunció que invertiría 1.700 millones de dólares durante cinco años para crear un nuevo Centro Conjunto de Inteligencia Artificial.

Estas cifras, aterradoramente bajas, demuestran una gran falta de comprensión de lo que se requiere en materia de IA. Para tener una perspectiva más clara, en el 2017 la GMAFIA gastó una suma total 63.000 millones en investigación y desarrollo, lo cual equivale a cinco veces el presupuesto total del gobierno en investigación en ciencia y tecnología[5].

Sin embargo, estas cifras apuntan a un problema más espinoso y mayor: si nuestro gobierno no puede o no quiere financiar la investigación básica, entonces la GMAFIA no tendrá más remedio que plegarse a las expectativas de Wall Street. No habrá incentivos para llevar a cabo la investigación que permita poner a la IA en el centro del interés público, ni será posible adelantar otras investigaciones en seguridad y transparencia, más allá del objetivo de ganar dinero.

Los Estados Unidos tampoco están enviando mensajes claros sobre su papel en el futuro de la IA, a la luz de la actual postura de China. Tendemos a hacer anuncios sobre la IA *después* de que China revela su siguiente maniobra. Beijing piensa que a los estadounidenses solamente les interesan los huevos yoni, las cervezas artesanales, Netflix y la diversión. Hemos demostrado que, como consumidores, somos fácilmente manipulables por la publicidad y

4 Cade Metz, "As China Marches Forward on AI, the White House Is Silent", *New York Times*, febrero 12, 2018, https://www.nytimes.com/2018/02/12/technology/china-trump-artificial-intelligence.html.
5 Yoni Heisler, "Amazon in 2017 Spent Almost Twice as Much on R&D as Microsoft and Apple— Combined", *BGR*, abril 10, 2008, https://bgr.com/2018/04/10/amazon-vs-apple-research-and-development-2017-alphabet-google/.

el mercadeo. Gastamos dinero a manos llenas, aunque no lo tengamos. Hemos demostrado que, como votantes, somos vulnerables
a los videos vulgares y a las teorías de conspiración. Creemos fácilmente historias noticiosas inventadas, es decir, no podemos tener
un pensamiento crítico autónomo. Demostramos una y otra vez
que el dinero es lo único que nos importa, pues damos prioridad
al crecimiento rápido y a las ganancias constantes, en lugar de
priorizar una investigación básica y aplicada. Sin duda, son juicios
duros, pero difíciles de rebatir. Para Beijing y el mundo exterior,
los estadounidenses solo creen en su lema de "America first".

A lo largo de las últimas cinco décadas, la postura de los Estados Unidos respecto a China ha oscilado entre la contención y el
compromiso, y de esta forma han comprendido nuestros líderes
el debate sobre la IA. ¿Debemos cooperar con el grupo BAT y con
Beijing? ¿O debemos aislar a China a través de la aplicación de
sanciones y una guerra cibernética y de otros actos de agresión?
Escoger entre la contención y el compromiso supone que los Estados Unidos todavía tienen el mismo poder y apalancamiento
que tenían en la década de 1960. Sin embargo, en el 2019 los
Estados Unidos sencillamente no gozan de un poder unilateral en
la escena global. Nuestra GMAFIA es poderosa, pero la influencia
política del país ha disminuido. China, a través del grupo BAT y
sus agencias gubernamentales, ha celebrado muchos acuerdos, ha
invertido mucho dinero y ha creado muchos lazos diplomáticos en
todo el mundo: en América Latina, en África, en el sureste asiático
e, incluso, en Hollywood y Silicon Valley.

Debemos comprender que nuestro camino frente a China es
otro: los Estados Unidos deben aprender a competir. Sin embargo,
para competir necesitamos dar un paso atrás y ver el panorama
general de la IA, no solamente como una tecnología divertida y de
última moda, o como un arma potencial, sino como la tercera era
de la computación con la cual se conecta todo lo demás.

Los Estados Unidos necesitan una estrategia nacional en materia de IA, que cuente con un presupuesto razonable. Necesitamos desarrollar relaciones diplomáticas que duren más allá de los ciclos electorales de cuatro años. Necesitamos ubicarnos en una posición tal que nos permita hacerles a los otros países una mejor oferta que la de China: en efecto, estos países, lo mismo que el nuestro, quieren que sus pueblos vivan una vida sana y feliz.

Independientemente de lo que le ocurra a Xi —los ciudadanos chinos pueden revelarse e intentar derrocar al Partido Comunista Chino, o el presidente puede morir por causa de una enfermedad terminal—, lo cierto es que muchas regiones del mundo dependen ahora de China para la adquisición de tecnologías y manufacturas, así como para su desarrollo económico. A su vez, China depende de la IA para su futura supervivencia.

La economía china está creciendo a una velocidad increíble, y cientos de millones de chinos muy pronto entrarán a formar parte de las clases media y alta. No sabemos cómo funcionará ese tipo de movilidad económica y social en una escala tan grande. Beijing comprende que la IA es el tejido conector entre el pueblo, sus datos y los algoritmos. Sabe que la IA puede contribuir a inculcar los valores del Partido Comunista Chino en las masas, a fin de mantener al pueblo bajo su férula. China ve la IA como el medio para conseguir los recursos que necesita en el futuro, recursos que puede obtener a través del comercio con otros países necesitados de capital e inversión.

Vistas así las cosas, ¿qué puede motivar a China a cambiar su ruta de desarrollo y sus planes en materia de IA? Existe una muy buena razón por la cual China querría trabajar en pro del escenario optimista: la economía. Si la movilidad social en China está ocurriendo tan rápido como para que Beijing no pueda oponerse a ello, el gobierno autoritario no es la única estrategia realista. China está en camino de convertirse en un líder global en diferentes industrias y campos, y no solo como fabricante y exportador de bienes diseñados por otros. Si Beijing se abre a la transparencia, a la protección de los datos y al respeto por los derechos humanos, se encontraría en una posición ideal para ser líder en GAIA, en igualdad de condiciones con los Estados Unidos, lo cual podría equivaler a un camino realista que lo lleve a sacar de la pobreza a millones de personas en China.

La colaboración no significa hacer a un lado al Partido Comunista Chino: esta podría preservar al Partido y, además, hacer que China se ponga a la vanguardia de la civilización humana, impulsando su formidable fuerza laboral, su ejército de investigadores y su poder geoeconómico.

Si Beijing no reconoce un futuro alterno —y positivo— que se desvíe de sus planes estratégicos, podemos acudir a los líderes del grupo BAT y a la tribu de IA china para que tomen mejores decisiones. Podemos esperar un liderazgo valeroso del grupo BAT, que puede optar por un mejor futuro para el pueblo chino y para sus aliados y socios. Si el grupo BAT preserva el *statu quo* en China, de aquí a veinte años sus ciudadanos y los ciudadanos de todos los países que han aceptado tratos con China vivirán bajo un constante régimen de vigilancia, en el que no podrán expresar su individualidad. El grupo BAT será el responsable de la multiplicación de este sufrimiento humano. Los cristianos no podrán unirse para rezar, sin temor a ser reportados y castigados. Las personas transgénero, *gays* y lesbianas se verán obligadas a esconderse. Las minorías étnicas continuarán siendo objeto de persecución y expulsión, lo que causará su desaparición.

La IA requiere un liderazgo valeroso. Necesitamos que nuestros gobiernos tomen decisiones difíciles. Si nos contentamos con preservar el *statu quo* de los Estados Unidos de hoy, dentro de veinte años estaremos inundados de casos de antimonopolio, demandas por patentes y una situación en la que el gobierno trata en vano de hacer acuerdos con las compañías que se han vuelto demasiado grandes y demasiado importantes como para hacer caso omiso de ellas. Debemos permitir que la GMAFIA trabaje a una velocidad razonable. No debe incomodarnos que la GMAFIA pase algunos trimestres sin hacer anuncios de productos maravillosos, o si no están sacando patentes e investigaciones revisadas por pares a una velocidad vertiginosa. No debemos preguntarnos si las compañías están en problemas o si es que ese asunto de la IA era una mera burbuja.

En los Estados Unidos, es crucial desarrollar una estrategia y asumir el liderazgo, pero eso no es suficiente para garantizar la capacidad institucional que necesitamos en el futuro. Por esa razón, debemos reinstaurar la Oficina de Evaluación Tecnológica (OET), que se estableció en 1972 para dar apoyo científico y técnico no partidista a las personas encargadas de formular políticas. Esta oficina sufrió un grave recorte de presupuesto debido a la visión miope de Newt Gingrich y al Congreso controlado por los republicanos, veinte años después. El trabajo de la OET era suministrar información a los legisladores y al personal del gobierno respecto al futuro de la ciencia y la tecnología, y lo hacía usando datos y evidencias, sin politizar su investigación[6].

Con el insignificante monto de dinero ahorrado con el cierre de OET, el Congreso no hizo nada de provecho para sí mismo. Todavía existen vestigios del trabajo de OET en otras áreas del gobierno. El Servicio de Investigación del Congreso emplea abogados y analistas especializados en experticia legislativa. Ninguna de sus cinco áreas aprobadas de investigación cubre específicamente la IA. La investigación se centra en asuntos como la producción mineral, la exploración del espacio, el internet, la seguridad química, los créditos rurales y la justicia ambiental.

---

6 "The OTA Legacy", Princeton University, http://www.princeton.edu/~ota/.

También está la Oficina de Evaluación de Redes (OER), un grupo de expertos internos del Pentágono. Según mi experiencia, en esta oficina trabajan las mentes más brillantes y creativas del Departamento de Defensa estadounidense. Sin embargo, OER no tiene el presupuesto ni el personal que debería, además de que parte de su trabajo lo hacen contratistas externos.

El gobierno de los Estados Unidos debe fortalecer sus capacidades internas y necesita desarrollar músculos fuertes en el ámbito de la innovación. Si revivir la Oficina de Evaluación Tecnológica es una decisión política demasiado candente, la solución puede ser darle otro nombre, como el Departamento del Futuro o, también, Oficina de Facultades Estratégicas en IA. Esta oficina debe contar con muy buena financiación, debe estar libre de influencia política y ser responsable de la investigación básica y aplicada en el tema. Debe dar formación sólida y eficaz a las ramas Ejecutiva, Legislativa y Judicial del gobierno de los Estados Unidos.

La creación de una nueva oficina nos ayudará a planificar mejor el futuro, pero necesitamos un grupo no partidista de personas inteligentes que puedan mitigar los impactos no previstos de la IA, conforme se vayan presentando. Para ello, debemos expandir el alcance del Centro de Control de Enfermedades (CDC, por las iniciales en inglés de Center for Disease Control) y darle un nuevo nombre: Centro de Control de Enfermedades y de Datos (CDDC, por sus iniciales en inglés).

Este centro, el CDC tal como existe hoy, es la agencia de protección nacional de la salud de los Estados Unidos. Lo hemos visto en acción durante las pasadas crisis relacionadas con el virus del ébola, coordinando las órdenes de cuarentena, en asocio con otras agencias de salud. También fue una fuente primaria para los periodistas que cubrían la noticias sobre los brotes de la enfermedad. Cuando se presentó un brote de ébola en el Congo, en el 2018, las agencias de vigilancia fronteriza no contrataron sus propios equipos de atención para el ébola, a fin de tratar de controlar la propagación del virus. En lugar de eso, siguieron un protocolo estándar del CDC.

En un sentido similar, ¿qué ocurre si, dentro de diez años, aparece una IA automejorable y recursiva, que empieza a causar problemas? ¿Qué ocurre si, de manera involuntaria, propagamos un virus en nuestros datos, de tal forma que muchos otros datos se infecten? El CDC es el líder global en el diseño y la implementación de protocolos seguros que informan al público y pueden movilizar respuestas para el desastre. Dada la cercana relación entre la salud y los datos sobre la salud, es lógico pensar en la pertinencia de aumentar el alcance del CCE.

Ahora bien. Cabe plantearse la siguiente pregunta: ¿quién estaría dispuesto a trabajar en temas de IA para una Oficina de Evaluación Tecnológica o para un CDDC, cuando los beneficios monetarios que ofrece Silicon Valley son muchísimo más atractivos? He tenido almuerzos de trabajo tanto en las instalaciones ejecutivas del Pentágono como en las instalaciones de la GMAFIA. Los comedores de la Armada son muy elegantes, las bandejas tienen insignias muy bonitas y hay un buen menú con diversas opciones. Además, siempre existe la posibilidad de sentarse junto a un almirante de tres o cuatro estrellas. Dicho esto, añadamos que los miembros regulares de la Armada no suelen comer en el comedor ejecutivo. Las personas que trabajan en el Pentágono pueden comer en las plazoletas de comidas, con opciones baratas como Subway, Panda Express y Dunkin' Donuts[7] .Yo me comí un *panini* tostado en el Center Court Café, que estaba seco, pero se dejaba comer.

No hay punto de comparación con la comida en las instalaciones de la GMAFIA. Hay una variedad de comidas orgánicas en las oficinas de Google en Nueva York; se ofrecen vieiras con setas

7 "Dining", Department of Defense Washington Headquarters Services, http://www.whs.mil/our-services/building-facilities/dining.

maitake y calamares en su tinta en las oficinas de Google en Los Ángeles. *Gratis*. La alimentación no es la única ventaja adicional de la GMAFIA.

Poco después de que Amazon abriera en Seattle el centro Spheres, un amigo me llevó a una visita por un espacio que es esencialmente un gran invernadero que sirve como lugar de trabajo. El centro Spheres contiene ecosistemas con clima controlado, rodeados de vidrio y conformados por 40.000 especies de plantas provenientes de treinta países diferentes[8]. El aire es puro y agradable, la temperatura oscila alrededor de los 23 grados Celsius independientemente del clima que haga afuera, hay sillas cómodas, tumbonas y mesas en todas partes. Incluso hay una enorme casa en el árbol. El personal de planta de Amazon puede ir a trabajar en el centro Spheres cuando quiera.

Entre tanto, en Facebook, el personal de tiempo completo recibe cuatro meses de licencia de paternidad o maternidad y los nuevos padres reciben un bono de 4.000 dólares en efectivo para comprar lo necesario para el bebé[9].

Dicho en otras palabras, resulta muy difícil que un científico informático talentoso se vaya a trabajar para el gobierno o para el ejército sabiendo lo que ofrece la GMAFIA. En lugar de invertir dinero construyendo portaaviones, hemos perdido la oportunidad de contar con un recurso humano talentoso; en lugar de aprender de la GMAFIA, nos hemos burlado de sus ventajas laborales. El costo de oportunidad del servicio cívico en los Estados Unidos es demasiado alto, y por eso no logramos atraer a los mejores para que sirvan a la nación.

Por eso, debemos invertir en un programa de servicio nacional para la IA, similar al Cuerpo de Formación de Oficiales en la

---

8 "The Spheres", Amazon, https://www.seattlespheres.com/.
9 Alicia Adamczyk, "These Are the Companies with the Best Parental Leave Policies", *Money*, noviembre 4, 2015, http://time.com/money/4098469/paid-parental-leave-google-amazon-apple-facebook/.

Reserva. Las personas que se gradúan allí podrían ir al ejército o al gobierno. Los estudiantes ingresarían al programa en la secundaria y tendrían matrícula gratuita, a cambio de trabajar en el servicio civil o militar durante unos años. Se les daría también acceso a una formación permanente y gratis en habilidades prácticas. La IA cambia y evoluciona. Incentivar a los jóvenes a comprometerse con una vida entera de formación no solo es bueno para ellos, sino que contribuye a la transición de nuestra fuerza laboral hacia la tercera era de computación. También beneficia directamente a las compañías donde finalmente irán a trabajar, pues sus habilidades se mantienen actualizadas.

Sin embargo, Washington no puede actuar solo. El gobierno de los Estados Unidos debe acudir a la GMAFIA y al sector de la tecnología como socios estratégicos y no únicamente como simples proveedores de plataformas. En el siglo XX, la relación entre el gobierno central y las grandes compañías de tecnología se basaba en la investigación y la adquisición de conocimientos conjuntos. Ahora esa relación es, cuando mucho, transaccional, pero muchas veces es conflictiva.

Tras un ataque en el que dos terroristas mataron a más de doce personas e hirieron a otras tanta en San Bernardino, California, el FBI y Apple se enzarzaron en un debate público sobre la encriptación. El FBI quería usar la evidencia almacenada en el teléfono del terrorista, pero Apple no estaba dispuesta a ayudar. Así, el FBI obtuvo una orden judicial exigiéndole a Apple que escribiera un *software* especial. Esta compañía respondió no solamente en los estrados judiciales, sino también a través de los medios y en Twitter[10].

Esa fue una reacción ante un hecho real. Ahora imagine el lector un caso hipotético en que la IA se viera envuelta en una racha de

---

10 Amy Webb, "Apple vs. FBI Debate May Be the Least of Our Challenges", *CNN*, febrero 29, 2016, https://www.cnn.com/2016/02/25/opinions/when-technology-clashes-with-law-iphone-opinion-webb/index.html.

crímenes, o que empezara a automejorarse de forma que le hiciera daño a la gente. Lo último que queremos es que la GMAFIA y el gobierno discutan en un escenario tan delicado. Abandonar una relación construida sobre la base del respeto y la confianza mutuos hace que los Estados Unidos y cada uno de sus ciudadanos queden en un mayor estado de vulnerabilidad.

Por último, las regulaciones, que a primera vista parecerían ser la mejor solución, en realidad son el camino errado. No importa si son leyes que proponen de manera independiente los legisladores o si son producto de la presión del cabildeo: lo cierto es que una opción regulatoria alterará de manera negativa nuestro futuro. Los políticos y los gobernantes adoran las regulaciones, pues son sencillos planes ejecutables que se definen de manera clara. Para que las regulaciones funcionen, deben ser específicas. En este momento, la IA avanza de manera muy rápida (podría decirse que semanalmente), lo cual significa que cualquier regulación representativa sería demasiado restrictiva y exigente como para que se logren hacer innovaciones y avanzar.

Nos hallamos en medio de una transición muy larga, que nos llevará de la IAE a la inteligencia artificial general (IAG) y, muy posiblemente, a las máquinas superinteligentes. Cualquier regulación que se cree en el 2019 quedará desactualizada en el momento en que dicha regulación sea implantada. Tal vez constituyen un alivio para nuestras preocupaciones en el corto plazo, pero, en último término, las regulaciones causarán mayor daño en el futuro.

Cambiar a los nueve gigantes: razones para transformar el negocio de la IA

La creación de GAIA y la implementación de unos cambios estructurales en nuestros gobiernos son muy importantes para dar una nueva orientación a las rutas de desarrollo de la IA, pero la GMAFIA y el grupo BAT también deben acceder a hacer algunos cambios.

Desde las posiciones de liderazgo de los nueve gigantes se afirma que su interés es desarrollar y promover la IA teniendo como mira el bien de la humanidad. Estoy convencida de que esta es su intención, pero cumplir la promesa es increíblemente difícil. Para empezar, ¿cómo definir lo que significa exactamente la palabra *bien*? Eso nos remite a los problemas que caracterizan a las tribus de la IA. No podemos estar de acuerdo en el concepto de "hacer el bien", porque se trata de una afirmación muy amplia y demasiado ambiciosa para que funcione como principio orientador de las tribus de la IA.

Por ejemplo, las tribus de IA inspiradas por el filósofo moral occidental Immanuel Kant aprenden a programar un sistema de derechos y deberes en ciertos sistemas de IA. *Matar a un ser humano es malo; mantener vivo a un ser humano es bueno.* La rigidez de esta afirmación funciona si la IA se utiliza en un vehículo cuyas únicas opciones son estrellarse contra un árbol y herir al conductor o atropellar a un grupo de personas y matarlas a todas.

Las interpretaciones rígidas no resuelven las circunstancias de la vida real más complejas, en la que las opciones son más variadas: estrellarse contra un árbol y matar al conductor; atropellar una multitud y matar a ocho personas; estrellarse contra la acera y matar solamente a un niño de tres años. ¿Cómo podemos definir cuál es la mejor versión de lo "bueno" en estos ejemplos?

Los nueve gigantes deben tomar medidas concretas respecto a su manera de obtener, entrenar y usar nuestros datos. Lo mismo vale para los criterios a la hora de contratar personal y de comunicar un comportamiento ético en el lugar de trabajo. En todas las fases del proceso, los nueve gigantes deben analizar sus acciones y determinar si podrían estar causando algún daño en el futuro, y luego deben garantizar que sus escogencias son correctas. Esto comienza con estándares claros en lo relacionado con los sesgos y la transparencia.

En este preciso momento no existe una línea de base o un conjunto de estándares singulares para evaluar los sesgos, y tampoco hay metas para superar los sesgos que actualmente existen en la IA. No existe un mecanismo para priorizar la seguridad por encima de la velocidad y, dadas las experiencias que he tenido personalmente en China, y a la luz de la gran cantidad de desastres de seguridad que se producen allí, son muchísimos mis motivos de preocupación: los puentes y los edificios colapsan continuamente; las calles y las aceras son deficientes y hay muchos casos de contaminación alimentaria (no es una exageración: se han producido más de 500.000 escándalos relacionados con productos alimentarios, que van desde la leche en polvo para bebés hasta el arroz, para hablar solamente de los últimos años[11]). ¿Cuál es una de las causas principales de esos problemas? En muchas empresas de China se ha incentivado la práctica de tomar atajos, es decir, ser mediocres. Es escalofriante imaginar que se construyan sistemas de IA avanzados siguiendo ese método de los atajos.

Si no existen unos estándares de seguridad globales obligatorios, el grupo BAT quedará desprotegido frente a las órdenes de Beijing, por muy miopes que sean estas, mientras que la GMAFIA debe responder a unas exigencias del mercado mal orientadas. No existe tampoco un estándar para la transparencia. En los Estados Unidos, la GMAFIA, junto con la Unión de las Libertades Civiles Estadounidenses, la Fundación Nueva América y el Centro Berkman Klein de Harvard forman parte de un grupo que piensa sobre IA, cuyo propósito es promover la transparencia en la investigación sobre la materia. El grupo publicó un impresionante conjunto de recomendaciones para orientar la investigación en IA en una dirección positiva, pero las declaraciones no son obligatorias de ningún

---

11 "China Uncovers 500,000 Food Safety Violations in Nine Months", *Reuters*, diciembre 24, 2016, https://www.reuters.com/article/us-china-food-safety/china-uncovers-500000-food-safety-violations-in-nine-months-idUSKBN14D046.

modo, y no son observadas en todas las unidades de negocio de los grupos de la GMAFIA. Tampoco son obligatorias en el grupo BAT.

Los nueve gigantes utilizan un corpus (conjuntos de datos de entrenamiento) lleno de sesgos. Esto es de conocimiento general. El desafío es que el mejoramiento de los datos y los modelos de aprendizaje implica una gran carga financiera. Por ejemplo, ImageNet es un corpus con graves problemas, al que ya me he referido varias veces en este libro. ImageNet contiene 14 millones de imágenes etiquetadas, aproximadamente la mitad de las cuales provienen de los Estados Unidos solamente.

Aquí en los Estados Unidos, una imagen "tradicional" de una novia es una mujer con un vestido y un velo blancos, aunque en realidad esta imagen no representa a la mayoría de las personas en el día de su boda. Hay mujeres que se casan en trajes de pantalón, mujeres que se casan en la playa con coloridos vestidos de verano y otras que se casan con kimonos y saris. De hecho, mi propio vestido de novia era de color *beige* claro. Aun así, ImageNet no reconoce a las novias que no tengan un vestido blanco y un velo.

También sabemos que los conjuntos de datos médicos son problemáticos. Los sistemas entrenados para reconocer el cáncer tienen principalmente fotos y escaneos de piel clara. En el futuro, esto podría conducir a un diagnóstico erróneo en personas con piel negra o cobriza. Si los nueve gigantes saben que hay problemas en los corpus y no hacen nada, están llevando a la IA por el camino equivocado.

Una solución consiste en hacer que la IA se fije en sí misma y evalúe todos los datos de entrenamiento utilizados actualmente. Esto ya se ha hecho muchas veces, pero no con el propósito de limpiar los datos de entrenamiento. Como proyecto paralelo, el India Research Lab de IBM analizó las nominaciones para el premio Man Booker de Literatura entre 1969 y el 2017. Allí se reveló "la omnipresencia de los prejuicios y estereotipos sexistas en los libros que tratan diferentes ámbitos y acciones. Los personajes masculinos del libro tenían más probabilidades de ocupar cargos de alto nivel como directores, profesores universitarios y médicos, mientras que los personajes femeninos tenían más probabilidades de ser descritos como 'maestras' o 'prostitutas'"[12].

Si es posible utilizar el procesamiento del lenguaje natural, los algoritmos gráficos y otras técnicas básicas de aprendizaje automático para detectar sesgos en los premios literarios, también se pueden usar para detectar sesgos en conjuntos de datos de entrenamiento. Una vez que se descubren los problemas, deben publicarse y luego corregirse. Esto serviría para un doble propósito. Los datos de entrenamiento pueden sufrir entropía, lo que puede poner en riesgo a todo el sistema. Si se le presta una atención regular, los datos de entrenamiento pueden mantenerse saludables.

Una solución sería que los nueve gigantes, o al menos la GMAFIA, compartieran los costos de crear nuevos conjuntos de entrenamiento. Es una gran ambición, porque crear nuevos corpus requiere tiempo, dinero y capital humano. Mientras nuestros sistemas de IA y los corpus no se hayan auditado con éxito, los nueve gigantes deben insistir en la presencia de anotadores humanos que etiqueten el contenido y hagan que todo el proceso sea transparente. Luego, antes de usar estos corpus, los datos deben ser verificados. Será un proceso arduo y tedioso, pero que redundará en pro de los intereses de todo el sector.

Sí: los nueve gigantes necesitan nuestros datos. Sin embargo, tienen que ganarse nuestra confianza, en lugar de asumir que ya la tienen. En vez de cambiar los términos de los contratos de servicio usando un lenguaje oscuro e incomprensible, o siendo ambiguos, deben explicar y revelar lo que hacen. Cuando los nueve gigantes

---

12 Suneera Tandon, "An IBM Team Identified Deep Gender Bias from 50 Years of Booker Prize Shortlists", *Quartz India*, julio 24, 2018, https://qz.com/india/1333644/ibm-identifies-gender-bias-in-booker-prize-novel-shortlists/.

realizan una investigación, bien sea solos o en asociación con universidades y otros actores del ecosistema de IA, deben estar abiertos a la divulgación de datos y explicar en detalle sus motivaciones y los resultados esperados. Si lo hicieran, todos estaríamos felices de participar y apoyar sus esfuerzos. Y yo sería la primera.

Desde luego que la divulgación de datos es un tema más difícil en China, pero es lo mejor para sus ciudadanos. El grupo BAT no debe acceder a crear productos cuyo fin sea controlar y limitar las libertades de los ciudadanos chinos y de sus socios. Los directivos de BAT deben mostrar un liderazgo valiente. Deben tener la voluntad y la capacidad para enfrentarse a los dictados de Beijing: rechazar las solicitudes de vigilancia, proteger los datos de los ciudadanos chinos y garantizar que, al menos en el ámbito digital, todo el mundo reciba un trato justo y equitativo.

Los nueve gigantes deberían adelantar un programa de investigación sobrio. El objetivo es simple y directo: crear una tecnología que le permita a la humanidad avanzar sin exponernos a riesgos. Una posible solución para alcanzar este objetivo es el llamado "progreso tecnológico diferencial", que suele ser tema de debate entre las tribus de IA. La idea es priorizar la reducción de riesgos en el progreso de la IA, en lugar priorizar el aumento de riesgos en ese progreso. Aunque es una buena idea, resulta difícil de implementar. Por ejemplo, las redes antagónicas generativas, que ya mencionamos en los escenarios, pueden ser muy riesgosas si son explotadas y utilizadas por piratas informáticos. No obstante, también son un camino hacia grandes descubrimientos en la investigación. En lugar de suponer que nadie rediseñará la IA para fines perversos (o en lugar de asumir que simplemente podemos solucionar los problemas a medida que surjan), los nueve gigantes deberían desarrollar un proceso para evaluar si la nueva investigación básica o aplicada generará una IA cuyos beneficios superen ampliamente los riesgos.

Con este fin, cualquier inversión financiera que los nueve gigantes implementen o reciban debe incluir una financiación para uso beneficioso y para mapeo de riesgos. Por ejemplo, si Google realiza investigaciones sobre redes antagónicas generativas, debe dedicar un tiempo razonable, así como recursos humanos y financieros, para investigar, mapear y probar las consecuencias negativas. Un requisito de esta naturaleza también reduciría las expectativas de ganancias rápidas.

Una desaceleración intencional del ciclo de desarrollo de la IA no es una recomendación que genere propiamente entusiasmo, pero es una recomendación vital. Es más seguro para todos pensar y planificar los riesgos por adelantado, en lugar de limitarnos a reaccionar cuando algo salga mal.

En los Estados Unidos, la GMAFIA puede comprometerse a recalibrar sus propios procesos de contratación, que en la actualidad dan prioridad a las habilidades del futuro empleado y a su compatibilidad con la cultura corporativa. Este proceso descuida involuntariamente la comprensión que tiene cada persona sobre la ética.

Hilary Mason, una científica muy respetada y fundadora de Fast Forward Labs, propone un proceso simple para evaluar la ética durante las entrevistas. La científica recomienda hacer preguntas agudas y escuchar atentamente las respuestas del candidato. Las preguntas pueden ser: "Usted está trabajando en un modelo de acceso del consumidor a un servicio financiero. La raza es una característica importante de su modelo, pero no se puede usar el parámetro de la raza. ¿Qué hace usted?". O también: "A usted se le pide usar datos de tráfico de red para otorgar préstamos a pequeñas empresas. Resulta que los datos disponibles no informan de manera rigurosa cuál es el riesgo crediticio. ¿Qué hace usted?"[13]. Según las respuestas, los candidatos son contratados sin condiciones; contratados

---

13 Hilary Mason, Twitter, marzo 28, 2018, https://twitter.com/hmason/status/979044821749895170.

condicionalmente y se los obliga a someterse a un entrenamiento para combatir el sesgo inconsciente antes de comenzar a trabajar; o son descalificados.

Los nueve gigantes pueden crear una cultura que apoye a la ética en el ámbito de la IA contratando académicos, especialistas en ética y analistas de riesgos. Idealmente, estas contrataciones deberían efectuarse en toda la organización: en los equipos de producción de *hardware* y *software* de consumo; en los equipos de ventas y servicio; en los programas técnicos de coliderazgo; en las cadenas de suministro y construcción de redes; en grupos de diseño y estrategia; en recursos humanos y en el departamento legal; y en los equipos de mercadeo y comunicación.

Los nueve gigantes deberían desarrollar un proceso para evaluar las implicaciones éticas de la investigación, los flujos de trabajo, los proyectos, las asociaciones y los productos, y este proceso debería integrarse con la mayoría de las funciones laborales dentro de las empresas. Como gesto para generar confianza, los nueve gigantes deberían publicar este proceso para que todos podamos entender mejor cómo se toman las decisiones sobre nuestros datos.

Bien sea en colaboración o bien individualmente, los nueve gigantes deberían desarrollar un código de conducta específicamente para sus trabajadores en IA. Este debe reflejar los derechos humanos fundamentales establecidos por GAIA, pero también la cultura corporativa única de cada empresa. Si alguien viola este código, debe abrirse un canal de denuncia claro, disponible para los miembros del personal.

Siendo realistas, hay que decir que todas estas medidas tendrán un impacto temporal y negativo en los ingresos a corto plazo de los nueve gigantes. Los inversionistas deben darles espacio y no presionarlos. En los Estados Unidos, dar a la GMAFIA ese espacio será necesario para evolucionar. Esta dará sus frutos no solo ahora, sino también en el futuro distante.

Cambiar las tribus de IA: argumentos para la transformación de las fuentes de talento humano

Debemos pensar en los programas de formación de talento humano de la IA. Estos son principalmente las universidades, donde estudian las tribus de la IA. De todas las soluciones propuestas, esta es la más fácil de implementar.

Las universidades deben fomentar y propiciar títulos híbridos. Anteriormente describí las universidades más influyentes que tienden a colaborar con mayor frecuencia con la GMAFIA y el grupo BAT, que tienen profesores famosos y cuya reputación es importante a la hora de solicitar un empleo. Hoy, los currículos son densos y difíciles, y hay poco espacio para titulaciones dobles o triples. De hecho, la mayoría de los mejores programas desestimulan activamente los planes de estudio que no forman parte de los programas informáticos tradicionales. Es un problema que se puede solucionar. Las universidades deberían promover titulaciones dobles en informática y ciencias políticas, filosofía, antropología, relaciones internacionales, economía, artes creativas, teología y sociología. Deberían facilitarles a los estudiantes atender estos intereses externos.

En lugar de hacer de la ética un requisito de un curso individual, debe incorporarse a la mayoría de las clases. Cuando la ética es una clase autónoma y obligatoria, los estudiantes probablemente la ven como una forma de ganar créditos extra en lugar de verla como una parte esencial de su educación en IA. Las facultades deben alentar incluso a los profesores titulares a incluir debates sobre filosofía, prejuicios, riesgos y ética en sus cursos, mientras que las agencias de acreditación deben alentar y recompensar a las facultades que cuenten con programas donde la ética está en el corazón de la educación en informática.

Las universidades deben redoblar sus esfuerzos para ser más inclusivas en el reclutamiento de estudiantes de pregrado, posgrado

y docentes. Esto implica evaluar y corregir el proceso de reclutamiento en sí mismo. El objetivo no debe ser simplemente lograr
que aumente el número de mujeres y personas de color en unos
pocos puntos porcentuales, sino cambiar radicalmente las diversas
afiliaciones e identidades de las tribus de IA, incluida la raza, el
sexo, la religión, la política y la identidad sexual.

Las universidades deben asumir su responsabilidad. Pueden
—y deben— hacer un mejor trabajo a la hora de diversificar las
tribus de IA.

Usted también debe cambiar

Ahora el lector ya sabe qué es la IA, qué no es y por qué es importante. Conoce a los nueve gigantes, su historia y sus deseos para el
futuro. Entiende que la IA no es una moda fugaz, ni una tendencia
tecnológica, ni un aparato genial que habla en su cocina. La IA es
parte de nuestra vida y nosotros somos parte de su desarrollo.

Cada uno de nosotros es un miembro activo de las tribus de
IA. No hay excusa. A partir de hoy, cada uno de nosotros debe
aprender cómo extraen y refinan sus datos los nueve gigantes.
Para ello, podemos ir a la configuración de todas las herramientas
y servicios que utilizamos: el correo electrónico y las redes sociales,
los servicios de ubicación del teléfono móvil, la configuración de
permisos de todos nuestros dispositivos conectados. La próxima
vez que vea una aplicación divertida que compara un rasgo suyo
(por ejemplo, su cara, su cuerpo o sus gestos) con un gran conjunto de datos, tómese un momento y averigüe si está ayudando a
construir un sistema de aprendizaje automático. Cuando permita
que un sistema de IA lo reconozca, pregunte dónde se almacena
su información y con qué propósito. Lea los términos de los contratos de servicio. Si algo le parece dudoso, absténgase y no use el
sistema. Ayude a otros miembros de su familia y de su entorno a
informarse más sobre la IA, a entender cómo utiliza sus datos el

ecosistema y cómo ya formamos parte de un futuro que los nueve gigantes han venido construyendo.

En su lugar de trabajo, usted debe hacerse una pregunta difícil pero práctica: ¿de qué manera afectan sus prejuicios y sesgos a las personas que lo rodean? ¿Ha apoyado o promovido, sin darse cuenta, solo a aquellos que se parecen a usted y reflejan su visión del mundo? ¿Excluye involuntariamente a ciertos grupos? Piense un momento en los encargados de la toma de decisiones en cuanto a asociaciones, adquisiciones, personas y datos: ¿reflejan estos el mundo tal como es o el mundo tal como lo perciben?

También debe averiguar cómo y por qué se utilizan los sistemas autónomos en su lugar de trabajo. Antes de juzgar, piense de manera crítica y racional: ¿cuáles podrían ser los impactos en el futuro, tanto buenos como malos? Luego, haga todo lo posible para mitigar los riesgos y optimizar las mejores prácticas.

A la hora de votar por algún candidato, vote por aquellos que no priorizan la regulación, sino que estarían dispuestos a adoptar un enfoque más elaborado para la IA y la planificación a largo plazo. Los gobernantes elegidos no deberían politizar la tecnología ni castigar a la ciencia. Por otro lado, también es irresponsable simplemente ignorar a Silicon Valley y quedarse cruzado de brazos hasta que salga a la luz alguna historia negativa en los medios. En necesario responsabilizar a los gobernantes elegidos, y a las personas que estos nombren en diversos cargos, por sus acciones y omisiones frente a la IA.

Cada uno de nosotros debe convertirse en un consumidor de medios menos ingenuo. La próxima vez que lea, mire o escuche una historia sobre el futuro de la IA, recuerde que la historia que le presentan suele ser demasiado limitada. El futuro de la IA no solo tiene que ver con el desempleo generalizado y la proliferación de armas no tripuladas.

Aunque no podemos saber exactamente qué nos depara el futuro, las posibles trayectorias de la IA son claras. Ahora el lector comprende mejor cómo plantean los nueve gigantes las rutas de desarrollo de la IA, cómo los inversionistas y los financiadores afectan la velocidad y la seguridad de los sistemas de IA, cuál es el papel fundamental que desempeñan los gobiernos de los Estados Unidos y China, cómo las universidades inculcan tanto habilidades como sensibilidades y cómo la gente del común es una parte integral del sistema.

Ha llegado la hora de abrir los ojos y concentrarse en la roca que está en la cima de la montaña, porque está empezando a moverse demasiado. De hecho, se ha estado moviendo desde que Ada Lovelace imaginó por primera vez un computador capaz de componer música elaborada por sí solo. Se movía cuando Alan Turing formuló la pregunta: "¿Pueden pensar las máquinas?". Se movía cuando John McCarthy y Marvin Minsky reunieron a los hombres que participaron en el taller de Dartmouth. También se movía esta roca cuando Watson ganó en el juego de *Jeopardy* y cuando DeepMind derrotó a los campeones mundiales de *go*. Se movía mientras usted leía las páginas de este libro.

Todo el mundo quiere ser el héroe de su propia historia.

Esta es su oportunidad.

Recoja un guijarro.

Empiece a subir la montaña.

AGRADECIMIENTOS

Al igual que la IA, este libro se ha venido desarrollando a lo largo de muchos años. Comenzó como una serie de cuestionamientos y preguntas enviados a través de mensajes de texto, se convirtió en una conversación habitual a la hora del almuerzo y se volvió una preocupación que me acompaña en el gimnasio, en las salidas a cenar con amigos y en las reuniones de fines de semana. Una persona, Brian Wolf, participa también de esta obsesión. Él me permitió explorar este campo y ha venido apoyando mi trabajo durante todos estos años. Brian contribuyó a mi investigación y me ayudó a refinar mis argumentos. También ha invertido mucha energía editando mis páginas. Le estoy profundamente agradecida.

Este libro sobre los nueve gigantes es el resultado de cientos de reuniones, entrevistas y almuerzos con personas que trabajan en el ámbito de la IA y en industrias adyacentes. Sewell Chan, Noriyuki Shikata, Arfiya Eri, Joel Puckett, Erin McKean, Bill McBain, Frances Colon, Torfi Frans Olafsson, Latoya Peterson, Rob High, Anna Sekaran, Krish Schenck, Kara Snesko, Nadim Hossain, Megan Carroll, Elena Grewal, John Deutsch, Neha Narula, Toshi Ezoe, Masao Takahashi, Mary Madden, Shintaro Yamaguchi, Lorelei Kelly, Hiro Nozaki, Karen Ingram, Kirsten Graham, Francesca Rossi, Ben Johnson, Paola Antonelli, Yoav Schlesinger, Hardy Kagimoto, John Davidow, Rachel Sklar, Glynnis MacNicol, Yohei Sadoshima y

Eiko Ooka han sido generosos con su tiempo, perspectivas e ideas. Varios de ellos me presentaron a otros que trabajan en IA y políticas, para ayudarme a profundizar en el estudio del equilibrio geopolítico y comprender mejor las oportunidades y los riesgos de la IA.

Gracias al programa de Liderazgo Estados Unidos-Japón conocí al teniente coronel Sea Thomas, al mayor retirado D. J. Skelton, al director ejecutivo de la Junta de Innovación en Defensa Joshua Marcuse y al analista de seguridad nacional John Noonan. Hemos pasado mucho tiempo trabajando en el Liderazgo Estados Unidos-Japón y estoy en deuda con cada uno de ellos por su paciencia para explicarme el futuro de la guerra, el papel de los Estados Unidos en la Cuenca del Pacífico y las diversas iniciativas estratégicas de China. Me maravilla el trabajo que ha hecho Joshua para tender puentes entre Silicon Valley y Washington: es uno de mis héroes actuales en el campo de la IA.

El Aspen Strategy Group me ofreció la oportunidad de hacer una presentación sobre el futuro de la IA y la geopolítica durante su reunión anual de verano en Colorado, y estas conversaciones ayudaron a dar forma a mi análisis. Mi más sincero agradecimiento a Nicholas Burns, Condoleezza Rice, Joseph Nye y Jonathon Price por la invitación y a Carla Anne Robbins, Richard Danzig, James Baker, Wendy Sherman, Christian Brose, Eric Rosenbach, Susan Schwab, Ann-Marie Slaughter, Bob Zoellick, Philip Zelikow, Dov Zakheim, Laura Rosenberger y Mike Green por todos sus valiosos comentarios.

Gran parte de mi pensamiento tuvo lugar en el campus de la Stern School of Business de la Universidad de Nueva York, que fue un hogar profesional extremadamente útil para mi investigación. Estoy agradecida con el profesor Sam Craig por llevarme al programa de MBA y por sus consejos en los últimos años. No puedo elogiar lo suficiente a los estudiantes de MBA, increíblemente brillantes y creativos, que tomaron mis cursos. Tres jóvenes graduados de Stern en particular —Kriffy Pérez, Elena Giralt y

Roy Levkovitz— fueron unos maravillosos coequiperos que me acompañaron en mi modelización de la IA.

Soy afortunada de tener en mi vida a un grupo de sabios que me ofrecen sus consejos y sugerencias. Todo el trabajo que hago es mejor gracias a ellos. Danny Stern cambió mi vida hace unos años cuando me citó un día en el campus de la Universidad de Nueva York. Me enseñó a pensar de manera exponencial y me mostró cómo hacer que mi investigación llegara a un público mucho más amplio. Su socia en Stern Strategy Group, Mel Blake, ha pasado cientos de horas guiándome, formando mis ideas y ayudándome a ver el mundo que me rodea de una manera diferente. Son una fuente continua de inspiración, motivación y (como saben) transpiración. James Geary y Ann Marie Lipinski, de Harvard, han sido increíblemente generosos durante muchos años, permitiéndome propicias reuniones para hablar sobre el futuro y desarrollar aún más mi metodología de pronóstico. James y Ann Marie son excelentes asesores. Mi querida amiga y heroína personal, Maria Popova, me hace pensar más en grande y luego contextualiza estas ideas con su conocimiento enciclopédico de literatura, arte y ciencia. Mi increíble hija, Petra Woolf, nunca deja de preguntar "qué pasaría si": a menudo me recuerda mis propios sesgos cognitivos cuando pienso en el futuro. Y, como siempre, estoy agradecida con el profesor Samuel Freedman de la Universidad de Columbia.

Mi más sincero agradecimiento a Cheryl Cooney, que trabaja incansablemente para mí y sin la cual haría muy poco. Independientemente de cuál tipo de IAG se pueda construir algún día, no me imagino una que pueda reemplazar a Cheryl. Emily Caufield, cuya paciencia parece no tener límites, es la fuerza artística que guía mi trabajo futurista, de tendencias y escenarios. Gracias a Phillip Blanchard por colaborar conmigo nuevamente en la verificación de los hechos, corrigiendo y compilando todas las fuentes y notas a pie de página de este libro, y a Mark Fortier, pues gracias a él los medios y los periodistas lo leyeron, y me dio consejos valiosos durante el proceso de lanzamiento.

Por último, tengo zettabytes de aprecio por Carol Franco, Kent Lineback y John Mahaney. Como agente literaria, Carol gestionó el contrato de este libro. Sin embargo, como amiga, ella y su esposo, Kent, me alojaron en su hermosa casa en Santa Fe, para que pudiéramos desarrollar la arquitectura y la tesis central de este libro sobre los nueve gigantes. Pasamos días y noches resumiendo todas mis investigaciones e ideas en temas básicos y, entre sesiones de trabajo, deambulamos por la ciudad y tuvimos discusiones animadas en algunos restaurantes estupendos. Gracias a Carol puede conocer hace unos años a mi editor, John Mahaney, con quien tuve la fortuna de trabajar en mi libro anterior. John es un editor ideal: plantea muchas preguntas, exige informes de calidad y continúa insistiendo hasta que el análisis, los ejemplos y los detalles sean precisos. Escribí este libro porque quiero cambiar la conversación sobre el futuro de IA, pero mi motivación no era totalmente desinteresada: trabajar nuevamente con John significó la oportunidad de pasar un año aprendiendo con él y mejorando mi escritura. John, Kent y Carol, ustedes tres conforman un gran equipo y es enorme la fortuna que tuve al conocerlos.

BIBLIOGRAFÍA

Abadi, M., A. Chu, I. Goodfellow, H. McMahan, I. Mironov, K. Talwar, and L. Zhang. "Deep Learning with Differential Privacy". In *Proceedings of the 2016 ACM SIGSAC Conference on Computer and Communications Security (CCS* 2016), 308-318. New York: ACM Press, 2016. Abstract, última revisión en octubre 24, 2016. https://arxiv.org/abs/16o7.00133.

Ablon, L., and A. Bogart. *Zero Days, Thousands of Nights: The Life and Times of Zero-Day Vulnerabilities and Their Exploits.* Santa Monica, CA: RAND Corporation, 2017. https://www.rand.org/pubs/research_reports/RR175Lhtml.

Adams, S. S., et al. "Mapping the Landscape of Human-Level Artificial General Intelligence". *AI Magazine* 33, n.°1 (2012).

Agar, N. "Ray Kurzweil and Uploading: Just Say No!" *Journal of Evolution and Technology* 22 n.°1 (noviembre 2011): 23-26. https://jetpress.org-g!v22/agar.htm.

Allen, C., I. Smit, and W Wallach. "Artificial Morality: Top-Down, Bottom-Up, and Hybrid Approaches". *Ethics and Information Technology* 7, n.° 3 (2005).

Allen, C., G. Varner, and J. Zinser. "Prolegomena to Any Future Artificial Moral Agent". *Journal of Experimental and Theoretical Artificial Intelligence* 12, n.° 3 (2000).

Allen, C., W Wallach, and I. Smit. "Why Machine Ethics?" *IEEE Intelligent Systems* 21, n.° 4 (2006).

Amdahl, G. M. "Validity of the Single Processor Approach to Achieving Large Scale Computing Capabilities". In *Proceedings of the AFIPS Spring Joint Computer Conference.* New York: ACM Press, 1967.

Anderson, M., S. L. Anderson, and C. Armen, eds. *Machine Ethics Technical Report FS-os-o6.* Menlo Park, CA: AAAI Press, 2005.

Anderson, M., S. L. Anderson, and C. Armen. "An Approach to Computing Ethics". *IEEE Intelligent Systems* 21, n.° 4 (2006).

—. "MedE-thEx". In *Caring Machines Technical Report FS-05-02,* edited by T. Bickmore. Menlo Par k, CA: AAAI Press, 2005.

—. "Towards Machine Ethics". In *Machine Ethics Technical Report FS-0506.* Menlo Park, CA: AAAI Press, 2005.

Anderson, S. L. "The Unacceptability of Asimov's Three Laws of Robotics as a Basis for Machine Ethics". In *Machine Ethics.* Cambridge: Cambridge University Press, 2011.

Asimov, I. "Runaround". *Astounding Science Fiction* (marzo 1942): 94-103. Armstrong, S., A. Sandberg, and N. Bostrom. "Thinking Inside the Box". *Minds and Machines* 22, n.° 4 (2012).

Axelrod, R. "The Evolution of Strategies in the Iterated Prisoner's Dilemma". In *Genetic Algorithms and Simulated Annealing,* edited by L. Davis. Los Altos, CA: Morgan Kaufmann, 1987.

Baars, B. J. "The Conscious Access Hypothesis". *Trends in Cognitive Sciences* 6, n.° 1 (2002).

Babcock, J., et al. "Guidelines for Artificial Intelligence Containmenf". https:// arxiv.org!pdf/1707.08476.pdf.

Baier, C., and J. Katoen. *Principles of Model Checking.* Cambridge: MIT Press, 2008.

Bass, D. "AI Scientists Gather to Plot Doomsday Scenarios (and Solutions)". *Bloomberg,* marzo 2, 2017- https://www.bloomberg.com/news/ articlesho17-03-02/aiscientists-gather-to- plot-doomsday-scenarios-and-solutions.

Baum, S. D., B. Goertzel, and T. G. Goertzel. "How Long Until Human-Level AI? Results from an Expert Assessmenf". *Technological Forecasting and Social Change* 78 (2011).

Berg, P., D. Baltimore, H. W Boyer, S. N. Cohen, R. W Davis, D. S. Hog ness, D. Nathans, R. Roblin, J. D. Watson, S. Weissman, and N. D. Zinder. "Potential Biohazards of Recombinant DNA Molecules". *Science* 185, n.° 4148 (1974): 303.

Bostrom, N. "Ethical Issues in Advanced Artificial Intelligence". In *Cognitive, Emotive and Ethical Aspects of Decision Making in Humans and in Artificial intelligence,* Vol. 2, edited by I. Smit and G. E. Lasker. Windsor, ON: International Institute for Advanced Studies in Systems Research and Cybernetics, 2003.

—. "Existential Risks: Analyzing Human Extinction Scenarios and Related Hazards". *Journal of Evolution and Technology* 9 (2002). http:// www. jetpress.org/volume9/risks.html.

—. "The Future of Human Evolution". In *Two Hundred Years After Kant, Fifty Years After Turing,* edited by C. Tandy, 339-371. Vol. 2 of *Death and Anti-Death.* Palo Alto, CA: Ria University Press, 2004.

—. "How Long Before Superintelligence?" *International Journal of Futures Studies,* Issue 2 (1998).

—. *Superintelligence: Paths, Dangers, Strategies.* Oxford University Press, 2014.

—. "The Superintelligent Will". *Minds and Machines* 22, n.° 2 (2012).

—. "Technological Revolutions". In *Nanoscale,* edited by N. Cameron and M. E. Mitchell. Hoboken, NJ: Wiley, 2007.

Bostrom, N., and M. M. Ćirković, eds. *Global Catastrophic Risks.* New York: Oxford University Press, 2008.

Bostrom, N., and E. Yudkowsky. "The Ethics of Artificial Intelligence". In *Cambridge Handbook of Artificial Intelligence,* edited by K. Frankish and W Ramsey. New York: Cambridge University Press, 2014.

Brooks, R. A. "I, Rodney Brooks, Ama Robot". *IEEE Spectrum* 45, n.° 6 (2008).

Brundage, M., et al., "The Malicious Use of Artificial Intelligence: Forecasting, Prevention, and Mitigation". https://arxiv.org/abs/1802.07228.

Brynjolfsson, E., and A. McAfee. *The Second Machine Age.* New York: Norton, 2014.

Bryson, J., M. Diamantis, and T. Grant. "Of, For, and By the People: The Legal Lacuna of Synthetic Persons". *Artificial Intelligence and Law* 25, n.° 3 (septiembre 2017): 273-291.

Bueno de Mesquita, B., and A. Smith. *The Dictator's Handbook: Why Bad Behavior is Almost Always Good Politics.* New York: Public Affairs, 2012.

Cassimatis N., E. T. Mueller, and P. H. Winston. "Achieving Human- Level Intelligence Through Integrated Systems and Research". *AI Magazine* 27, n.° 2 (2006): 12-14. http://www.aaai.org/ojslindex.php/aimagazine/article/view/1876/1774·

Chalmers, D. J. *The Conscious Mind: In Search of a Fundamental Theory.* Philosophy of Mind Series. New York: Oxford University Press, 1996.

Chessen, M. *The MADCOM Future.* Washington, DC: Atlantic Council, 2017. http://www.atlanticcouncil.org/ publications/reports/the-madcom-future.

Centre for New American Security. "Artificial Intelligence and Global Security Summit" http s://www.cnas.org/events/artificial-intelligence-and-global-security-summit.

Consejo de Estado de la República Popular de China. Reportes disponibles en www.gov.cn:

Action Plan on the Belt Road Initiative (marzo 2015).

Made in China 2025 (julio 2015).

State Council Approves Chuxiong as National High-Tech Development Zone (marzo 2018).

State Council Approves Huainan as National High-Tech Development Zone (marzo 2018).

State Council Approves Maoming as National High-Tech Development Zone (marzo 2018).

State Council Approves Rongchang as National High-Tech Development Zone (marzo 2018).

State Council Approves Zhanjiang as National High-Tech Development Zone (marzo 2018).

State Council of a Next Generation Artificial Intelligence Development Plan (julio 2017).

Three-Year Action Plan for Promoting Development of a New Generation Artificial Intelligence Industry 2018-2020 (December 2017).

Three-Year Action Plan on Blue Sky Days (junio 2018).

Three-Year Action Plan on Transportation Improvement (junio 2018).

Trial Working Rules on External Transfers of Intellectual Property Rights (marzo 2018).

Core, M. G., et al. "Building Explainable Artificial Intelligence Systems". *AAAI* (2006):1766-1773.

Crawford, K., and R. Calo. "There Is a Blind Spot in AI Research". *Nature,* octubre 13, 2016. https://www.nature.com/news/there-is-a-blind-spot-in-ai- research-1.2080 5.

Dai, P., et al. "Artificial Intelligence for Artificial Artificial Intelligence". *AAAI Conference on Artificial Intelligence 2011.*

Dennett, D. C. "Cognitive Wheels". In *The Robot's Dilemma,* edited by Z. W Pylyshyn. Norwood, NJ: Ablex, 1987.

Domingos, P. *The Master Algorithm: How the Quest for the Ultimate Learning Machine Will Remake Our World.* New York: Basic Books, 2015.

Dvorsky, G. "Hackers Have Already Started to Weaponize Artificial Intelligence". *Gizmodo,* 2017. https://www.gizmodo.corn.au/2017/09/hackers-have-already-started-toweaponize-artificial-intelligence/.

Dyson, G. *Darwin Among the Machines: The Evolution of Global Intelligence.* New York: Basic Books, 1997.

Eden, A., J. S0raker, J. H. Moor, and E. Steinhart, eds. *Singularity Hypotheses: A Scientific and Philosophical Assessment.* The Frontiers Collection. Berlin: Springer, 2012.

Evans, R., and J. Gao. "DeepMind AI Reduces Google Data Centre Cooling Bill by 40%". DeepMind (blog), julio 20, 2016. https://deepmind.com/blog/deepmind-ai-reducesgoogle-data-centre-cooling-bill-40/. Fallows, J. *China Airborne.* New York: Pantheon, 2012.

Felten, E., and T. Lyons. "The Administration's Report on the Future of Artificial Intelligence". Blog. octubre 12, 2016. https:/ /obamawhitehouse. archives.gov/blog/2016/*wh2*/ administrations- report-fu ture-artificial-intelligence.

Floyd D. Spence National Defense Authorization Act for Fiscal Year 2001, Pub. L. n.° 106-398, 114 Stat. 1654 (2001). http://www.gpo.gov/fdsys/pkg/PLAW-w6publ398/html!PLAW-w6publ398.htm.

French, H. *Midnight in Peking: How the Murder of a Young Englishwoman Haunted the Last Days of Old China.* Rev. ed. New York: Penguin Books, 2012.

Future of Life Institute. "Asilomar AI Principles". Text and signatories avail- able online. https://futureoflife.org/ai-principles/.

Gaddis, J. L. *The Cold War: A New History.* New York: Penguin Press, 2006.

—. *On Grand Strategy.* New York: Penguin Press, 2018.

Gilder, G. F., and Ray Kurzweil. *Are We Spiritual Machines? Ray Kurzweil vs. the Critics of Strong AI.* edited by Jay Wesley Richards. Seattle: Discovery Institute Press, 2001.

Goertzel, B., and C. Pennachin, eds. *Artificial General Intelligence.* Cognitive Technologies Series. Berlin: Springer, 2007- doi:10.1007/978-3-540-68677-4· Gold, E. M. "Language Identification in the Limit". *Information and Control* 10, n.° 5 (1967): 447-474.

Good, I. J. "Ethical Machines". *Intelligent Systems.* In vol. 10 of *Machine Intelligence,* edited by J. E. Hayes, D. Michie, and Y- H. Pao. Chichester, UK: Ellis Horwood, 1982.

—. "Speculations Concerning the First Ultraintelligent Machine". In vol. 6 of *Advances in Computers,* edited by F. L. Alt and M. Rubinoff. New York: Academic Press, 1965.

—. "Sorne Future Social Repercussions of Computers". *International Journal of Environmental Studies* 1, no.1 (1970).

Greenberg, A. "The Jeep Hackers Are Back to Prove Car Hacking Can Get Much Worse". *Wired,* Agosto 1, 2016. https://www.wired.com/2016/08/jeep-hackers- return- high-speed-steering-acceleration-hacks/.

Harari, Y. N. *Hamo Deus: A Brief History of Tomorrow.* New York: Harper, 2017.

Hilary, G. "The Professionalisation of Cyber Criminals". *INSEAD Knowledge* (blog), abriln, 2016. https://knowledge.insead.edu/blog!insead-blog!-the-professionalisation-of-cyber-criminals-4626.

Hastie, T., R. Tibshirani, and J. Friedman. *The Elements of Statistical Learning: Data Mining, Inference, and Prediction.* Springer Series in Statistics. New York: Springer, 2001.

Hofstadter, D. R. *Godel, Escher, Bach: An Eterna/ Golden Braid.* New York: Basic Books, 1999.

Howard, P. K. *The Death of Common Sense: How Law Is Suffocating America.* New York: Random House, 1994.

Hua, Y. *China in Ten Words.* Translated by A. H. Barr. New York: Pantheon Books, 2011.

Huang, W *The Little Red Guard: A Family Memoir.* New York: Riverhead Books, 2012.

IEEE Spectrum. "Tech Luminaries Address Singularity". http://spectrum.ieee.org/compu ting/hardware/ teeh-luminaries-address-singularity.

IEEE Standards Association. "The IEEE Global Initiative on Ethics of Autonomous and Intelligent Systems". https://1standards.ieee.org/developlind conn/ec/autonomous_systems.html.

Jo, YoungJu, et al. "Quantitative Phase Imaging and Artificial Intelligence: A Review". *Computing Research Repository* (2018). doi: abs/18o6.03982.

Joy, B. "Why the Future Doesn't Need Us". *Wired,* abril1, 2000. http://www.wired.com/wired/archive/8.04/ joy.html.

Kelly, K. *The Inevitable: Understanding the 12 Technological Forces That Will Shape Our Future.* New York: Viking, 2016.

Kirkpatrick, K. "Battling Algorithmic Bias". *Communications of the ACM* 59, n.° 10 (2016): 16-17. https://cacm.acm.org!magazines/2016/lo/2o7759-battling-algorithmic-bias/abstract.

Knight, W "AI Fight Club Could Help Save Us from a Future of Super-Smart Cyberattacks". *MIT Technology Review,* julio 20, 2017. https://www.tech nologyreview.com/s/608288/ai-fight- dub-could-help-save-us-from-a-future-of-super smart-cyberattacks/.

—. "Response to Stephen Hawking". *Kurzweil Network,* septiembre 5, 2001. http://www.kurzweilai.net/response-to-stephen-hawking.

—. *The Singularity Is Near.* New York: Viking, 2005.

Libicki, R. *Cyberspace in Peace and War.* Annapolis: Naval Institute Press, 2016. Lin, J. Y. *Demystifying the Chinese Economy.* Cambridge, UK: Cambridge University Press, 2011.

Marcus, M. P., et al. "Building a Large Annotated Corpus of English: The Penn Treebank". *Computational Linguistics* 19, n.° 2 (1993): 313-330.

Massaro, T. M., and H. Norton. "Siri-ously? Free Speech Rights and Artificial Intelligence". *Northwestern University Law Review* 110, n.° 5 (2016): n69-ll94, Arizona Legal Studies Discussion Paper n.° 15-29.

Minsky, M., P. Singh, and A. Sloman. "The St. Thomas Common Sense Symposium: Designing Architectures for Human-Level Intelligence". *AI Magazine* 25, n.° 2 (2004).

Minsky, M. *The Emotion Machine: Commonsense Thinking, Artificial Intelligence, and the Future of the Human Mind.* New York: Simon & Schuster, 2007.

—. *The Society of Mind.* New York: Simon & Schuster, 1985.

Neema, S. "Assured Autonomy". Defense Advanced Research Projects Agency. https://www.darpa.mil/ program/assured-autonomy.

Osnos, E. *Age of Ambition: Chasing Fortune, Truth, and Faith in the New China.* New York: Farrar, Straus, and Giroux, 2015.

Petzold, C. *The Annotated Turing: A Guided Tour Through Alan Turing's Historie Paper on Computability and the Turing Machine.* Indianapolis, IN: Wiley Publishing, 2008.

Pylyshyn, Z. W, ed. *The Robot's Dilemma: The Frame Problem in Artificial Intelligence.* Norwood, NJ: Ablex, 1987.

Riedl, M. O. "The Lovelace 2.0 Test of Artificial Creativity and Intelligence". https://1arxiv.org/ pdf/1410.6142.pdf.

Schneier, B. "The Internet of Things Is Wildly Insecure-and Often Unpatchable". *Wired,* enero 6, 2014. https://www.wired.com/2014/01/theres-no-good-way-to-patch-the-Internet-of-things-and-thats-a-huge-problem/. Shannon, C., and W Weaver. *The Mathematical Theory of Communication.* Urbana: University of Illinois Press, 1963.

Singer, P. *Wired for War: The Robotics Revolution and Conflict in the 21st Century.* London: Penguin Press, 2009.

Stanford University. "One Hundred Year Study on Artificial Intelligence (Ahoo)". https://ahoo.stanford.edu/.

Toffler, A. *The Futurists.* New York: Random House, 1972.

Turing, A. M. "Intelligent Machinery, a Heretical Theory". Posthumous essay in *Philosophia Mathematica* 4, n.º 3 (septiembre 1, 1996): 256-260.

Tversky, A., and D. Kahneman. "The Framing of Decisions and the Psychology of Choice". *Science* 211, n.º 4481 (1981).

Vinge, V. "The Coming Technological Singularity: How to Survive in the Post-Human Era". In *Vision-21: Interdisciplinary Science and Engineering in the Era of Cyberspace,* NASA Conference Publication 10129 (1993): 11-22. http://ntrs.nasa.gov/archive/nasa/casi.ntrs.nasa.gov/19940022855_1994022855.pdf.

Wallach, W, and C. Allen. *Moral Machines: Teaching Robots Right from Wrong.* New York: Oxford University Press, 2009. doi:10.1093/acprof:oso19780195374049.001.0001.

Weizenbaum, J. *Computer Power and Human Reason: Prom Judgment to Calculation.* San Francisco: W H. Freeman, 1976.

Wiener, N. *The Human Use of Human Beings: Cybernetics and Society.* New York: Da Capo Press, 1950.

Yiwu, L. *The Corpse Walker: Real Life Stories, China from the Bottom Up.* Translated by W Huang. New York: Anchor Books, 2009.

Yudkowsky, E. "AI as a Precise Art". Paper presented at the AGI Workshop 2006, Bethesda, MD, mayo 20, 2006.

PRIMEROS INVESTIGADORES EN INTELIGENCIA ARTIFICIAL

Lista original de convocados por Marvin Minsky, John McCarthy, Claude Shannon y Nathaniel Rochester para adelantar la primera investigación sobre la inteligencia artificial, tal como fue publicada en 1955, con nombres y direcciones de las compañías.

Adelson, Marvin
Hughes Aircraft Company
Airport Station,
Los Angeles, CA

Ashby, W. R.
Barnwood House
Gloucester, England

Backus, John
IBM Corporation
590 Madison Avenue
New York, NY

Bernstein, Alex
IBM Corporation
590 Madison Avenue
New York, NY

Bigelow, J. H.
Institute for Advanced Studies
Princeton, NJ

Elias, Peter
R. L. E., MIT
Cambridge, MA

Duda, W. L.
IBM Research Laboratory
Poughkeepsie, NY

Davies, Paul M.
1317 C. 18th Street
Los Angeles, CA

Fano, R. M.
R. L. E., MIT
Cambridge, MA

Farley, B. G.
324 Park Avenue
Arlington, MA

Galanter, E. H.
University of Pennsylvania
Philadelphia, PA

Gelernter, Herbert
IBM Research
Poughkeepsie, NY

Glashow, Harvey A.
1102 Olivia Street
Ann Arbor, MI

Goertzal, Herbert
330 West 11th Street
New York, NY

Hagelbarger, D.
Bell Telephone Laboratories
Murray Hill, NJ

Miller, George A.
Memorial Hall
Harvard University
Cambridge, MA

Harmon, Leon D.
Bell Telephone Laboratories
Murray Hill, NJ

Holland, John H.
E. R. I.
University of Michigan
Ann Arbor, MI

Holt, Anatol
7358 Rural Lane
Philadelphia, PA

Kautz, William H.
Stanford Research Institute
Menlo Park, CA

Luce, R. D.
427 West 117th Street
New York, NY

MacKay, Donald
Department of Physics
University of London
London, WC2, England

McCarthy, John
Dartmouth College
Hanover, NH

McCulloch, Warren S.
R.L.E., MIT
Cambridge, MA

Melzak, Z. A.
Mathematics Department
University of Michigan
Ann Arbor, MI

Minsky, M. L.
112 Newbury Street
Boston, MA

More, Trenchard
Department of Electrical Engineering
MIT
Cambridge, MA

Nash, John
Institute for Advanced Studies
Princeton, NJ

Newell, Allen
Department of Industrial Administration
Carnegie Institute of Technology
Pittsburgh, PA

Robinson, Abraham
Department of Mathematics
University of Toronto
Toronto, Ontario, Canada

Rochester, Nathaniel
Engineering Research Laboratory
IBM Corporation
Poughkeepsie, NY

Rogers, Hartley, Jr.
Department of Mathematics
MIT
Cambridge, MA

Rosenblith, Walter
R.L.E., MIT
Cambridge, MA

Rothstein, Jerome
21 East Bergen Place
Red Bank, NJ

Sayre, David
IBM Corporation
590 Madison Avenue
New York, NY

Schorr-Kon, J. J.
C-380 Lincoln La-
boratory, MIT
Lexington, MA

Shapley, L.
Rand Corporation
1700 Main Street
Santa Mónica, CA

Schutzenberger, M. P.
R.L.E., MIT
Cambridge, MA

Selfridge, O. G.
Lincoln Laboratory, MIT
Lexington, MA

Shannon, C. E.
R.L.E., MIT
Cambridge, MA

Shapiro, Norman
Rand Corporation

ÍNDICE
onomástico